U0904201

私募圈资深操盘手
教您狙杀黑马

狙杀黑马

实盘操作的36个擒杀术

曹明成　谭文◎著

机械工业出版社
CHINA MACHINE PRESS

狙杀黑马是广大投资者在实战搏杀中梦寐以求的，其操作重点是找准个股的理想的买卖时机，以较低的成本获得较为丰厚的收益。本书作者根据多年实盘操作经验，总结了狙杀黑马股时实用高效的36个擒杀术，内容涵盖个股盘口信息解读、K线组合应用、量价分析、技术指标综合运用和洞悉主力操盘迹象等。力求以最实用的方法，让投资者快速高效地找准捕捉黑马股的入场时机，并根据盘口变化控制仓位，最终从容离场、获取收益。

图书在版编目（CIP）数据

狙杀黑马：实盘操作的36个擒杀术/曹明成，谭文著. —北京：机械工业出版社，2016.3

ISBN 978-7-111-52992-7

Ⅰ. ①狙…　Ⅱ. ①曹…　②谭…　Ⅲ. ①股票交易—基本知识　Ⅳ. ①F830.91

中国版本图书馆CIP数据核字（2016）第031008号

机械工业出版社（北京市百万庄大街22号　邮政编码　100037）
策划编辑：李　浩　责任编辑：李　浩　廖　岩
责任校对：舒　莹　责任印制：乔　宇
北京铭成印刷有限公司印刷
2016年3月第1版第1次印刷
180mm×250mm · 17.25印张 · 1插页 · 232千字
标准书号：ISBN 978-7-111-52992-7
定价：49.00元

凡购本书，如有缺页、倒页、脱页，由本社发行部调换

电话服务
服务咨询热线：（010）88361066
读者购书热线：（010）68326294
（010）88379203

网络服务
机工官网：www.cmpbook.com
机工官博：weibo.com/cmp1952
教育服务网：www.cmpedu.com
金书网：www.golden-book.com

推荐序

近年来市场上的股票类书籍渐有泛滥之势，且良莠不齐，多有鱼目混珠之作，真正能指导投资者实战的作品可谓少之又少。然最近读曹明成先生主笔的实战系列丛书，感觉甚好。细读之下，书中不乏作者多年实战的经验心得与“不传之密”，实为用心之作，相信读者阅后当有所裨益。

我与曹明成先生相识已久。初识其人，还是1997年在湘财证券的营业部，当时因本人虚长几岁，故称他为“小曹”。其时的“小曹”瘦瘦小小，貌不惊人，书生气十足，亦没有什么名气。后常有散户打听“曹明成”，发展到不断有大户托我的关系来约“曹先生”吃饭，这才让人刮目相看。再到1999年的狙击网络科技股一战成名，早年的“小曹”已经成为当时湘楚一带赫赫有名的“老曹”。

几年后我们也相继开始单干，都有了自己的事业，我与曹明成先生联系渐少。偶闻他的消息也只是在报刊、杂志上看见他的跟庄理论的文章。这次接到他让我为他的书写序的电话，颇感意外。在我的印象中，他身体并不太好，甚至可用“体弱多病”四字来形容，又常沉溺于股票实战之中，写书这种耗时耗力之事，以他一人之力怎能办到？

见面后我才知道，原来他这几年收了一个得意门生——谭文。谈论间他的得意之色溢于言表：“已得我九成功力”。小谭属于新时代的复合型人才，精通计算机编程，自行钻研了传统技术分析与计算机海量数据模拟测试相结合的分析方式，本书的写作过程就大量使用了计算机模拟测试的论证，纠正了许多人力所无法克服和发现的错误，使书中的理论更趋于完美。大有青出于蓝更胜于蓝之势！真是后生可畏！

“曹氏八线理论”是曹明成与谭文师徒两人多年实战理论的结晶，曾被股民朋友冠以“零风险操作理论”的美誉。该理论我个人觉得至少有两点值得推崇：一是最大限度地回避了风险；二是几乎不会错过任何一波有价值的行情。炒股不是纸上谈兵，能在实战中真正做到稳定获利的理论才是好理论。

本次为曹明成先生的书作序，我还特意参加了他的书友会。有一位读者介绍成功经验时的发言让我印象深刻，他说：“曹老师的书，我都读过！”

是的，曹明成先生不会忽悠人，他主笔的书更不会忽悠人！读他的书，您一定会有收获！

鉴于此，我愿为此丛书作序，并向全国的广大股民朋友们推荐。

李　华

前 言

在刚刚过去的 2015 年，有一只股票绝对让人难忘——暴风科技，股如其名，一上市即创造了让人瞠目结舌的新股神话。挂牌交易后暴风骤雨般连续 28 天一字涨停，5 月 6 日稍作“歇息”，随后又是连续 5 天收于涨停。尽管 6 月份随着大盘的调整股价一度从顶峰回落，但就在人们以为暴风科技神话已经结束的时候，公司又抛出了一份 10 送 12 的中报分红预案，有“高送转”概念的保驾护航，暴风科技再度揭竿而起，并于 10 月 23 日重返百元股之列，直至 10 月 26 日公司以跌停价报收后宣布于次日起停牌，今年以来的累计涨幅已高达 1950.88%，全年 124 个交易日，55 天强势涨停，毫无悬念的将年度“黑马之王”的桂冠揽入囊中。

黑马股，以其起涨之迅、涨势之猛、涨幅之大著称。此类股往往不被投资大众看好，启动前也没有明显的迹象，因而更显得一鸣惊人、神秘莫测。准确挑选黑马的核心技术是识别黑马的特征。通过对历史上各类黑马股的分析发现，黑马股在启动时成交量、均线、MACD 等指标往往都会发生异动。如果投资者能够敏锐察觉这些异动，成功捕捉黑马股就不再是不可能的任务。

本书形象地将擒杀黑马的技巧归纳为 36 个擒杀术，通过对黑马股的形态描述、形态解析以及实战要点的讲解，从理论层面构建每类黑马的基本类型；每一技还附以详尽的案例分析：从 K 线分析到买卖点的把握和解析，一网打尽历史上的“奇股”“妖股”，力求全方位地展现黑马股的特征和擒获技巧。

本书的一大亮点就是对黑马股的归类既简明扼要又诙谐幽默，理论结合实际的讲述让一贯枯燥晦涩、令人望而却步的股票类书籍变得妙趣横生。此外，每一个技巧相对独立，并控制在10页左右，闲暇时间有限的读者可以随时拿起来研读一两技，既灵活自由又毫无压力。

历史已经证明，黑马股并非可遇不可求。“临渊羡鱼不如退而结网”，希望股民朋友在深入研究掌握黑马的特征和擒获技巧后，都能拥有一双识别黑马的“慧眼”。当下次黑马经过时，看准时机一跃而上，骑稳黑马绝尘而去。

最后，感谢“曹明成股票研究室”的实战专家蔡双喜先生、周宏伟先生、李华先生参与本书部分章节的编写。感谢机械工业出版社的李浩老师为本书策划和编写工作付出的辛勤努力！

曹明成

目　录

第一技　蜻蜓点水擒杀术

黑马股票在暴涨之前总有一段潜伏期。充分蓄势之后，不鸣则已，一鸣惊人，一经爆发则一飞冲天。若能在黑马启动之初，依据种种蛛丝马迹将伏枥之马一举擒获，才是高超的相马之术。

狙杀黑马的第一个技法“蜻蜓点水”，这是笔者多年实战经验总结，并经计算机模拟演算验证，是成功率极高的一招黑马捕捉技法，追求的就是在启动前期伏击黑马。

一、形态描述

当个股经过一段时间的下跌之后，其股价会处在一个相对较低的位置。经过筑底过程之后，个股的 MACD 指标和 MA 指标（即均线，也称移动平均线）会同时出现向上突破的走势，这一走势表明该股具备了成为黑马股的特征，后市会出现上涨行情。但是主力在拉升股价的过程中，一般都会进行震荡洗盘，所以，此时投资者不应过于急切介入。

在主力的洗盘过程中，个股 MACD 指标的 DIF 线与 DEA 线和 MA 指标的 5 日线与 10 日线将会出现靠拢或相互黏合的走势，在 MACD 指标的 DIF 线与 DEA 线和 MA 指标的 5 日线与 10 日线相互黏合之后，若两指标的两线形成死叉并向下运行，那么表明股价后市将会走低；若两指标的两线并未形成死叉而是向上运行，则表明股价后市会出现黑马行情。

该形态是把 MACD 指标的 DIF 线与 DEA 线的走势与 MA 指标的 5 日线与 10 日线的走势相互结合起来使用的。由于两个指标的两线都未形成死叉时，个股后市才会出现黑马行情，图形上只可如“蜻蜓点水”般轻触，所以我们把这种形态称为“蜻蜓点水”形态。

这一形态在股价底部出现时，表明主力吸货结束，即将展开一轮拉升行情。投资者在实际运用的过程中，应对两个指标同时进行分析。两个指标若在不同的时间段出现黏合反弹的走势，则该形态不能成立。所以，投资者在运用的过程中应仔细辨别。

二、形态解析

1．个股经过一轮下跌之后，股价已处在较低的位置。

2．个股的 MACD 指标和 MA 指标同时出现向上运行的迹象，并且两指标的 DIF 线与 DEA 线、5 日线与 10 日线同时出现黏合反弹的走势。

3．在个股的指标线向上运行时，若成交量出现明显的放量，那么该形态的看涨信号更强。

三、实战要点

1．若 MACD 指标的 DIF 线与 DEA 线之前形成金叉，在股价回调时 DIF 线回调到 DEA 线附近，继而 DIF 线又开始反转向上，那么该股的后市涨幅会更高。

2．若 MA 指标的 5 日线与 10 日线形成金叉后向上运行，因股价回调 5 日线回调到 10 日线后又开始反转向上，那么该形态的看涨信号会更强。

四、案例分析

1．皖通高速（600012）

（1）日 K 线形态分析

如图 1-1 所示，皖通高速（600012）日 K 线图中，该股在经过小幅的爬升之后，其股价出现了横盘整理的走势，同时，其成交量也出现了一定程度的萎缩。在该股的 MACD 指标和 MA 指标出现金叉之后，其股价开始启动，不过由于主力的震荡吸筹行为，股价很快出现了回调，其 MACD 指标和 MA 指标也开始向下运行。在回调走势结束后，该股股价也重新回到了上涨态势。投资者在该股的两个指标都出现“蜻蜓点水”的形态之后，投资者可进行建仓。在股价经过一轮上涨、跌破均线支撑位时，应离场避险。

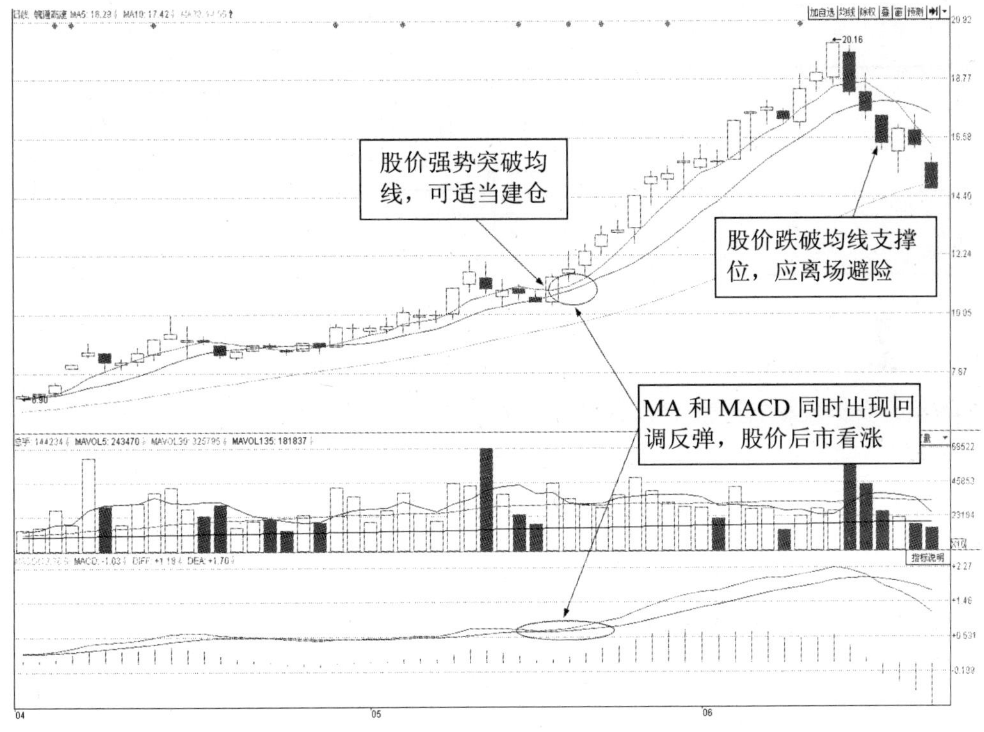

图 1-1　皖通高速（600012）日 K 线图

（2）分时买点把握

如图 1-2 所示，皖通高速（600012）日分时图中，该股的股价以小幅低开的方式开盘，之后其股价一直与均价线相互缠绕运行，并没有出现较好的表现。在上午盘的尾盘，股价出现了一波拉升走势，同时，其成交量也出现了明显的放量。下午开盘之后，股价延续了上午的走势，直到收市。结合该股的日K线图，在该股的指标出现“蜻蜓点水”形态之后，投资者可在股价突破均线时，买入股票进行建仓。在分时图中，股价第一次拉升时是投资者买入股票的良好时机，偏好风险的投资者也可在股价第二次拉升时买入股票。

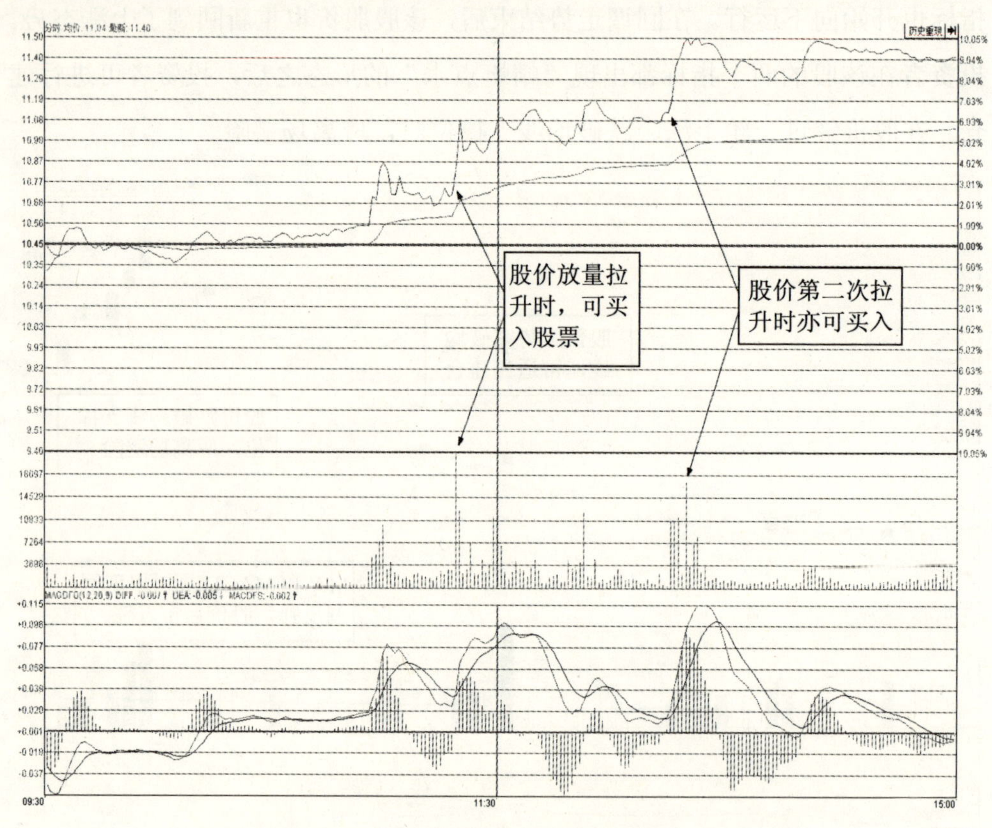

图1-2　皖通高速（600012）日分时图（I）

（3）分时卖出解析

如图1-3所示，皖通高速（600012）日分时图中，该股的股价在较大幅的低开之后开始震荡运行，随后其出现了一波下跌走势，同时其成交量也出现了较大幅度的放量，形成价跌量增的走势。这表明此时市场对该股的后市表现并不看好，该股后市将会出现反转行情。之后，股价延续了这一弱势走势，一直运行在均价线以下，直到下午收市。结合该股的K线图进行分析，在股价跌破均线的支撑位时，投资者应卖出股票，进行避险。在分时图中，在股价出现放量下跌的走势时，应卖出股票，实现收益。

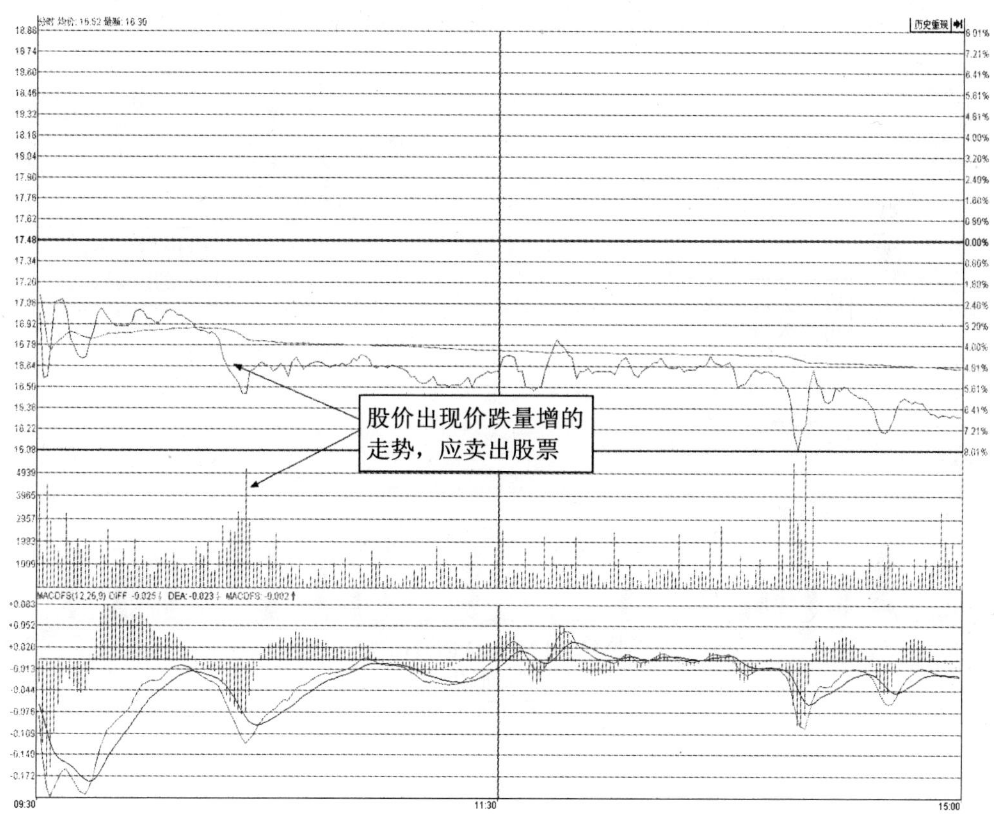

图 1-3　皖通高速（600012）日分时图（II）

2. 中信证券（600030）

（1）日 K 线形态分析

如图 1-4 所示，中信证券（600030）日 K 线图中，该股的股价前期一直处在横盘整理的走势之中，随后股价开始缓慢上涨。但在小幅爬升之后，股价出现短暂的回调，同时，其成交量也出现了萎缩。此时，该股的 MACD 指标的 DIF 线与 DEA 线和 MA 指标的 5 日线与 10 日线呈现出靠拢的走势，但是其并未形成死叉，而是在靠拢之后出现反弹向上的走势。表明股价后市会延续上涨行情。投资者在股价突破均线时应买入股票，进行建仓。在股价创出新高、跌破支撑位时卖出股票，规避风险。

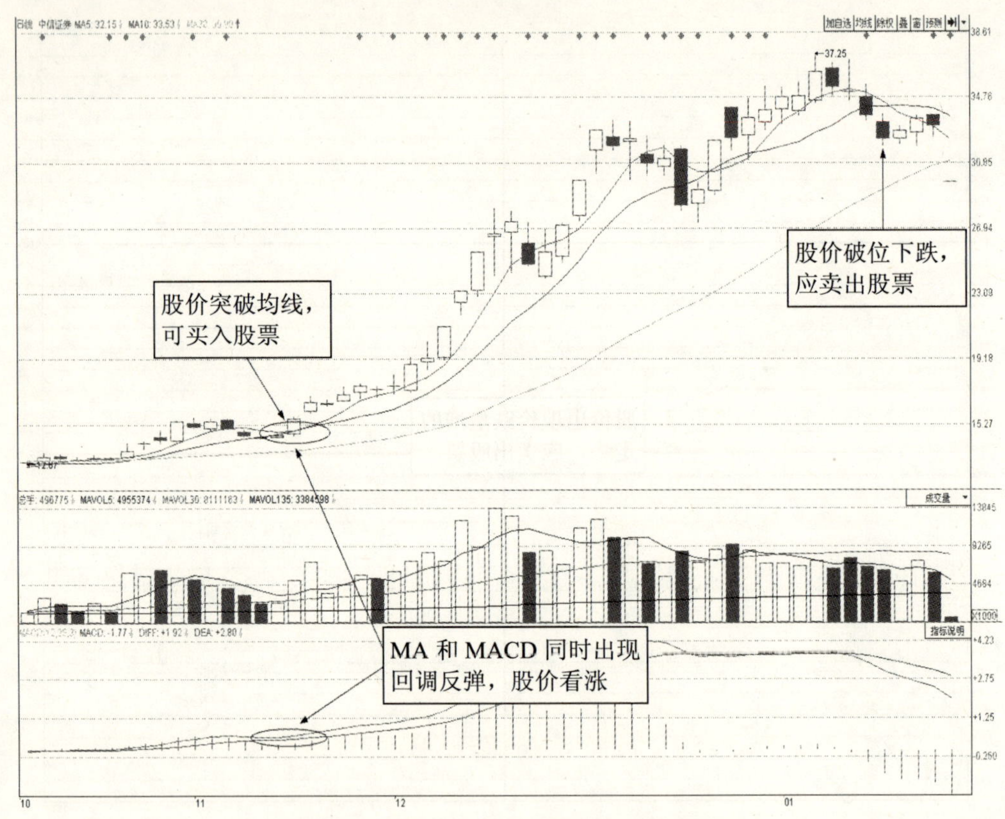

图 1-4　中信证券（600030）日 K 线图

（2）分时买点把握

如图 1-5 所示，中信证券（600030）日分时图中，该股基本上以平开的方式开盘，之后股价并没有出现较大的波动，而是与均价线呈现出相互缠绕运行的走势。在上午盘的尾盘，股价向上突破了均价线，出现了一波上升走势。下午开盘之后，股价延续了这一上升走势，并且持续走高，直到下午收市。结合该股的日 K 线图，在该股指标出现“蜻蜓点水”形态之后，投资者可在股价突破均线系统之时买入股票。在分时图中，在股价出现拉升走势之时，应果断买入股票，进行建仓。

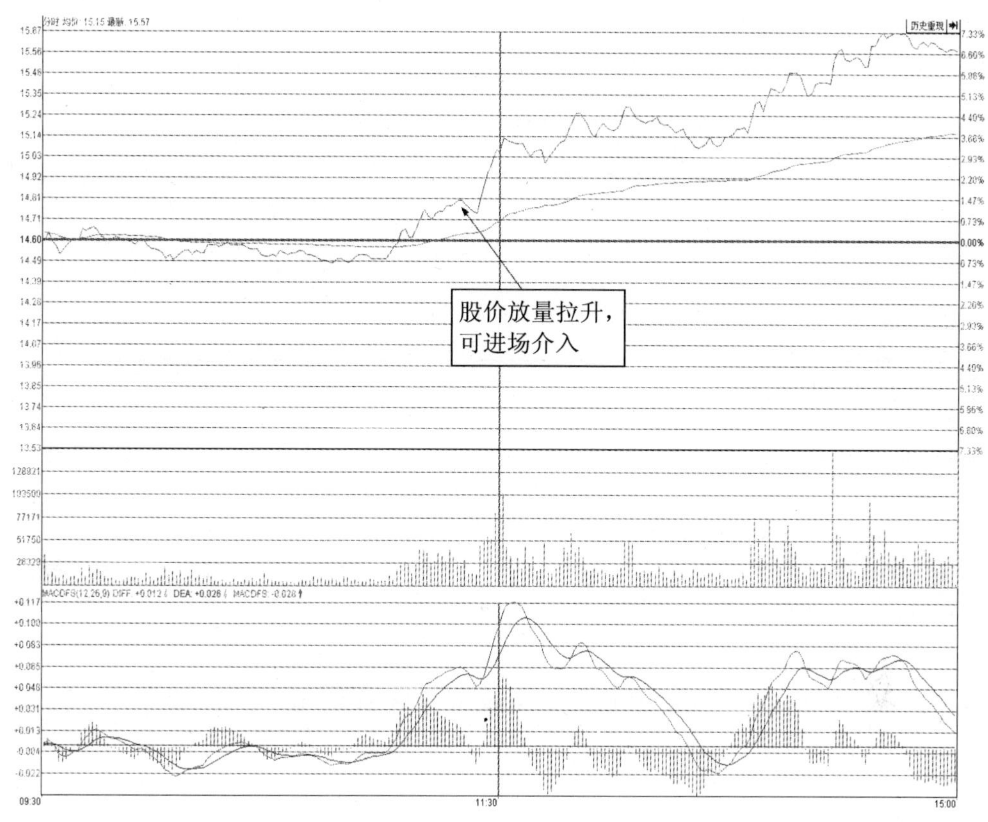

图 1-5　中信证券（600030）日分时图（I）

（3）分时卖出解析

如图 1-6 所示，中信证券（600030）日分时图中，该股股价以平开的方式开盘之后，便开始了一波下跌走势。随后股价出现了短暂的反弹，并且上穿了均价线。但后市该股并没有延续这一上涨趋势，股价做了短暂的横盘之后，又一次跌破了均价线并持续走低，直到该股下午收市。结合该股的日 K 线图进行分析，在该股股价创出新高之后，其卖盘压力开始增强。在股价跌破均线的支撑位后，投资者应进行减仓或卖出股票，以规避后市的风险。在分时图中，在股价再一次跌破均价线之时，投资者应卖出股票。

在运用“蜻蜓点水”形态捕捉黑马股时，投资者可结合该股的成交量进行判断，以把握“蜻蜓点水”形态的看涨信号。

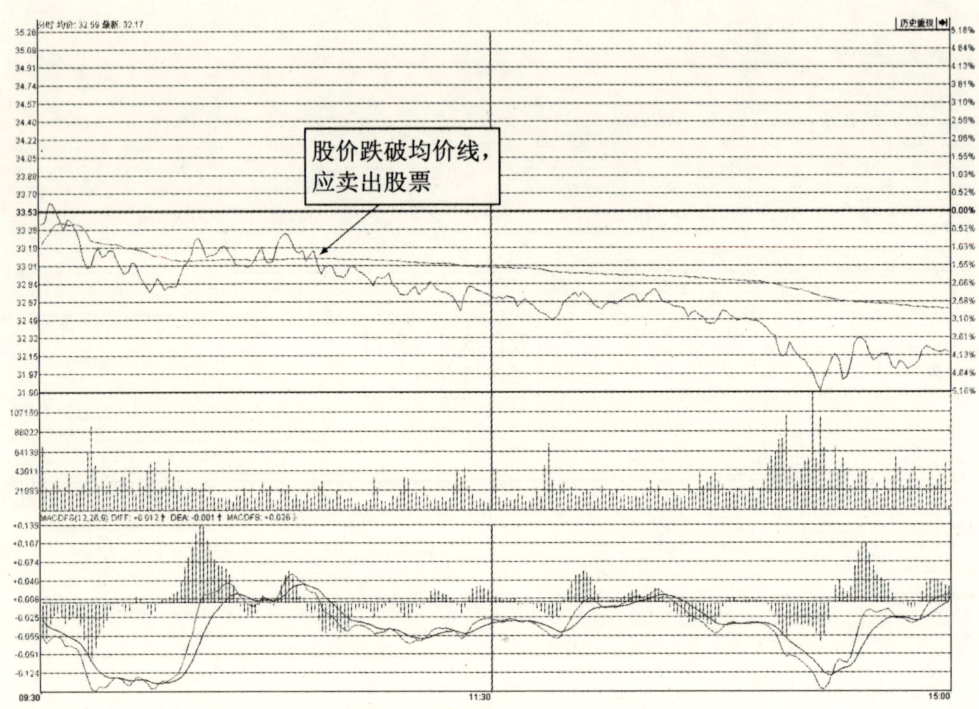

图 1-6　中信证券（600030）日分时图（II）

第二技　蛱蝶穿花擒杀术

“穿花蛱蝶深深见，点水蜻蜓款款飞。”说完“蜻蜓点水”擒杀术之后，我们这一技看的是“蛱蝶穿花”形态。

MACD 技术指标作为使用最广泛的经典指标之一，在不少老股民心中的地位不可动摇。但这种经典指标也常被主力以做图的形式刻意作假，也就是我们熟知的“骗线”，使得我们使用该指标的成功率大打折扣。在多年的实战中，笔者对该指标的使用做了调整，引入成交量，这就是“蛱蝶穿花”形态的由来。

一、形态描述

个股在经过大幅下挫或长期横盘的走势之后，其成交量也会极度萎缩，这时由于盘中的利空将要出尽，该股的多头便开始发力，股价便会开始小幅上扬，表现在该股的 MACD 指标上会出现上穿 0 轴线的走势。但由于此时空方实力还未消耗殆尽，所以投资者介入的时机还未成熟，还应耐心等待股价的回调确认。待 MACD 指标再次回到 0 轴线之下，此时投资者应观察股价是否会创下新低。当股价开始企稳并再次上扬之时，MACD 指标也再次向上穿越 0 轴时，表明该股后市将会出现黑马走势，投资者便可以在适当的时机进行建仓，以实现投资目的。

由于该形态是由 MACD 指标两次上穿 0 轴线所形成的，所以称其为“蛱蝶穿花”形态。这是黑马股将要启动拉升的特征之一，在实际投资交易中，投资者应熟练掌握该形态，并在实战中加以运用。

二、形态解析

1. 个股前期经过大幅下挫或长期横盘的走势，成交量萎缩。

2．MACD 指标短期内两次上穿 0 轴线。

3．MACD 两次上穿 0 轴线形态所用的参数一般为 12、26、9。

4．当 MACD 指标第二次上穿 0 轴线时，成交量出现明显的放大，达到 5 日均量线的 2 倍以上。

均量线相关释义：成交量中的均量线是一种反映一定时期内股票市场平均成交情况的技术性指标，同时，也是表明交易量后市趋势的指标。根据不同的交易时间，可以将均量线分为不同的周期均量线，而不同的周期均量线又往往代表了不同的含义。投资者可根据不同的周期均量线的组合所发出的交易指示信号来进行交易。一般的交易软件中会给出 5 日、10 日、30 日和 135 日的均量线指标，投资者也可以根据自己的实际需求设定均量线指标的周期。

如图，兰州民百（600738）在经过几个月的缩量整理之后，2015 年 1 月 26 日 MACD 第二次上穿 0 轴线，成交量快速放大，蛱蝶穿花形态形成。随后在不到 5 个月时间，股价接近翻倍（见图 2-1 和图 2-2）。

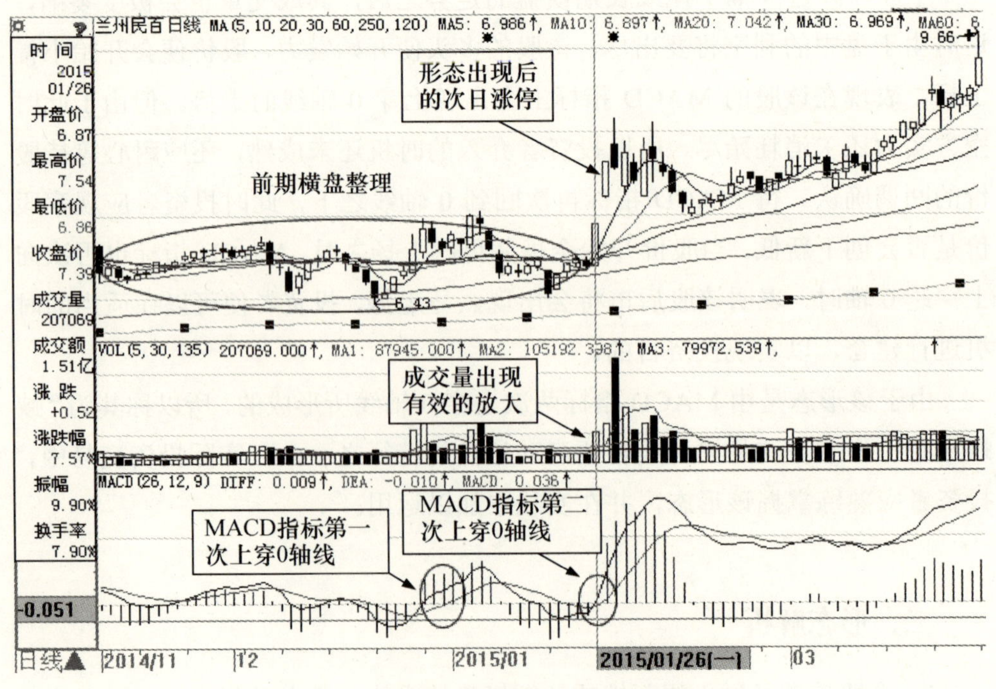

图 2-1　兰州民百（600738）日 K 线图（I）

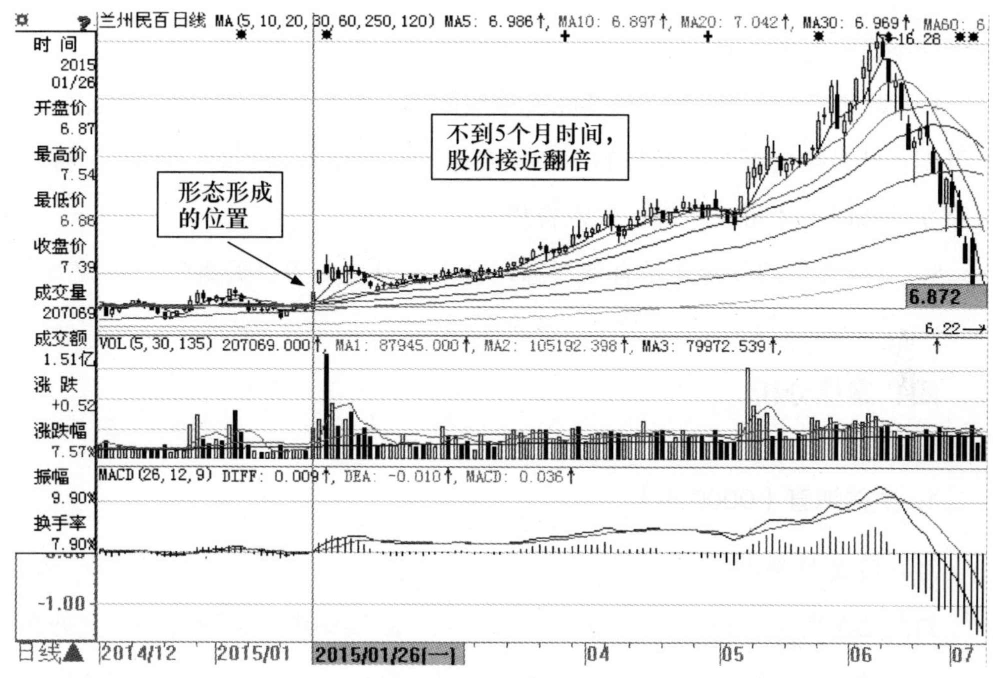

图 2-2　兰州民百（600738）日 K 线图（II）

三、实战要点

1．看股价从前期的历史高点回落的幅度：对基本面较好的个股而言，回落为 30%左右；对一般性个股来说，回落为 50%左右；而对基本面较差的个股而言，其股价要回落 70%才可谓深幅回落。在此，投资者必须结合股票情况进行研究，没有绝对的标准。投资者需要辩证地看待某只个股的跌幅。

2．一般而言，在主力完成出货之后，如果股价没有一个深幅的回调，其就无法吸引新的投资者入场，如此就很难再有上扬的空间。只有股价长期横盘使 60 日、120 日、240 日等中长期均线基本由下降趋势转为走平趋势，这时股价才对新的投资者有吸引力。

3．当 MACD 第一次上穿 0 轴线时，不是投资者建仓的良好时机。股价在经过大幅下跌之后，第一波上涨很有可能是被套机构的解套行情。即使是多头的建仓动作，但一般都会跟随一个洗盘行情。所以，MACD 指标第一次上穿 0

轴线并不是良好的买点。

4．股价高低点的依次下移意味着个股的下降趋势还没有结束，因此股价不再创新低是投资者买入操作的一个重要标准。在此基础之上，MACD 再次上穿 0 轴线时，才可初步确认买入良机。

5．有成交量的配合才是有效形态，否则容易被主力“骗线”。

四、案例分析

1．中信海直（000099）

(1）日 K 线形态分析

如图 2-3 所示，在中信海直（000099）日 K 线图中，该股前期一直处在震荡下行的走势之中，其成交量也逐步萎缩，直至地量状态。之后，该股的 MACD 指标出现了连续两次上穿 0 轴线的走势，表明该股后市会结束震荡下

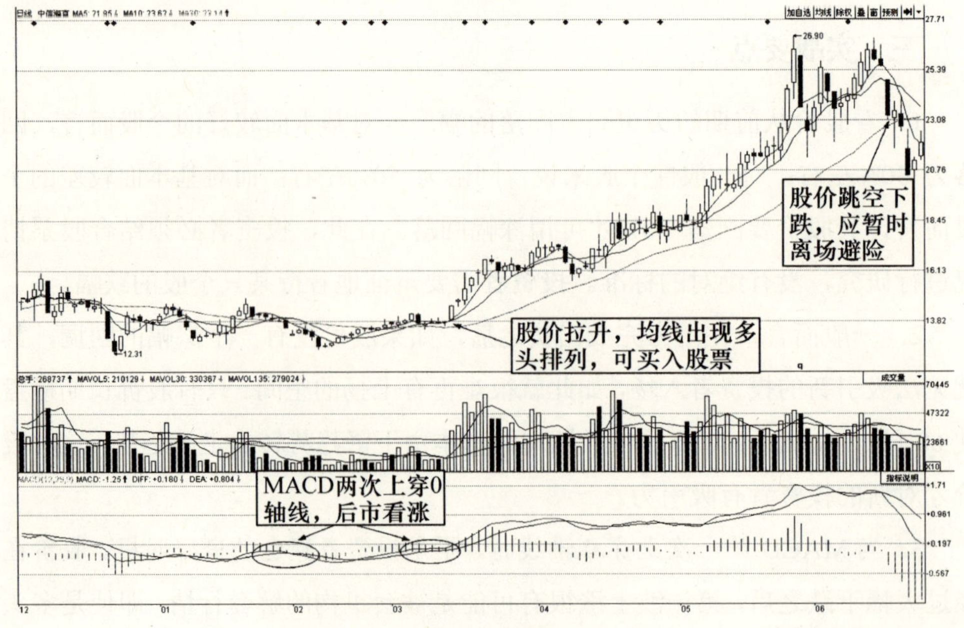

图 2-3　中信海直（000099）日 K 线图

行的趋势，开始黑马强势上涨的行情。投资者在实际交易当中，遇到个股的MACD指标出现这种形态，应密切关注其后市走势，捕捉买入机会。在股价出现强势上涨，成交量也开始放大之后，投资者可进行适当的建仓。经过一波上涨行情之后，股价创出了新高，在股价破位之时，投资者应暂时离场。

（2）分时买点把握

如图2-4所示，在中信海直（000099）日分时图中，该股股价在小幅高开之后，开始了横盘整理的运行趋势，并且股价线与均价线相互缠绕黏合在一起。结合该股的日K线图进行分析，在该股的MACD指标两次上穿0轴线之后，股价开始逐步攀升。某日股价强势拉升，并且其成交量也出现了巨型的放量，呈现出价涨量增的态势。此时，投资者可以进行建仓。在分时图中，在尾盘股价被快速拉升，其成交量也出现了明显的放量，此时，投资者可买入股票，吸取筹码。

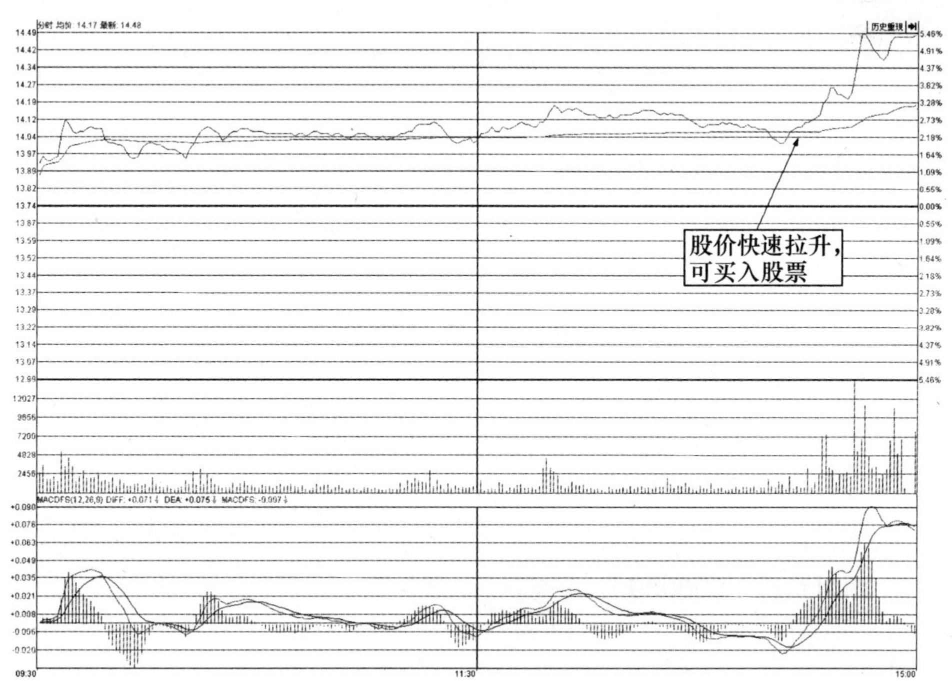

图2-4　中信海直（000099）日分时图（I）

（3）分时卖出解析

如图 2-5 所示，在中信海直（000099）日分时图中，该股股价在小幅低开之后，呈现出震荡下跌的走势，直到下午收盘。结合该股的日 K 线图进行分析，该股在经过一波黑马上涨行情之后，股价创出了新高，但此时该股盘中的多方实力已基本上消耗殆尽，后市股价可能会出现反转下跌。在股价出现跳空低开之后，投资者应暂时卖出股票，以规避风险。在分时图中，在股价震荡下行的过程中，当股价线跌破均价线之时，投资者应卖出股票，或进行减仓操作，在规避股价下跌风险的同时，实现投资收益。

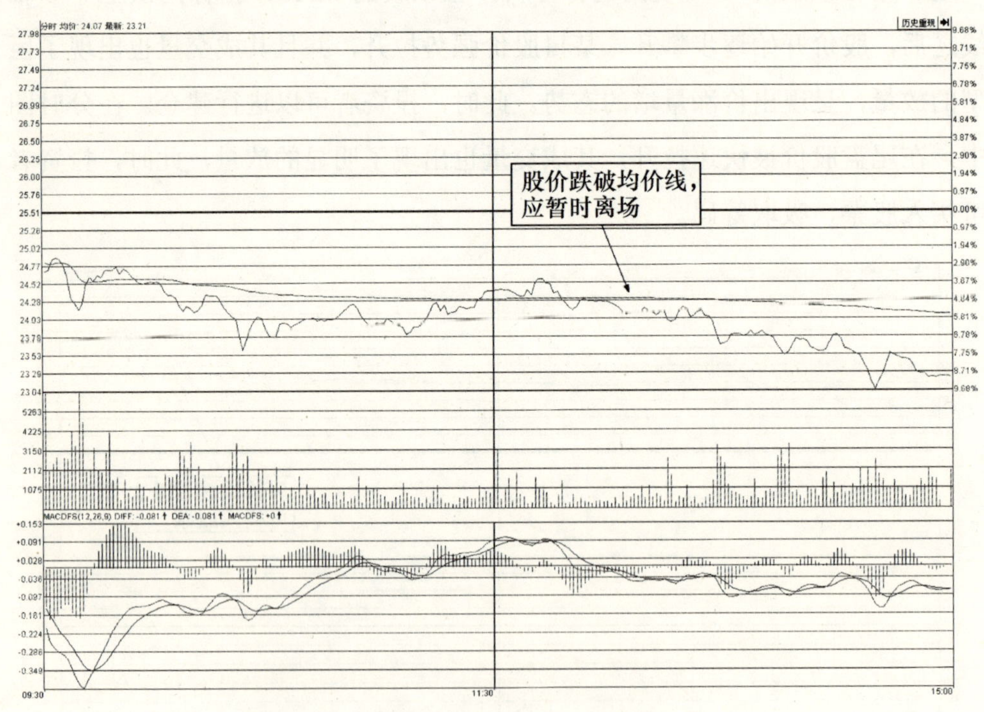

图 2-5　中信海直（000099）日分时图（II）

2. 四川路桥（600039）

（1）日 K 线形态分析

如图 2-6 所示，在四川路桥（600039）日 K 线图中，该股股价在前期处在小幅下跌的走势之中，同时，其成交量也呈现出逐步萎缩的状态。随后，该股的 MACD 指标出现了连续两次上穿 0 轴线的走势，表明该股具备了黑马股的特征，其后市会结束小幅下行的趋势，开始强势上涨的行情。在股价随着 5 日均线向上攀升的过程中，某日，该股的成交量出现了明显的放量，表明该股的后市上涨动力强劲。投资者可在此时买入股票、进行建仓。在股价创出新高、均线出现死叉之后，投资者应考虑卖出股票、规避风险。

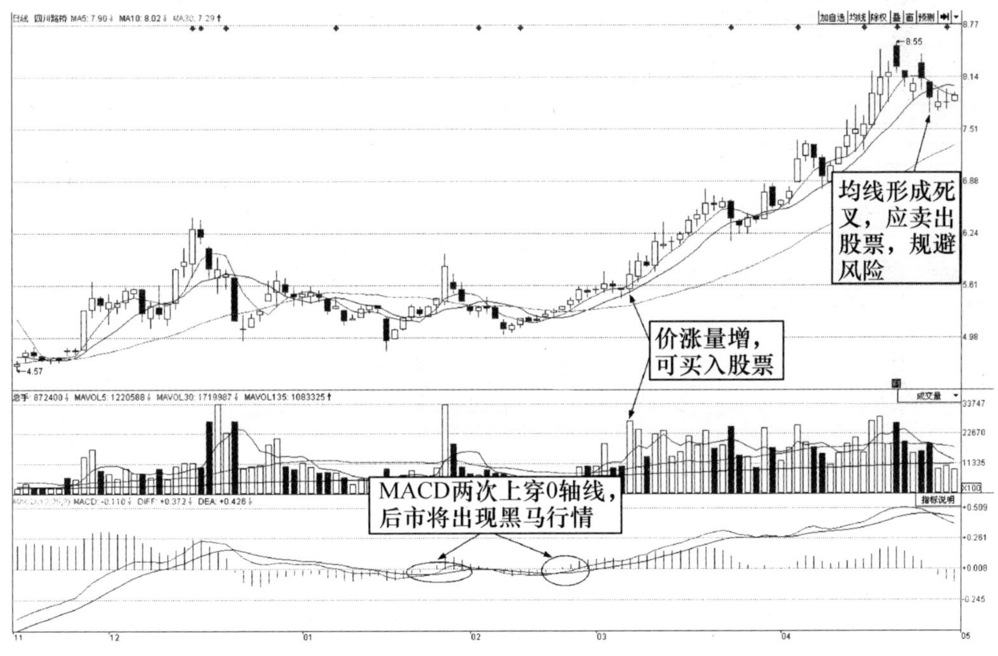

图 2-6　四川路桥（600039）日 K 线图

（2）分时买点把握

如图 2-7 所示，在四川路桥（600039）日分时图中，该股股价基本在平开之后，便开始了一波向上拉升的走势。不过，其后便开始了横盘整理的运行趋势。在下午开盘不久，股价又出现了一次向上拉升，随后开始震荡下行，但其股价线一直保持在均价线之上运行。结合该股的日 K 线图进行分析，该股的 MACD 指标两次上穿了 0 轴线，预示着该股后市将会出现黑马行情。在该股的成交量出现巨型放量之时，投资者应买入股票、进行建仓。在分时图中，在股价第一次拉升之时，投资者便可吸取筹码、买入股票。

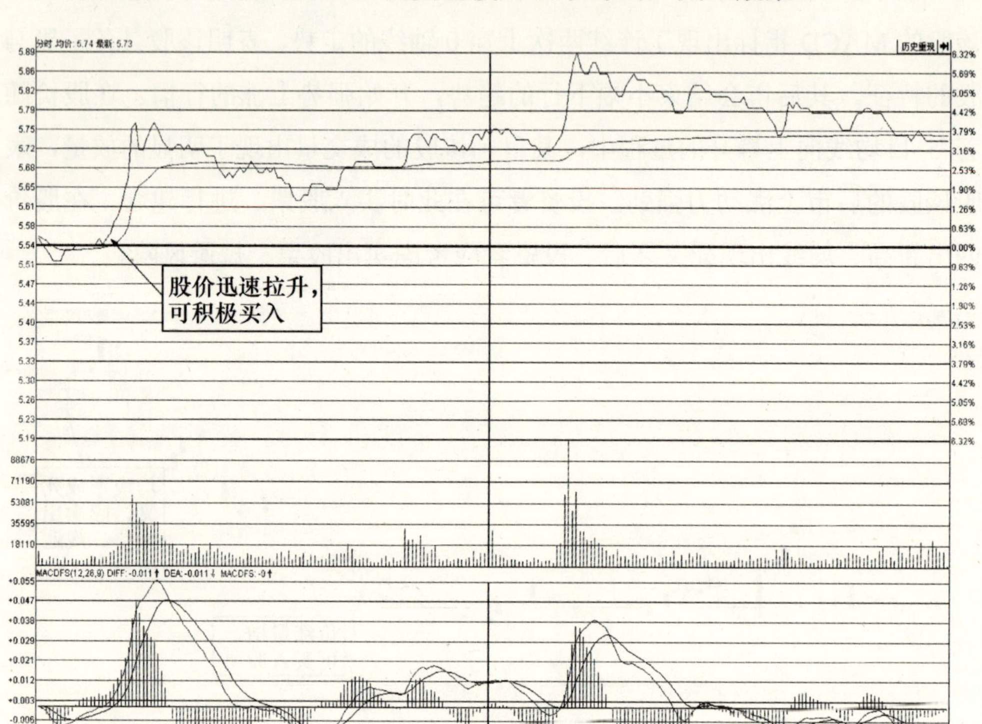

图 2-7　四川路桥（600039）日分时图（I）

（3）分时卖出解析

如图 2-8 所示，在四川路桥（600039）日分时图中，该股股价在小幅低开之后，一路震荡下行，并且其股价线一直运行在均价线下方。在尾盘，股价突然出现了一次拉升走势并突破了均价线，之后其又恢复下行趋势直至收盘。结合该股的日 K 线图进行分析，在该股股价创出新高之后，股价上涨动力减弱，后市股价有可能出现反转。在该股的均线形成死叉之后，投资者应卖出股票。在分时图中，在股价线向上拉升突破均价线之时，投资者可进行离场操作，以规避风险，实现投资收益。

股价的回落幅度，需要投资者进行辩证地分析，实际操作应结合该股的基本面进行。

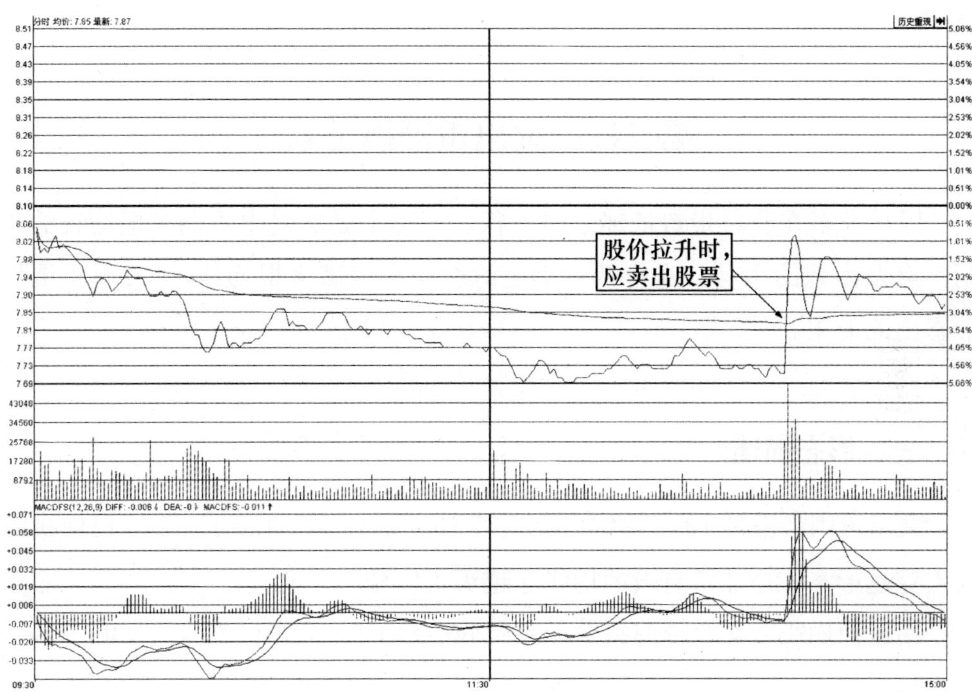

图 2-8　四川路桥（600039）日分时图（II）

第三技　突出重围擒杀术

黑马大多在股票走势低迷之时潜伏，形态上必然受中短期多根均线的压制，爆发力强的黑马，在行情启动之时会一举突破多根均线，“突出重围”形态由此而来。

一、形态描述

突出重围形态是10日均线向上突破30日、60日、120日、240日均线的向上穿越形态，是非常有效的均线穿越买入信号。

在这种均线金叉穿越形态中，首先60日均线、120日均线与240日均线距离极其接近，其处于黏合并行的状态。此时10日均线几乎同时穿越30日均线、60日均线、120日均线与240日均线，形成极度分离的多头排列的特殊技术形态。因为该形态的形成由10日均线层层突破其他均线，如在战场上突破重围，所以得名“突出重围”形态。

此时，60日均线、120日均线与240日均线处于交叉穿越的状态，或者处于平行的状态，并不影响该形态的形成。在实际操作中，投资者可以利用这些技术指标所形成的特殊走势，提前预知黑马股的启动行情，进而在合适的时机买入股票，以获取投资收益。

二、形态解析

1．该形态所用的均线参数为10日、30日、60日、120日、240日。

2．60日均线、120日均线与240日均线距离极其接近，处于黏合并行的状态。

3．该形态的10日均线由下向上穿越30日、60日、120日、240日均线形成均线带，呈现出均线系统的多头排列态势。

4. 当10日均线穿越30日、60日、120日、240日均线形成均线带时，成交量出现明显的放量。

三、实战要点

1. 各条均线之间的乖离越小，该形态形成的成功率越高。

2. 当10日均线穿越30日、60日、120日、240日均线形成均线带时，其穿越用时越短，越表明拉升该股的主力实力越强，后市该股的黑马行情越明朗。

3. 当10日均线穿越30日、60日、120日、240日均线形成均线带时，若成交量能出现明显的放量，则该股后市的黑马上涨行情会更强。

4. 投资者可在10日均线穿越30日、60日、120日、240日均线形成均线带时买入股票，或者在穿越后10日均线向30日、60日、120日、240日均线形成的均线带回调时买入。

四、案例分析

1. 包钢股份（600010）

（1）日K线形态分析

如图3-1所示，在包钢股份（600010）日K线图中，该股股价在前期并没有良好的表现，大体呈现出横盘整理的走势，其成交量也基本上处于地量状态。某日，该股的10日均线上穿30日、60日、120日、240日均线，出现了黑马股拉升的走势形态，表明该股后市将会突破压力位，开始强势上涨。股价在站上10日均线之后仍保持上攻走势，投资者可在股价突破均线系统之后买入。股价经过一段时间的上涨之后，盘中做多动力有所衰退，投资者应在股价出现破位下跌之时卖出，规避风险实现收益。

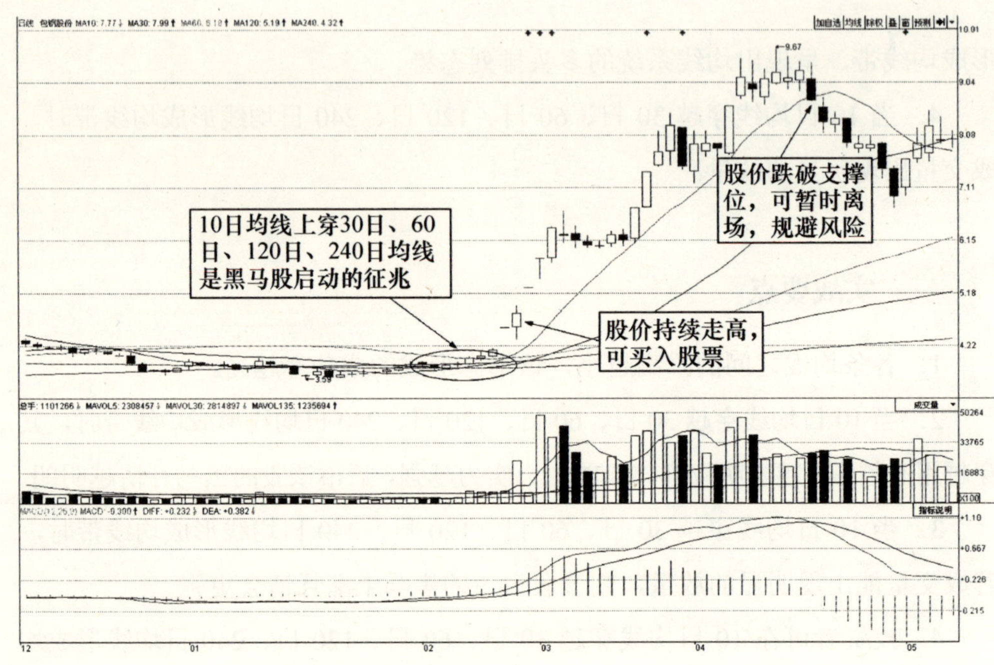

图 3-1　包钢股份（600010）日 K 线图

（2）分时买点把握

如图 3-2 所示，在包钢股份（600010）日分时图中，该股股价在上一个交易日以“一”字板方式涨停，该日在小幅低开之后，股价线与均价线运行于低价位区，表明该股的上行压力较大，盘中卖盘暂时占有优势。不过在尾盘，股价在成交量的配合下被迅速拉升，说明卖盘后续实力不足，使得买盘信心再次建立，最终扭转了市场的下跌趋势。由此表明，该股后期的上涨行情仍将持续，投资者在尾盘股价拉升时可买入，以期获取黑马股后市上涨行情的投资收益。

（3）分时卖出解析

如图 3-3 所示，在包钢股份（600010）日分时图中，该股股价在小幅低开之后出现了短暂的爬升走势，但由于盘中卖盘的实力较强，股价线在跌破均价线之后一直运行在低价位区。在股价向下运行的过程中，其成交量也出现了明显的放量，呈现出“价跌量增”的态势。结合日 K 线图进行分析，经过一段时间的上涨之后，该股的做多动能减弱，投资者在股价跌破均价线之后，应进行相应的卖出操作，以规避股价后市回调的风险。

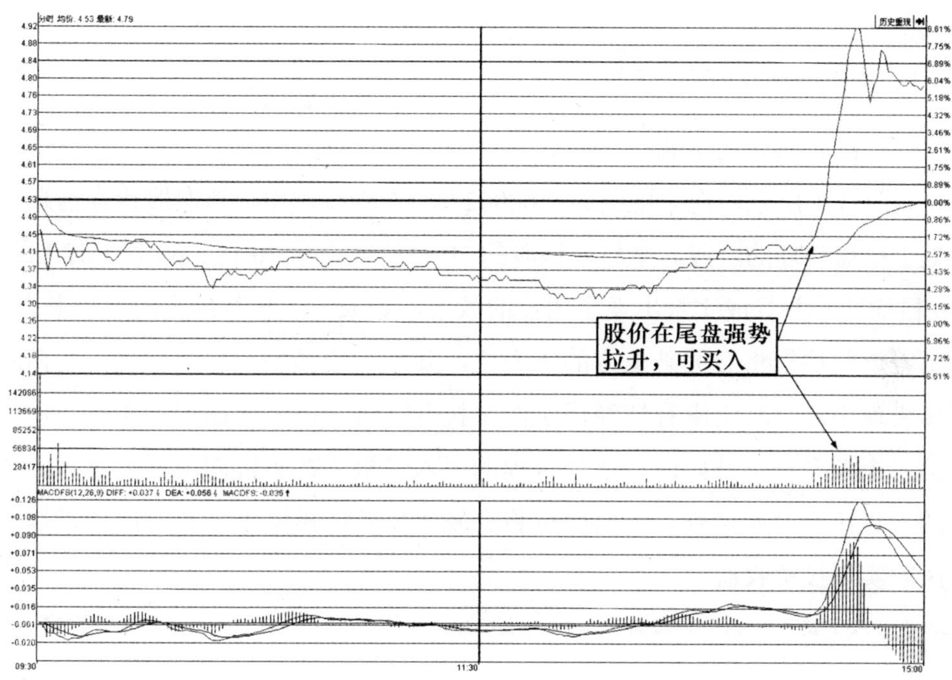

图 3-2　包钢股份（600010）日分时图（I）

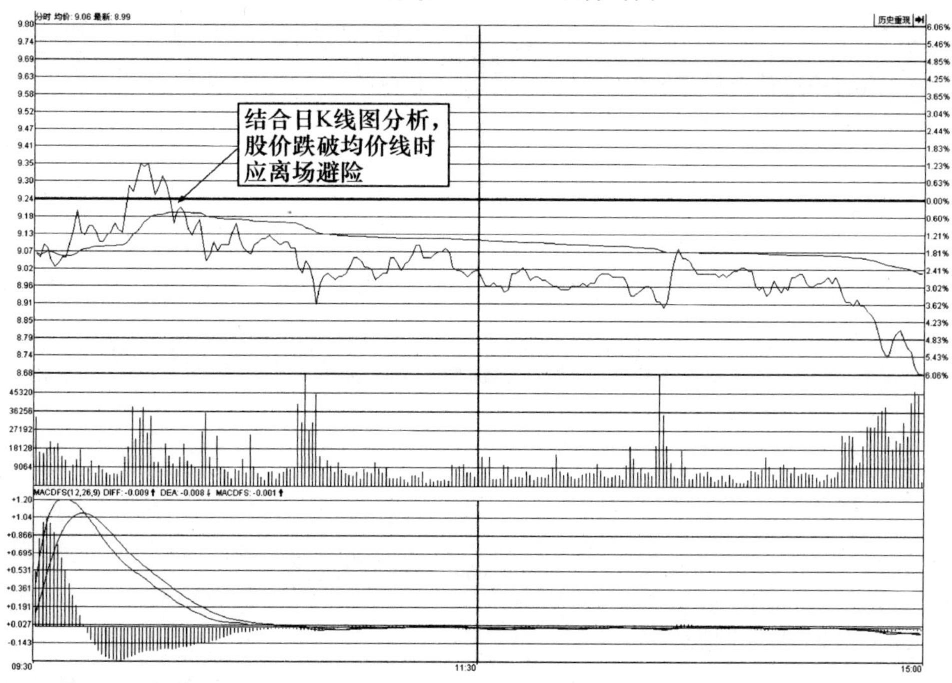

图 3-3　包钢股份（600010）日分时图（II）

2. 华电国际（600027）

（1）日K线形态分析

如图3-4所示，在华电国际（600027）日K线图中，该股股价在前期一直处于横盘整理的阶段。某日，该股的10日均线上穿30日、60日、120日、240日均线，并且成交量出现了明显的放大，形成了黑马股拉升的走势形态，预示着该股后期将会突破上方的压力位，开始一轮强势上涨的行情。在该股具体表现中，黑马上涨行情经历了两个拉升阶段。投资者在实际操作中，可在第二个拉升行情开始时，选择合理的买入时机。在股价创出新高之后，该股的卖盘压力开始增强，表明股价将会发生反转，投资者可暂时离场，以规避风险实现投资收益。

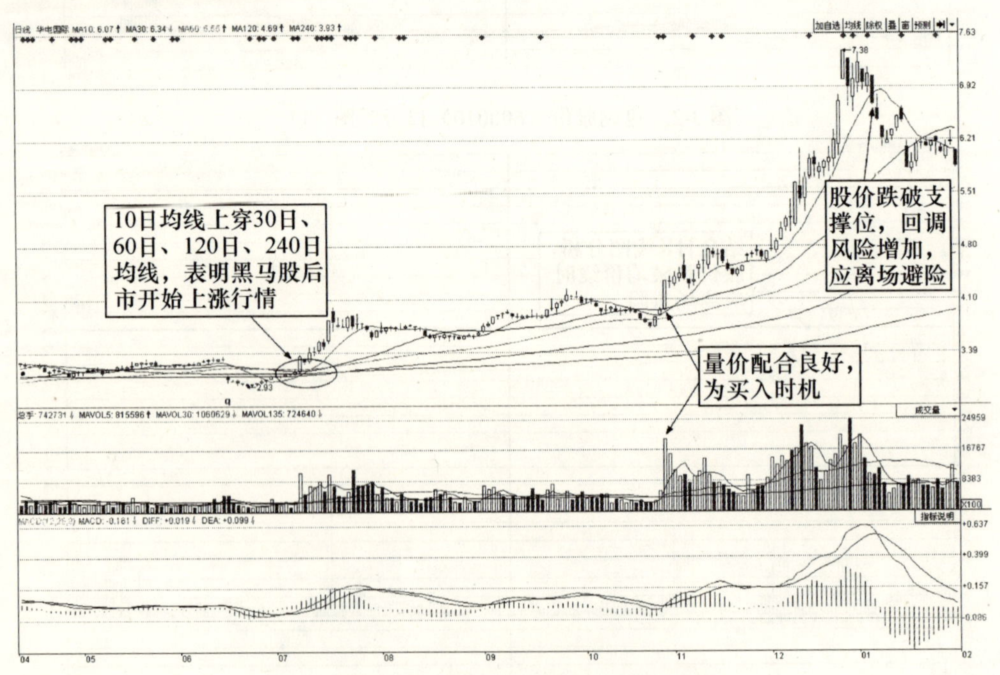

图3-4 华电国际（600027）日K线图

（2）分时买点把握

如图3-5所示，在华电国际（600027）日分时图中，该股的黑马行情在第二个拉升阶段开始，股价出现了强势上涨，最终上封了涨停板。投资者可在这一买点买入股票、吸取筹码。观察当日的分时走势可以发现，股价在平开之后，股价线与均价线处于缠绕黏合状态。在下午开盘之后，股价被迅速拉升，最后上封了涨停。同时，其成交量也出现了明显的放大，表明该股的多方实力较强，股价后市冲高的动力充沛。投资者可在股价出现强势拉升之时买入，以期获取黑马行情的投资收益。

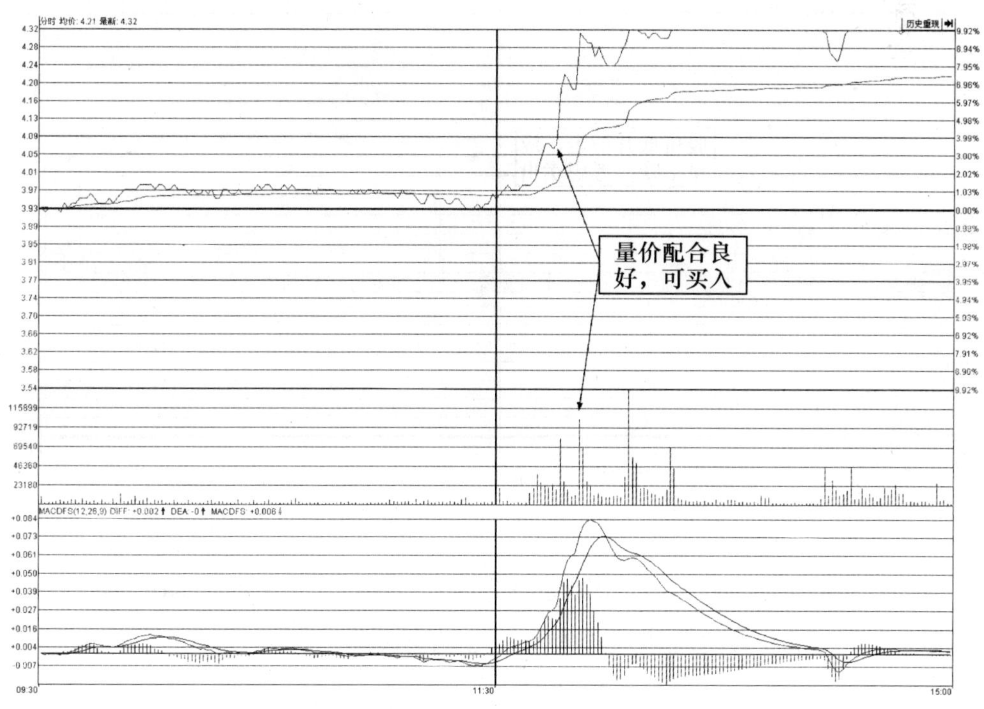

图 3-5　华电国际（600027）日分时图（I）

（3）分时卖出解析

如图 3-6 所示，在华电国际（600027）日分时图中，该股经过一段时间的强势上涨之后，股价创出了新高。同时，其回调的压力逐渐增强，后市有可能出现反转向下的走势。在股价跌破均线支撑位的当日，投资者应考虑卖出股票、规避风险。在分时图中，股价在小幅低开之后，一路呈现出向下运行的态势。同时，其成交量也出现了持续性的放大，呈现出价跌量增的走势。

投资者在股价下行、同时出现放量的时候可卖出手中的股票，在规避后市风险的同时，也实现其投资收益。

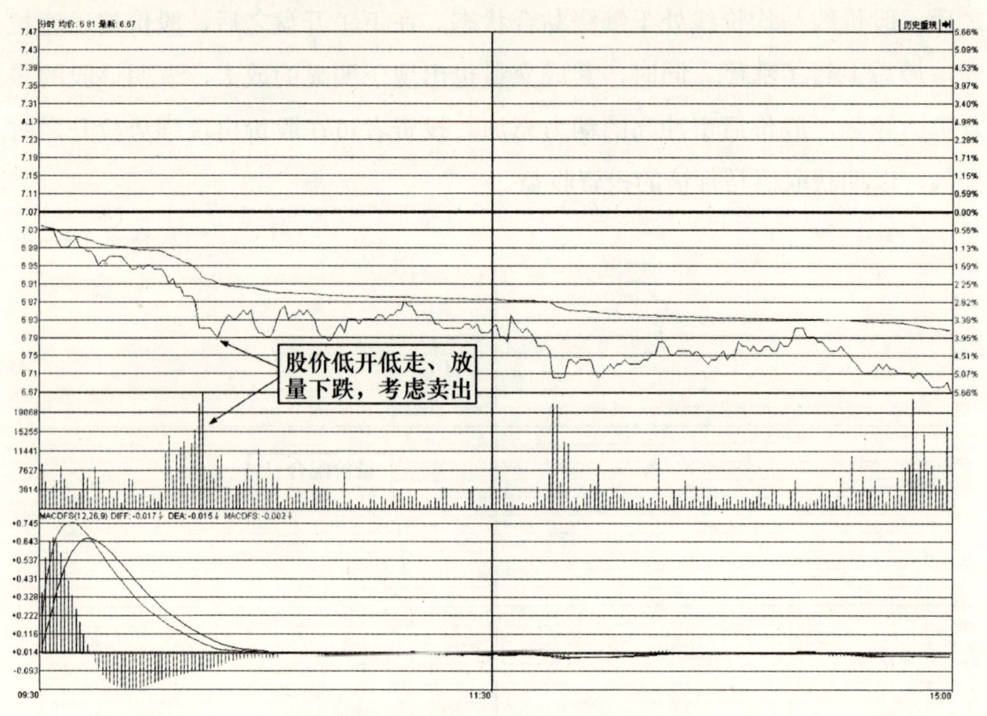

图 3-6　华电国际（600027）日分时图（II）

需要注意的是，当 10 日均线穿越 30 日、60 日、120 日、240 日均线时，若该股的成交量没有出现放大，看涨信号则会减弱。

第四技　突破平台擒杀术

在黑马启动的初期，会因拉升压力太大暂时处于一个横盘震荡阶段，形态上形成一个整理平台，短则数个交易日，长则数周。经过长时间的蓄势之后，某一日出现一根长阳突破，同时成交量快速放大，形成了有效的“平台突破”形态。携量突破的股票志存高远，后续升幅可观。

一、形态描述

平台突破 K 线组合形态出现在股价上涨一段时间后，进入横盘震荡期，日 K 线在形态上形成一个横盘状态的小平台，某日突然放量突破形态（见图 4-1）。

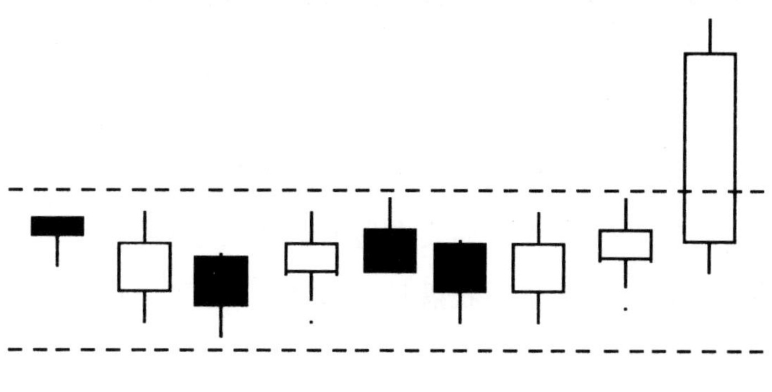

图 4-1　平台突破

二、形态解析

其技术特征具体有以下几个特点：

1．股价处在拉升初期，已经有一定的涨幅。

2．股价在一段时间内横向上下震荡，每天以小阴小阳线运行，平台时间短则3～10天之间，长则数周。

3．形态的显著特征是，存在一根放量的大阳线突破平台整理时的最高点，并且其收盘价收在平台整理时的最高处。

4．股价突破的同时，成交量也迅速放大。成交量如达到5日均量线的两倍以上，则信号可靠。

我们说庄家洗盘是通过时间和空间实现的。平台突破一般是庄家拉升初期利用时间要素进行的洗盘，成功突破后将有新的一轮上升行情。

三、实战要点

平台突破在实战中应用广泛，是庄家非常喜欢的一类洗盘后突破的方式。股价经过一定幅度的上升之后开始调整，调整方式是股价横向上下震荡，在这个小平台中可以看到日K线在震荡中带有比较长的上下影线。个股或指数经过充分的蓄势整理之后，终于爆发，向上突破行情。在形态上，股价先是有一个横盘整理的过程，然后才是放量突破，突破性大阳线所代表的是庄家结束洗盘再次做多的标志。

实战时，投资者需要关注突破当天的走势，不仅要注意量价关系，还需突破时的阳线不能依赖尾盘拉升，而要在盘中稳健上行。操作上可以在个股出现突破平台大阳线当天，尾盘临近收盘时考虑介入，也可以在个股出现突破平台大阳线后回调确认阶段介入。

四、案例分析

下面我们一起看几个平台突破的案例。

图4-2是重庆水务（601158）在2014年10月至2014年12月的K线走势图，图中出现了连续的短期平台突破。股价的运行也逐渐由相对平缓转向快速

拉升，进入股价的主升浪环节。

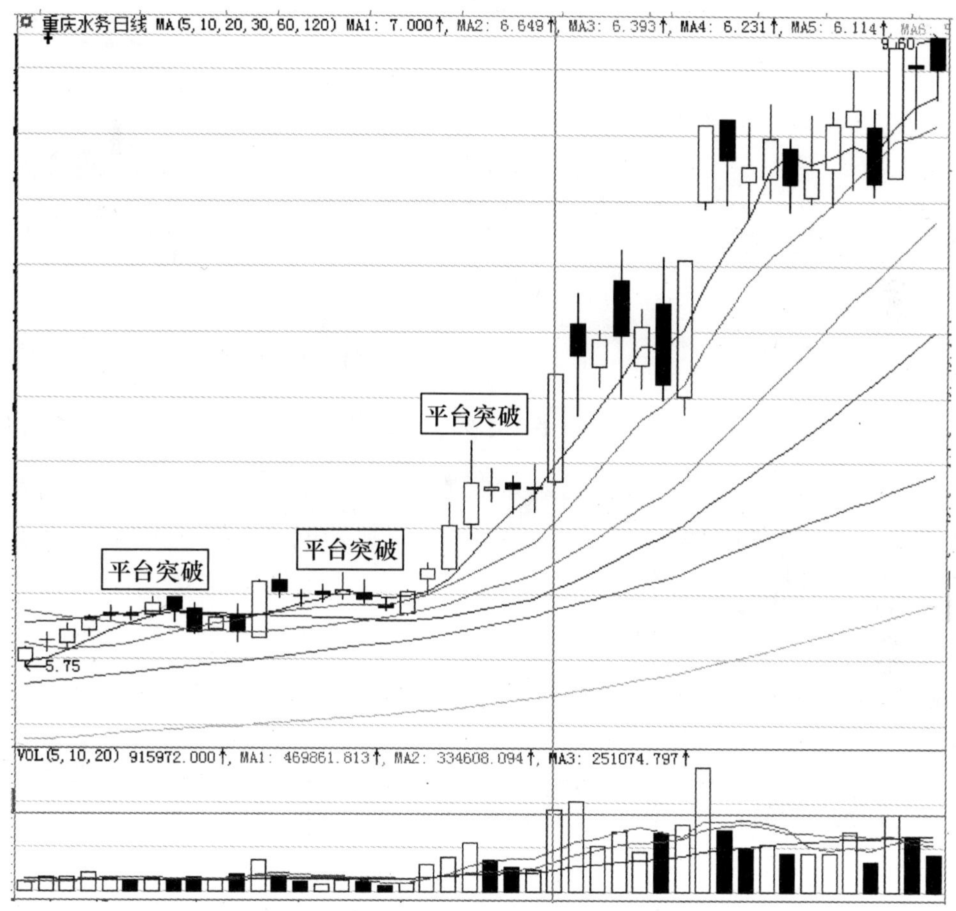

图 4-2 重庆水务（601158）日 K 线图（I）

在图中我们看到平台突破所处的位置是在拉升的初期，股价刚刚到上行阶段。短期的平台突破时间也多在 3～10 天内。这些都可以作为我们以后买进时的参考。

图中的突破特征同样明显，大阳线和涨停都是我们跟进的强烈信号。

我们再来看一个平台突破中的涨停案例。

图 4-3 是江南水务（601199）在 2015 年 1 月至 2015 年 4 月的 K 线走势图。图中也出现了连续的平台突破，股价的运行也稳步向上。如果投资者在出现第

一个平台突破时积极介入，短期的收益高达 60%。

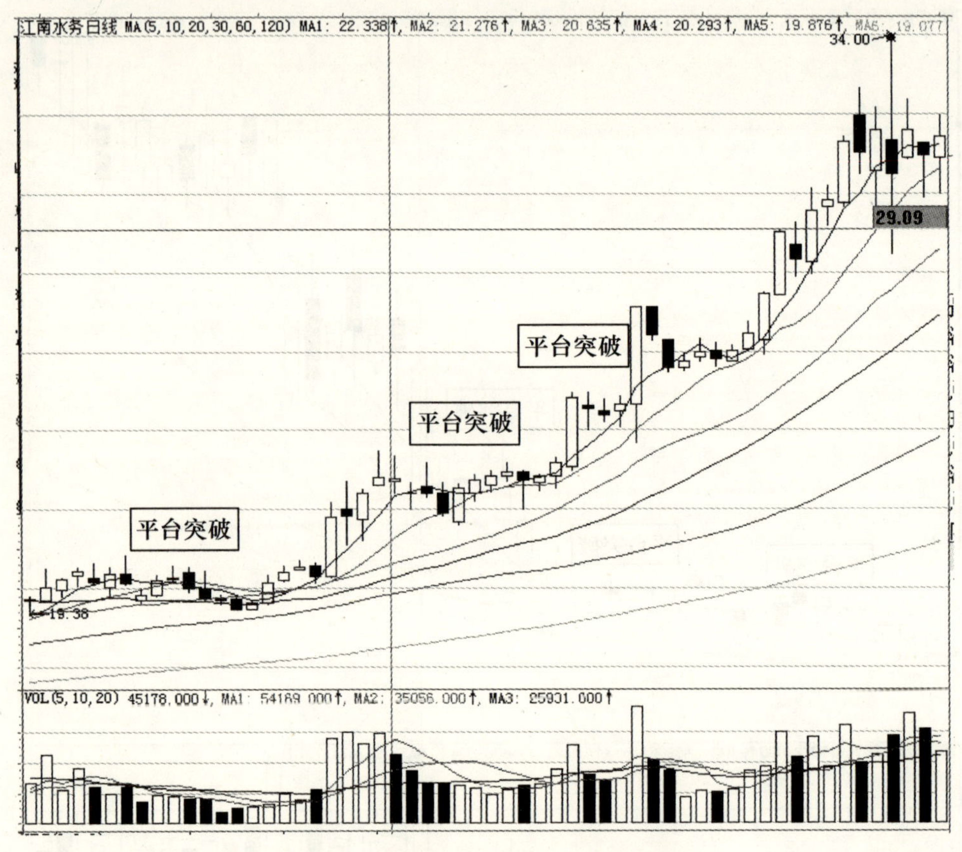

图 4-3 江南水务（601199）日 K 线图

下面我们再看一下中国中铁（601390）的平台突破。

图 4-4 是中国中铁在 2014 年 10 月至 2015 年 4 月的 K 线走势图。图中出现了同样的连续平台突破。但我们仔细观察就会发现，该案例与前面的平台突破有所不同，所用平台整理的时间是远远长于前面两个案例的所用时间的。这个就是平台突破中的另一种现象。

具有平台突破走势的个股，主力往往将股价振幅控制在很窄的范围内，使其走势极其沉闷，以此来打击和消磨散户和小资金持有者的投资热情，考验他们的信心和毅力。由于散户担心既有赢利的得而复失，所以，股价在横盘时就会加剧散户的焦虑心理，横盘时间越长，这种焦虑感就越强烈，从而动摇了散户持股的信念。渐渐地，那些意志不坚定者最终就会放弃继续持股的念头。此时正中庄家下怀，当庄家再次拉升时就轻松多了。

图 4-4　中国中铁（601390）日 K 线图

平台突破的方式适用于大盘绩优类个股，如图 4-4 中的中国中铁。这种个股，大家都虎视眈眈地盯着，所以庄家很少采用打压的形式洗盘。因为这类个股业绩优良，发展前景被看好，散户和小资金持有者的心态稳定。如果采用打压洗盘，散户和小资金持有者不但不会抛售原有的筹码，反而还会采用逢低买进的方法摊平和降低持仓成本。

而其他虎视眈眈的场外投资机构也会抢走打压筹码。这样很容易造成庄家的打压筹码流失严重，形成肉包子打狗，有去无回的局面。所以摆在庄家面前的办法就只有横盘，用更长的时间来消磨投资者的耐心，抛出手中筹码。达到洗盘、吸筹的目的。

下面再给大家看一个平台突破的案例。

图 4-5 是常山药业（300255）在 2012 年 11 月至 2015 年 4 月的 K 线走势。股价从突破时的 30 元快速上涨到 65.16 元。走出了翻倍行情。我们再回来看这个平台的搭建。股价在 2013 年的 8 月见顶，随后在平台区间波动，没有大的打压行为，股价维持平稳，一直到 2014 年的 12 月股价走出平台区，突破向上运行。此平台整理用时长达 16 个月，不可谓不长。而股价平台突破后的翻倍行情不可谓不强势。这也印证着股市里的老话：“横有多长、竖有多高”。

图 4-5　常山药业（300255）日 K 线图

下面再和大家看一下红旗连锁（002697）中的平台突破。

图 4-6 是红旗连锁在 2014 年 6 月至 2015 年 4 月的 K 线走势。图中股价平台突破后经过短暂的回调，以连续涨停的方式被直线拉升。此时买入的投资者收益巨大。当然我们也应该看到，正是因为图中长达半年的平台整理，才有了以后的快速拉升。投资者在以后可以多多关注此类个股。

图 4-6　红旗连锁（002697）日 K 线图

第五技　龙飞九天擒杀术

“龙飞九天”一词间接来源于《易经》，这里指股价经过潜伏与酝酿之后的一飞冲天，是黑马股票的重要介入点之一。

一、形态描述

股价或指数经过前期的大幅下跌之后，进入到横盘整理筑底的过程之中。其成交量先是极度萎缩，然后开始温和放大。由此推动了股价收出小阳线或小阴线，并缓慢爬升。一般情况下是阳线多于阴线，其中偶尔会出现一两根中阳线或大阳线。某日股价突然强势上涨，走出一根大阳线，站上 5 日、10 日、20 日均线，同时突破了该股前期的关键位置和重要关卡。这种走势就像一条游走于水面的蛟龙一跃而起飞上云端，翱翔在九天之上，因此，该形态得名“龙飞九天”。预示着股价在突破阻力位之后将会开始强势上涨，后市将会出现一轮牛市行情。

龙飞九天形态一般出现在股价或指数的充分蓄势之后，所以该形态出现之后股价一般都会出现一波比较火爆的上涨行情，是投资者可以实现资金快速增值的技术形态之一。激进的投资者可以在形态形成的当日买入股票，持股待涨。

二、形态解析

1．龙飞九天形态一般出现在中长期上涨趋势的初期，或是长期上涨趋势的回调行情末端。

2．均线系统的 5 日、10 日、20 日均线由逐渐收敛、黏合转变为缓慢发散，多呈现出多头排列形态。

3．日 K 线以小阳线、小阴线缓慢爬升，其中多数为小阳线。

4. 某日股价或指数放量上涨，收出中阳线或大阳线。同时，股价或指数站上所有周期的均线，并且突破前期技术形态上关键的阻力位或者重要的关卡。

三、实战要点

1. 龙飞九天形态形成时的大阳线突破的关键阻力位和重要关卡越多，其发出的买入信号越强烈，股价或指数后市上涨的力度或幅度就越大。

2. 如果形成该形态的当日，大阳线出现时，其成交量也能明显放大，则这一形态的看涨作用会增强。

3. 请注意与其他突破类形态的差异。

四、案例分析

接下来我们介绍几个案例，来分析该形态的具体运用方法。

1. 深中华 A（000017）

（1）形态分析

如图 5-1 所示，在深中华 A（000017）日 K 线图中，该股前期基本上处于横盘整理的走势，其成交量在极度萎缩之后有温和放大的趋势，同时，股价以小阳线和小阴线缓慢爬升。某日，股价强势上涨，站上了 5 日、10 日和 20 日均线，并突破了前期的重要阻力位，形成龙飞九天形态，预示着该股后市将结束横盘走势，出现一轮新的上涨行情。再观察其成交量可以发现，其量能出现明显放大，呈现出价涨量增的态势。投资者应密切关注该股走势，择机介入。

（2）买入分析

如图 5-2 所示，在深中华 A（000017）日 K 线图中，该股在形成龙飞九天形态之后，其股价继续向上爬升。结合该股的均线系统进行分析，5 日、10

日、20日均线呈现出多头排列的形态，同时，其60日均线也改变平行走势，开始向上方运行。表明该股的市场人气开始聚集，后市将会出现一定幅度的上涨，投资者在遇到这一走势时，可在形态形成之后股价继续走强时买入。

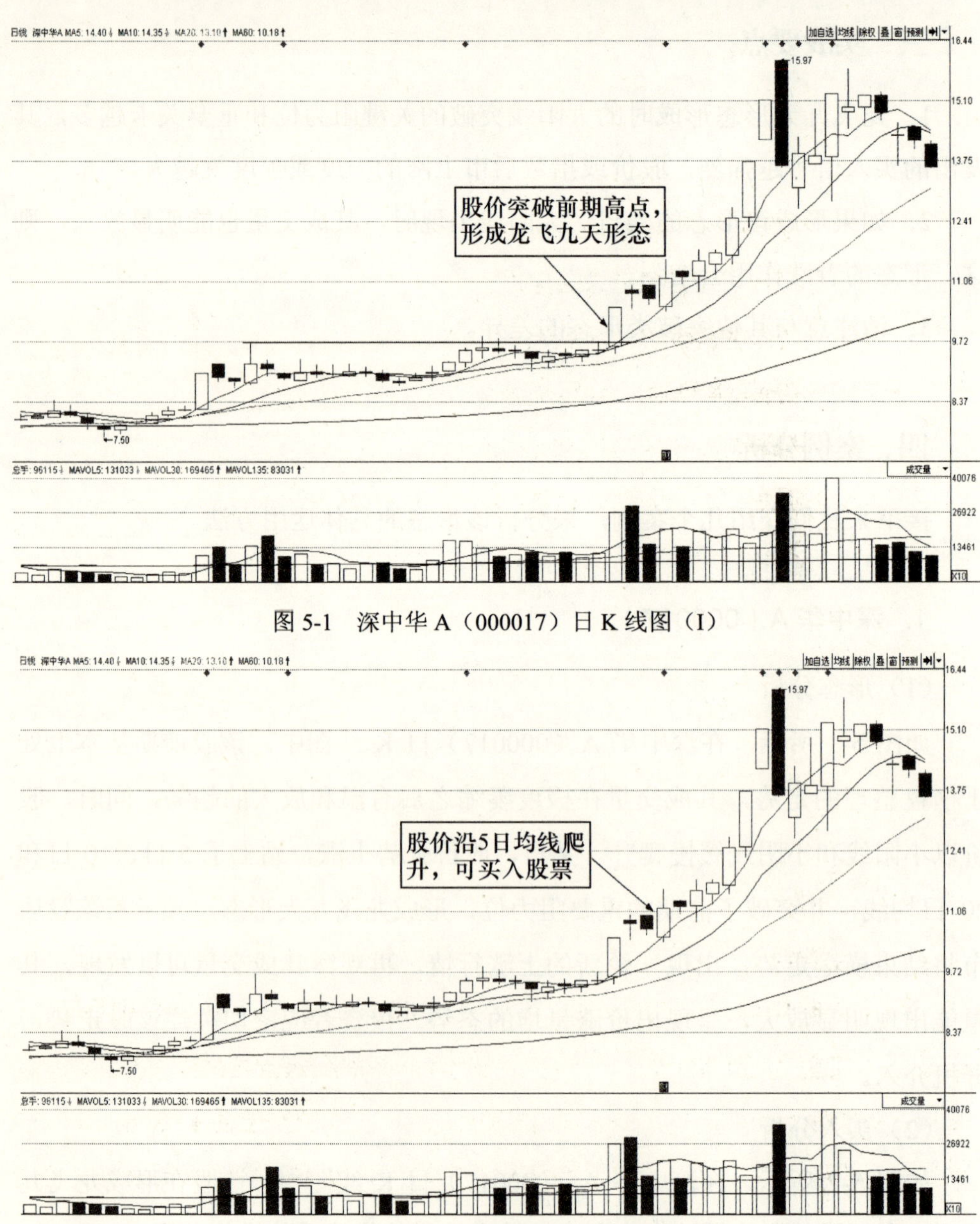

图 5-1　深中华 A（000017）日 K 线图（I）

图 5-2　深中华 A（000017）日 K 线图（II）

（3）卖出分析

如图 5-3 所示，在深中华 A（000017）日 K 线图中，该股形成龙飞九天形态之后，股价沿着 5 日均线开始了一波爬升。在该股创出新高之后，股价逐步出现了回调的走势。日 K 线中出现的十字星击穿了 5 日、10 日均线的支撑位，预示着该股的回调走势即将开始。同时，该股的成交量也开始出现逐渐萎缩的状态，形成价跌量缩的走势。投资者在遇到这种走势后，应暂时离场规避风险。

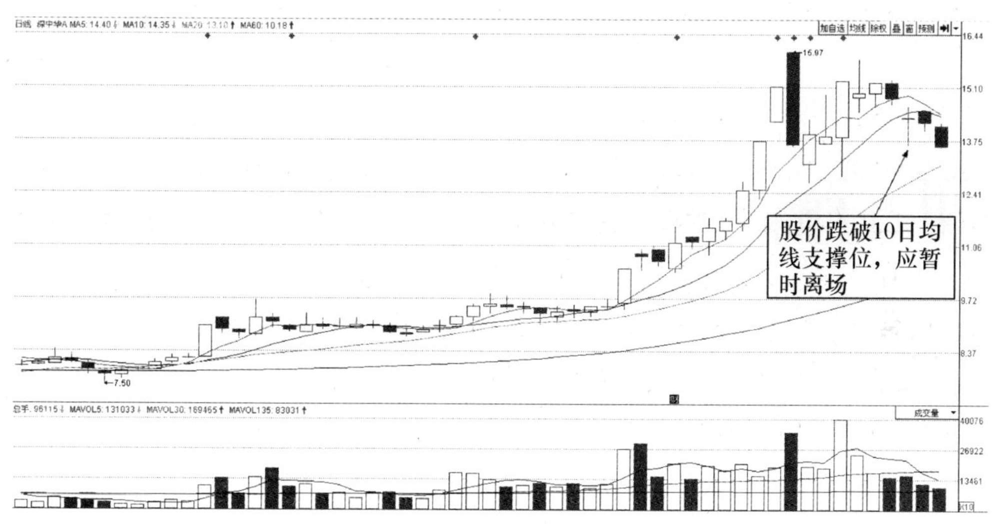

图 5-3　深中华 A（000017）日 K 线图（III）

2. 海油工程（600583）

（1）形态分析

如图 5-4 所示，在海油工程（600583）日 K 线图中，该股前期经过一轮上涨之后开始出现回调走势，其成交量也开始逐步萎缩。在成交量呈现地量之后，股价以小阳线、小阴线的形式缓慢爬升，伴随着股价的爬升，其成交量也开始温和放量，表明盘中的多头已开始聚集做多的动力开始反攻。随后一根大阳线突破该股前期的重要技术阻力位，形成龙飞九天形态。表明股价即将出现一波上涨行情，投资者应选择有利的时机买入股票。

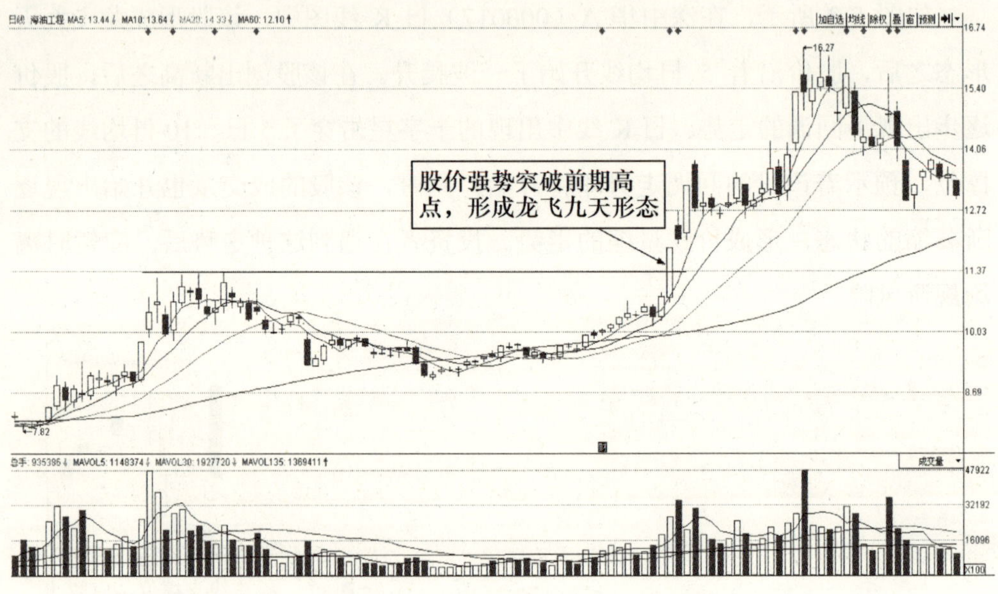

图 5-4 海油工程（600583）日 K 线图（Ⅰ）

（2）买入分析

如图 5-5 所示，在海油工程（600583）日 K 线图中，该股形成龙飞九天形态的当日，股价上涨，并在午盘上封涨停板。同时，其成交量也出现了明显放大，表明该股后市将结束回调的走势，开始一波新的上涨行情。激进的投资者可在形态形成当日买入股票、获取筹码。稳健的投资者可在股价继续走强后积极介入，以期获取个股短期上涨所带来的收益。

（3）卖出分析

如图 5-6 所示，在海油工程（600583）日 K 线图中，该股在爬升的过程中出现了横盘整理的走势，但没有破坏均线系统的多头排列走势。所以，股价在多头排列的支撑下又开始了一段上涨行情。但投资者此时应该意识到，该股的上涨行情会在出现第二次横盘时结束，应密切观察该股的后市走势。股价在创出新高之后，一根大阴线击穿了 5 日和 10 日均线，标志着该股的回调行情开始。此时，投资者应卖出股票，规避风险。

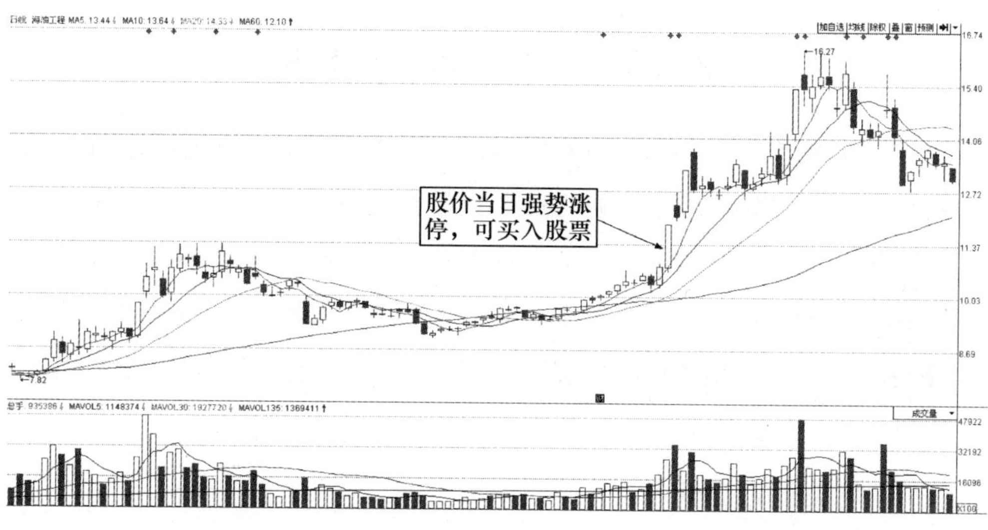

图 5-5　海油工程（600583）日 K 线图（Ⅱ）

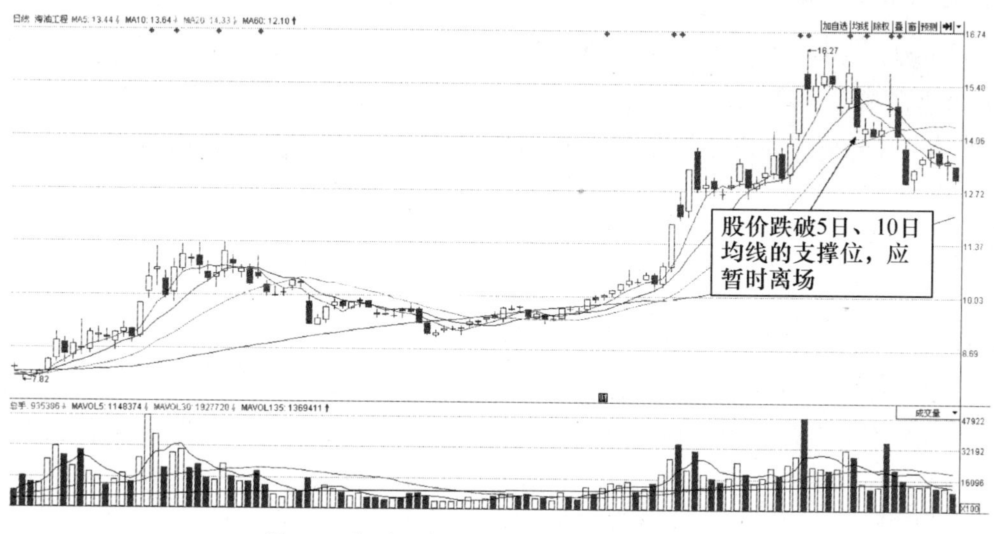

图 5-6　海油工程（600583）日 K 线图（Ⅱ）

龙飞九天形态一般预示着个股后市会有强劲的上涨行情，投资者应熟练加以运用，在市场中攫取丰厚利润。

第六技　擒贼当擒王擒杀术

每一轮行情中，龙头股的涨幅要远远大于其他股票，即便在同期的回调调整过程中，跌幅也通常小于其他的股票，是行情领涨中当之无愧的“王”。

龙头股一般率先启涨，通常会有较大的涨幅，甚至持续不断涨停，股价翻倍。在行情火爆时，往往会形成主流热点，能够发动有力度的上涨行情。

擒贼当擒王，捕捉黑马股当选择有号召力的龙头股，实现收益最大化。

一、龙头股的特点

领头的股票一般具有以下几个特点：

1．一波上升行情里，股价最先启动，连续放量拉升，涨幅巨大，有所向披靡之气魄。

2．运作龙头股的主力实力一般比较强，并能对政策面和消息面有深刻的理解。

3．具有良好的示范效应，有市场号召力，振臂一呼应者云集。盘中拉升时，其他个股跟风效应明显，能迅速带起相关板块，进而能影响大盘。

4．符合市场炒作热点，有巨大的想象空间，能激起市场共鸣。

5．龙头股有持续上涨的潜力，拉升阶段不会随便停止。这就是为什么大家会发现股票进入主升段或者真正拉升阶段时，股价只会不断上涨，而不会出现涨一天跌两天的状况。一是因为大资金要赚钱必然要大幅拉升股价，二是因为这样的拉升才可以减少拉升成本，所以连续的拉升便是大资金操控股票的必然选择。任何一只股票如果有大资金操盘，最后的拉升阶段必然会出现这样的情况。所以，如果我们持有的股票上涨一天下跌两天，很显然不是处在拉升阶段，那么也就不会是大资金操盘的龙头股了，至少不在拉升阶段。

6．股价沿 5 日均线飙升。龙头股都沿着 5 日均线不断飙升，稍弱的沿 10 日均线运行。均线系统是实用的系统，它可以直接判断股票价格运行的强弱。大家可以去找找任何一只被大幅拉升的股票，可以发现股价一定会沿着 5 日均线不断上涨，如果落到 5 日均线下，也会在一两天内复位继续上涨，不然就不是龙头股了。如果说我们持有的股票均线波动混乱，那就不可能是龙头股。如图 6-1 所示。

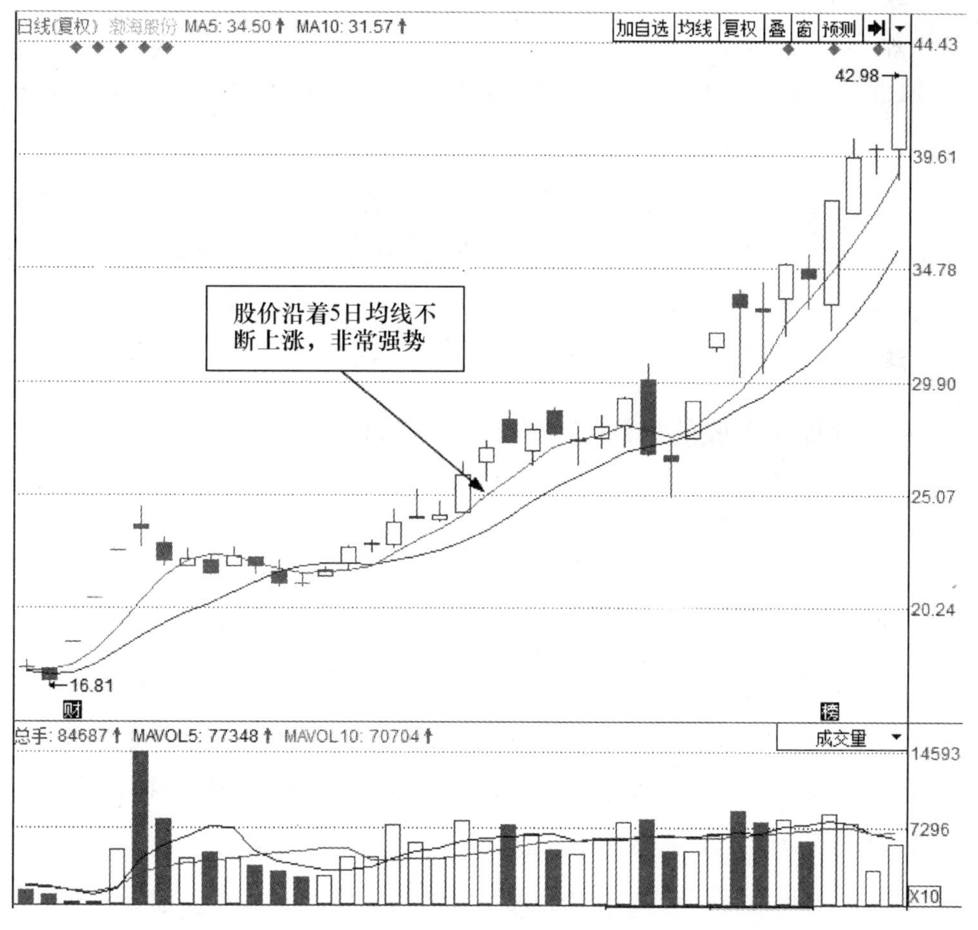

图 6-1 股价沿 5 日均线飙升

7．成交活跃。成交量是股价的灵魂，没有成交量的支持，股价持续上涨是不健康的。一般来说，强势股上涨必然会伴随较活跃的成交量，这样股价才会不断上涨。

以上就是简单的龙头股运行特征介绍，希望大家多研究大幅上涨的股票为什么会大幅上涨，大幅上涨有什么表现形式，以及我们在实战操作中该如何发现和把握大幅上涨的股票。

一般而言，龙头股通常在低价股中产生，流通盘适中，因为流通市值过大不利于主力资金拉抬，耗费资金过大。若流通盘过小，主力资金易进不易出。

值得注意的是，同一行业或同一板块的龙头股并非一成不变，随着题材和概念的变迁，龙头股也会随之变化。

强势龙头股先于大盘启动，当大盘在下跌的尾声时，强势龙头股通常先于大盘止跌，并最先拉出涨停。强势龙头股一旦启动上升行情，就会以持续的阳线方式上涨。

二、捕捉龙头股的方法

龙头股一般波动幅度较大，快涨易跌，把握不当容易“坐电梯”，因此，投资者掌握买卖技巧很重要。投资者要快准狠地及时买入，要有追涨停板买入的胆量，捕捉龙头股离不开敢作敢为的勇气和敢为天下先的信心。

热点龙头股往往率先启动，率先止跌，率先创新高，率先放量。龙头股启动初期，若大盘行情配合，投资者应敢于追涨。在大盘反弹或者上涨时，领头个股一般涨幅普遍都超过大盘很多，涨幅翻倍甚至几倍的品种亦不少见。因此冒有限的风险，追求超预期收益，是追击龙头股的本质。

下面是对龙头股买卖技巧的个人经验总结，供大家参考，捕捉龙头股的具体方法如下：

1. 龙头股启动之后，其表现往往强者恒强，此时只要成交量能够配合，分时图保持强而有力的上攻态势，投资者就可以考虑尝试性追击建仓，追击涨停板。

图 6-2 是海德股份（000567）2015 年 4 月 21 日的分时走势图，当日开盘价小幅高开后回落，但在 10：15 分后成功站上黄线（黄线代表当日股票成交的均价，即均价线），且放量越过开盘价，多头之后坚决捍卫分时均价线，股价上升时成交量也逐步放大。此时，看好者可以考虑买入，图 6-3 是该股后期的走势。

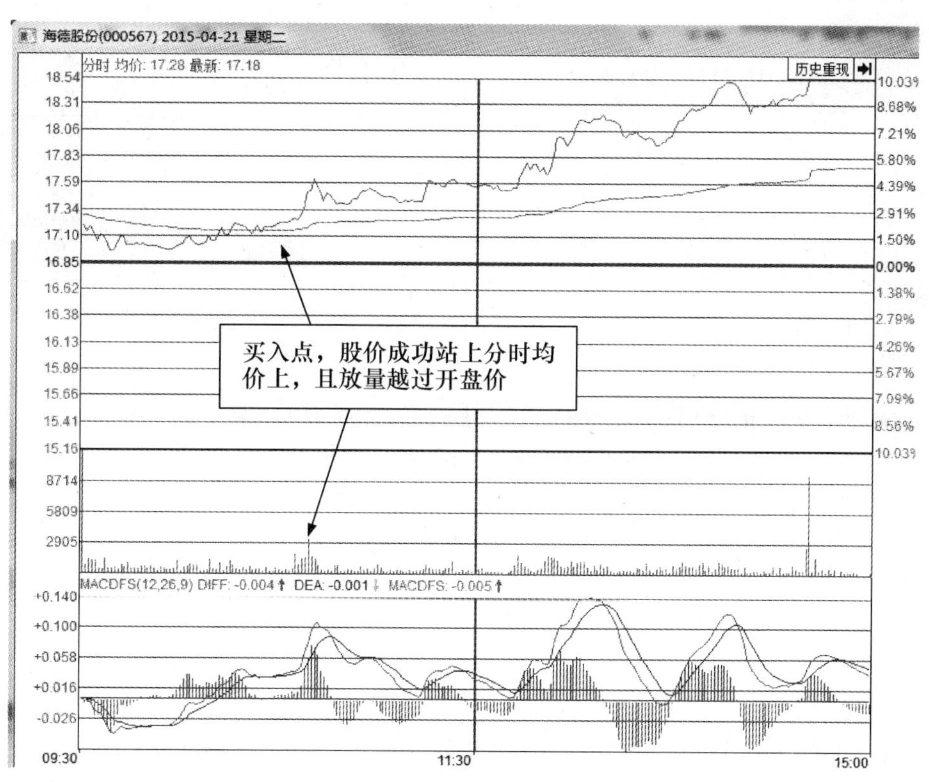

图 6-2　海德股份（000567）日分时图

龙头股很多都属于市值偏小的品种，市场容量有限，筹码相对稀缺，这样主力才能更容易控制行情走势，图 6-3 中，海德股份（000567）的流通盘才 1.50 亿，盘子非常小。

2．强势龙头股第一次回靠 5 日均线是买进机会。龙头股爆发初期，有时会展开单边逼空行情，货源十分有限。这类股票往往会沿 5 日均线上行，投资者应把握第一次震荡的建仓机会，当股价向 5 日均线附近靠拢，且成交萎缩或保持平稳时，说明杀跌动力不足，或者主力无意出货，此时是强势回调买入良机。

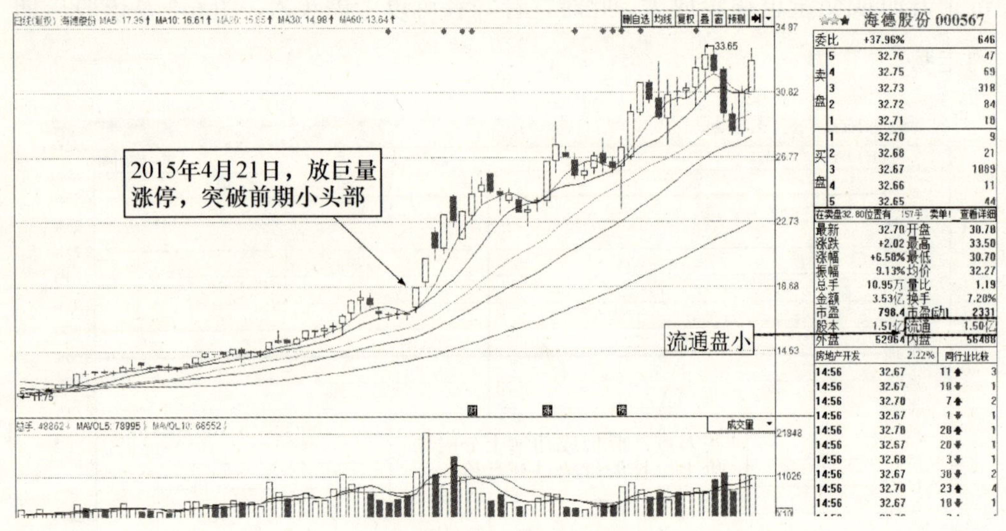

图 6-3 海德股份（000567）日 K 线图

图 6-4 是金科股份（000656）的日 K 线走势图，5 日均线为多头重要短期防线，在图中箭头处，虽然股价一度在盘中击破 5 日均线，但收盘时被有效拉起，显示了 5 日均线的有效支撑，给看好该股的投资者提供了买入股票的好机会。

3. 强势龙头股第一次回档 10 日均线也是买进机会。股价向 10 日均线附近靠拢，且成交萎缩或保持平稳，也是回调买入良机，如图 6-5 所示。

追涨龙头股时，投资者要敢于介入，就算其股价已上升了一段距离，不要因为该股已有一定的升幅就不敢介入，因为其股价后市还会有很大涨幅。龙头股表面上看已有升幅，但仍有较大的获利空间，要勇敢介入。对连续涨停的领头个股，要耐心持股。

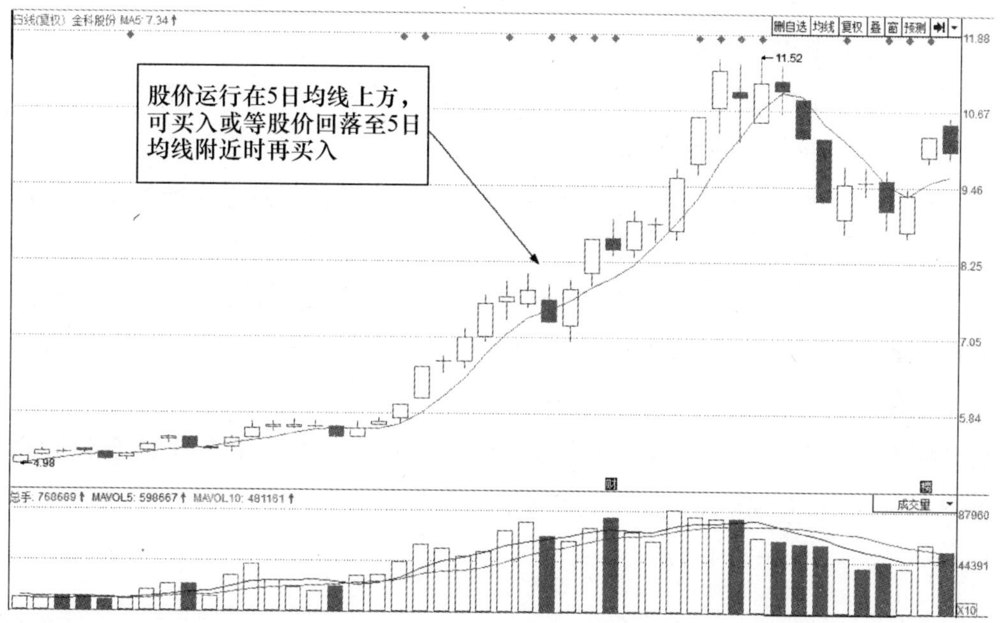

图 6-4　金科股份（000656）日 K 线图

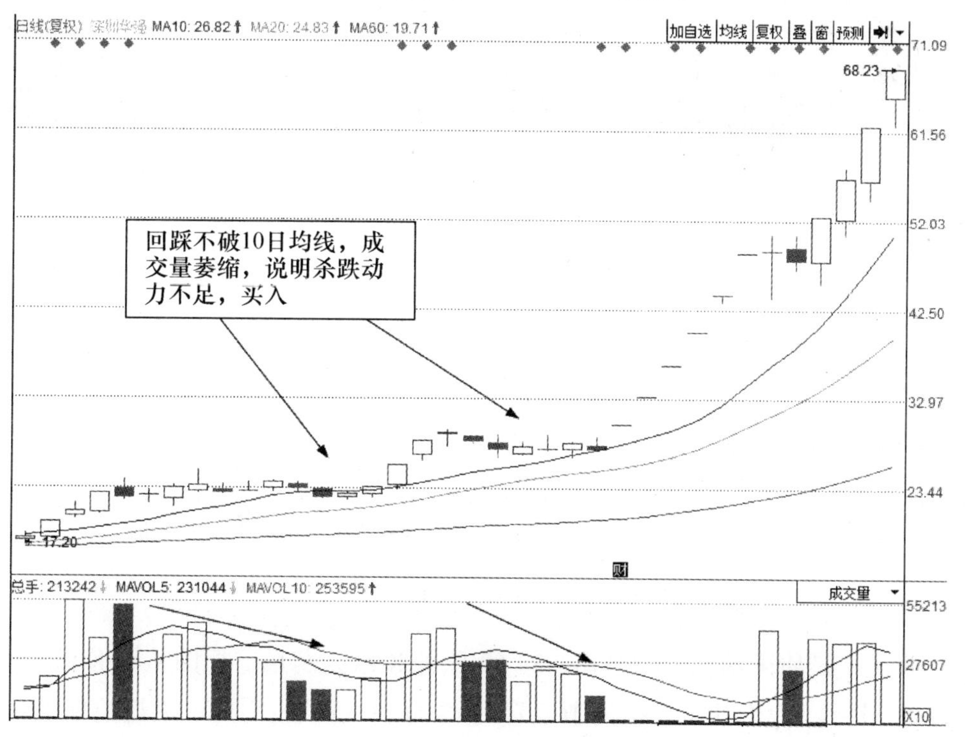

图 6-5　深圳华强（000062）日 K 线图

下单的时候需要考虑下面一些因素。

1．是否有不断的资金流入，资金流量是否活跃。资金不活跃的个股，即使形态再好，爆发力也要打折扣，持续时间不长。

2．日K线所处的位置，是突破阶段还是加速阶段，这两个阶段爆发力是最强的，涨停板多出在此。

3．大部分龙头股的上涨并非一气呵成，而是分为几个阶段。每个阶段的间隙即换档期，也就是股价的“空中加油”期。在空中加油期间，只要股价不破平台低点，仍然是投资者买入的机会。

图6-6是康美药业（600518）的日K线走势图。2015年2月11日该股底部首次涨停启动上涨行情之后，又连续拉出两个涨停。2月17日出现启动后的首次休整，图6-7有详解。

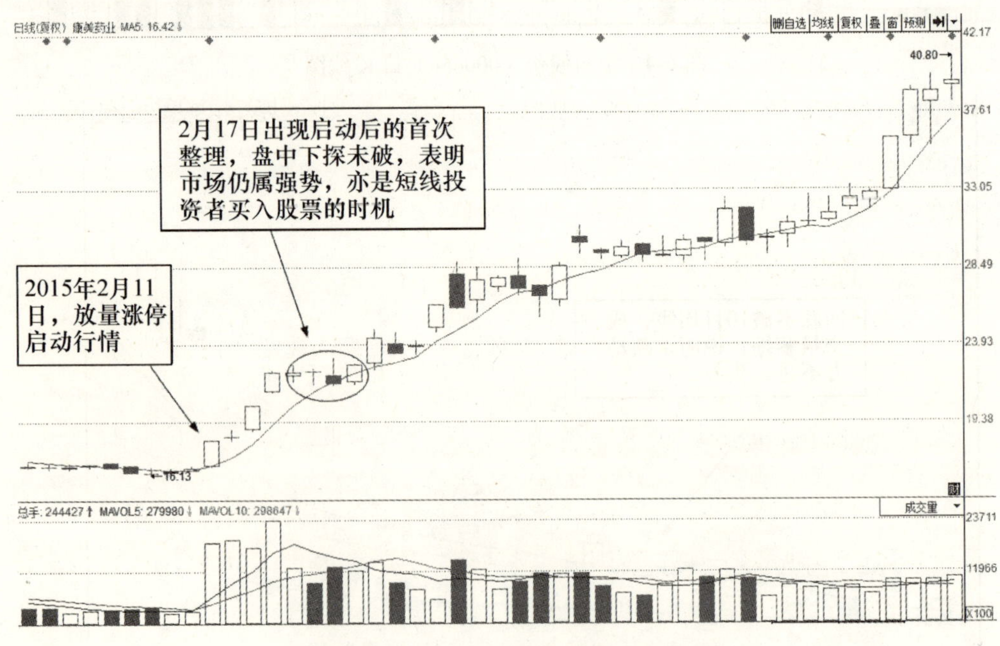

图6-6　康美药业（600518）日K线图

图6-7是康美药业（600518）的60分钟K线走势图。把图从日K线放大到60分钟线，我们就可以很清晰地看到，2月17日该股构筑了横盘整理平台，盘中下探未破，股价仍属强势，横盘整理期间是短线投资者买入股票的良机。

休整之后，股价后市果然再展雄风，往上冲击。

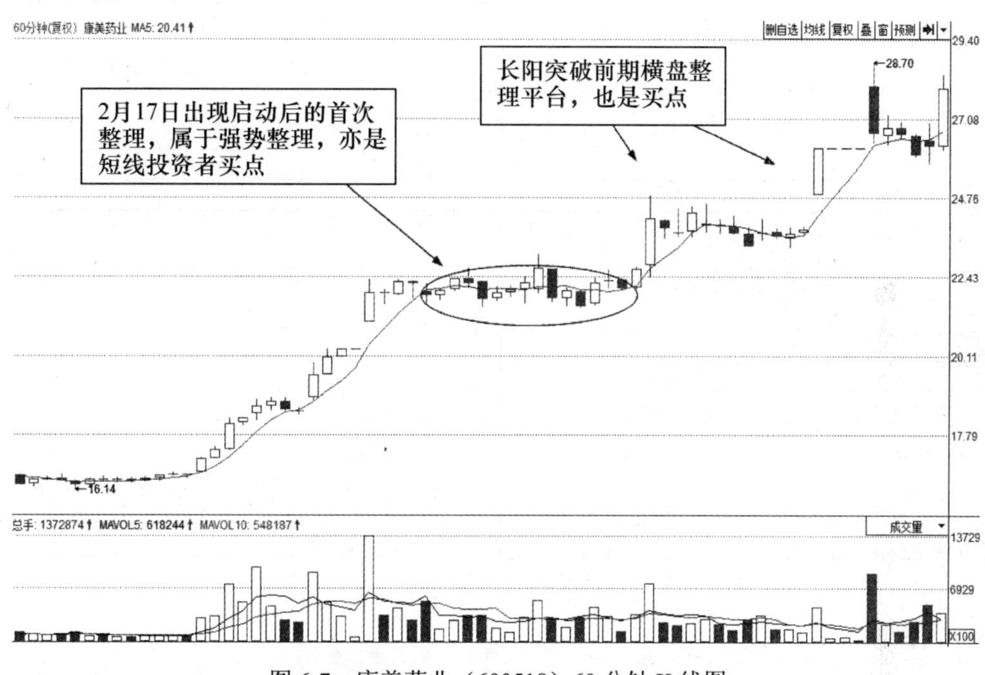

图 6-7　康美药业（600518）60 分钟 K 线图

三、追击涨停龙头股

追击涨停龙头股，核心是一个“追”字。追涨停板买入有以下技巧：

1. 即将封涨停时，追涨买入

图 6-8 是中体产业（600158）的分时走势图，该股开盘以 3.14%高开，9 分钟后冲上涨停板，小幅回落，后又迅速封住涨停板，全天再无打开。在开盘 12 分钟内，投资者有足够的时间在该股即将封住涨停板时追涨买入。

2. 涨停板打开时，追涨买入

图 6-9 是大唐电信（600198）的分时走势图，该股封涨停后不久，涨停板就被打开三次，投资者均有机会买入。

图 6-8　中体产业（600158）日分时图

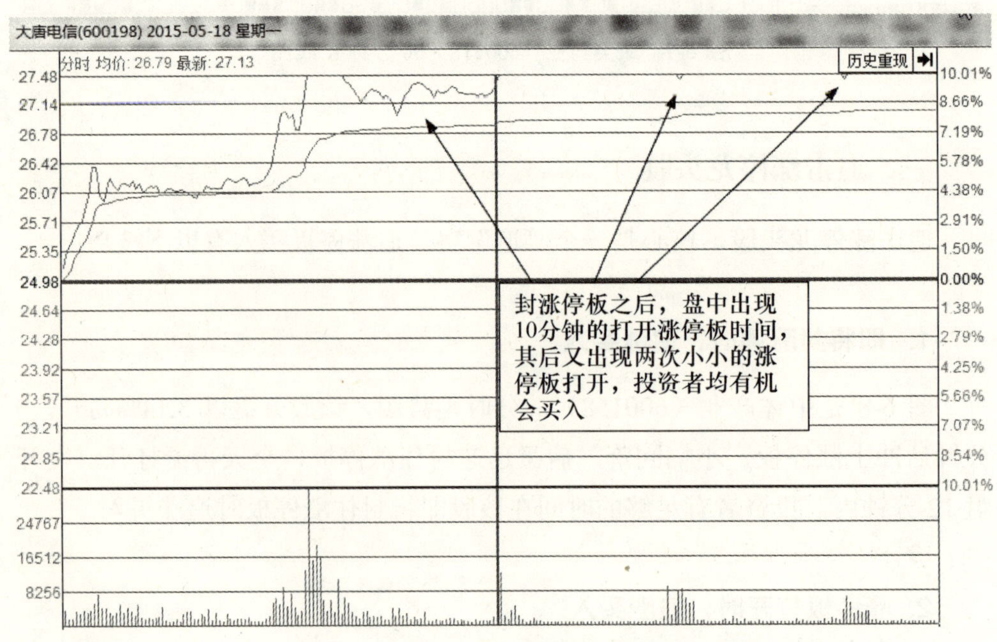

图 6-9　大唐电信（600198）日分时图

图 6-10 是国电电力（600795）的分时走势图，该股封涨停板后，盘中有

20 分钟的涨停板打开，投资者可趁机会进入，坐享后市拉升行情。

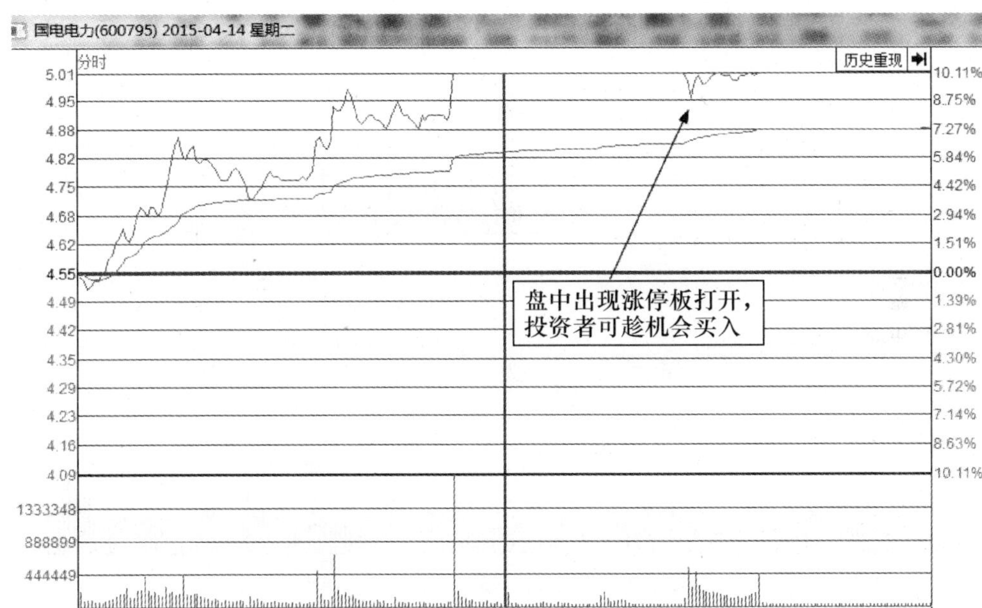

图 6-10　国电电力（600795）日分时图

3. 盘中追涨

龙头股启动时，在分时图上表现为当日开盘后会出现冲高的走势，冲高的过程伴随有成交量的逐步放大，在股价向上冲击后出现回落，在窄幅整理行情中，是投资者进场的时机。

例如，科华生物（002022）在 2015 年 3 月 4 日启动上涨行情之时，如图 6-11 所示。

图 6-12 是科华生物（002022）2015 年 3 月 4 日启动上涨行情当天的分时图，该股开盘后小幅放量上涨，随后回落转入窄幅整理走势，这为投资者提供了适宜的盘中追涨买入机会。

4. 密切重视“买一”委托买入量

“买一”就是现在这一时刻委托买入的单子中，价格最高的那些。

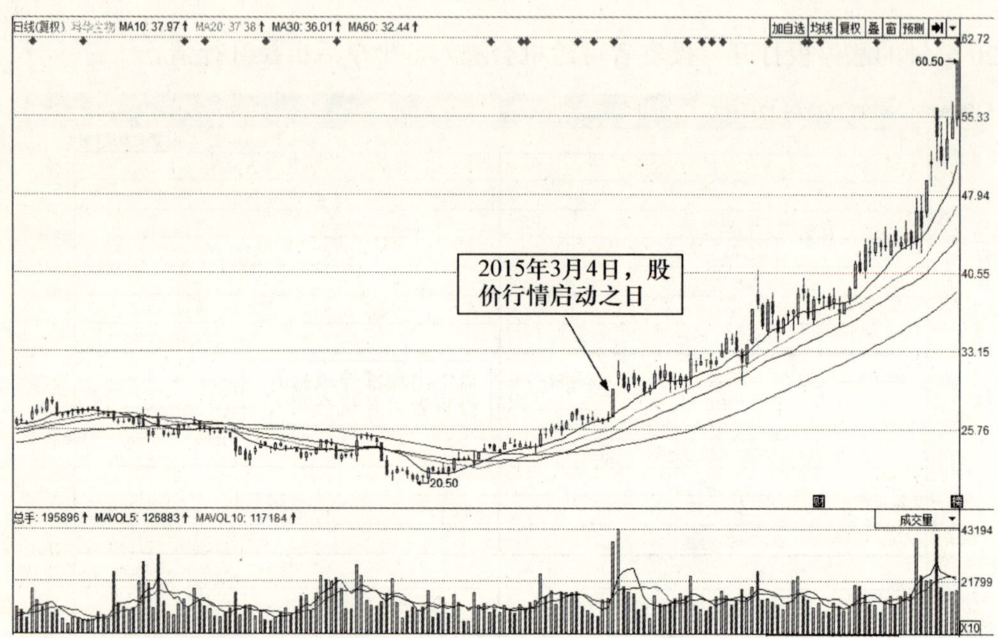

图 6-11　科华生物（002022）日 K 线图

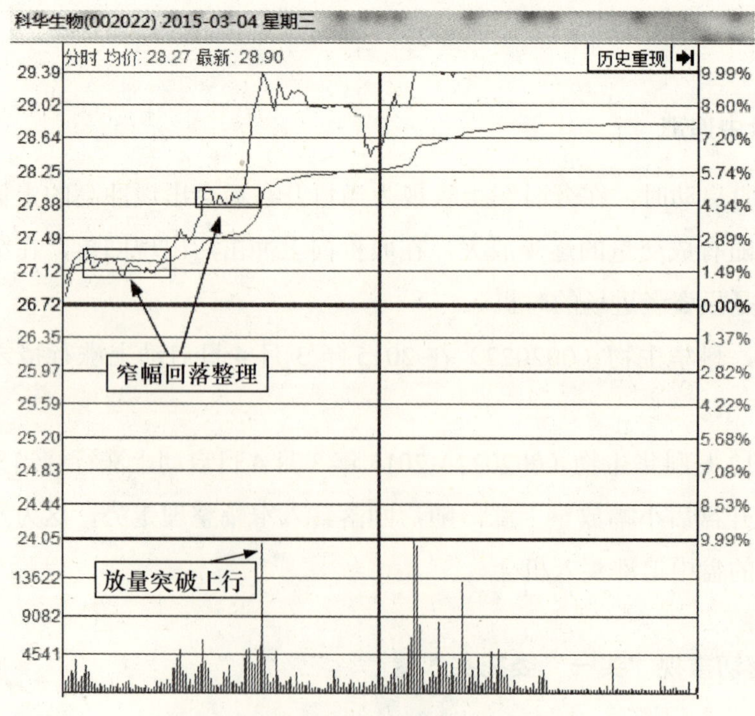

图 6-12　科华生物（002022）日分时图

涨停时的“买一”价格就是涨停价。“买一”委托买入量的大小对是否能稳稳封住涨停板很重要。

涨停“买一”委托买入量越大的股票，其后走势持续上涨的潜力通常越强，继续涨停的可能性会更大。

从图 6-13 中我们可以看出，涨停“买一”委托买入量越大的股票，涨停板越不可能被打开，股价就会被牢牢封住涨停板，已经买进股票的投资者可以继续持股，但未买进股票的投资者就很难买进股票了。股市变化莫测、复杂多变，“买一”也是可以撤单的，投资者要随机应变。

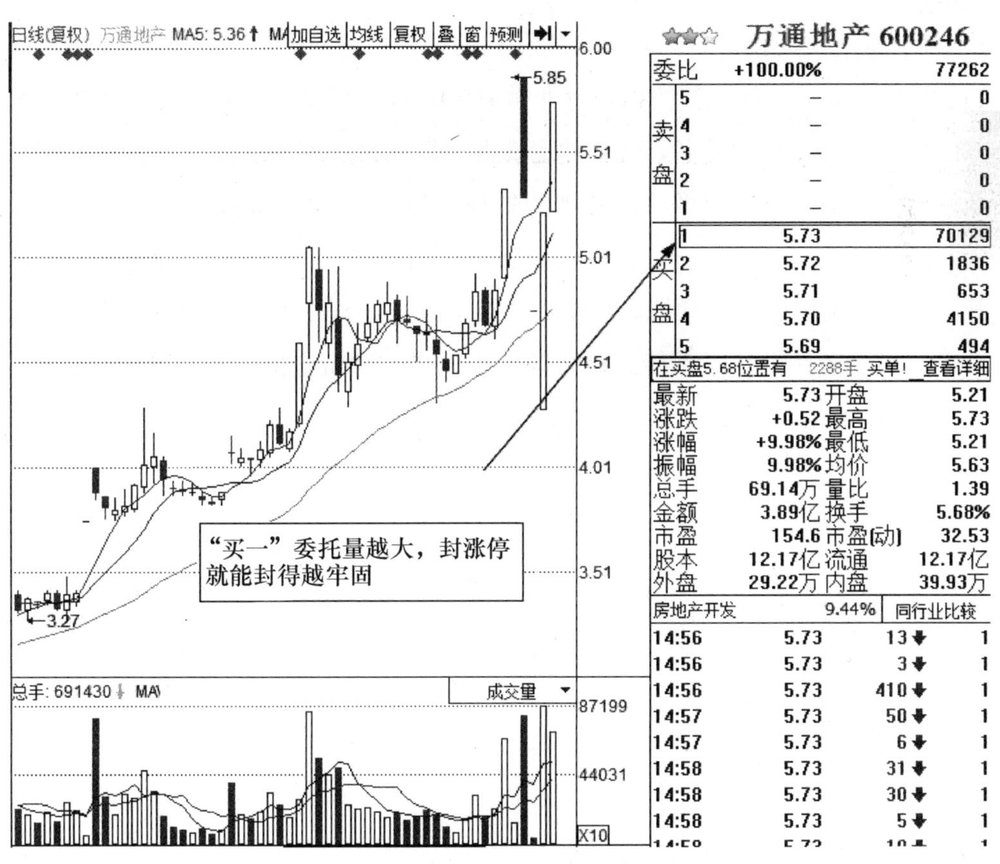

图 6-13　万通地产

四、捕捉龙头股的注意事项

1．捕捉龙头股优先在牛市环境或者熊市阶段的反弹行情中应用，在持续下跌行情或者上涨尾声阶段最好离场。弱市中忌重仓和加仓，行情走弱时，龙头股的机会极难把握，因为短暂涨停后一般进入调整整理的行情居多。

2．要减少在弱市中的预期。在弱市中，龙头股的上涨行情比较短暂。

3．在买入股票前要严格设置止损点，并动态设置止盈目标，掌握好高抛的机会，一旦出现跌破止损位和破位要果断止损离场，严格执行止损纪律，安全第一。

4．捕捉龙头股是一种短线快速获利的技巧，它对投资者的心态、操盘技巧、看盘基本功和应变能力等，有非常高的要求。如果投资者在没有对以上各方面进行细心完善的准备，就贸然追涨龙头股，自然容易遭受挫折。龙头股上涨幅度大、振幅强，就像一匹脱缰的野马，稍有不慎就可能被摔下马。

5．龙头股追涨停既有优点，也有缺点，龙头股往往以单边上涨的形式展开，但如果等行情到达顶峰时，投资者接了上涨过程中的最后一棒，可能损失惨重。投资者在操作时不能忽视风险，应适当注意资金的管理与仓位的控制。

第七技　比翼双飞擒杀术

在股票市场投资的技术分析方法中，有很多技术指标可以供投资者选择利用。而且各个技术指标的特点也不尽相同，所以投资者可以将不同特点的技术指标结合起来进行分析，以增强对行情判断的准确程度。实战中，我们可以把KDJ 指标与 RSI 指标结合使用，以期捕捉到黑马股的启动时机。

一、形态描述

KDJ 指标是对股市行情反应比较敏感的指标，可以使投资者提前获取股价启动的信息。但也是由于这一特点，KDJ 指标有时候对行情的反应会过度超前，以致投资者面临踏空的风险。所以，在实际交易中，投资者在利用 KDJ 指标对行情进行研判之时，可以结合 RSI 指标进行使用。这样可以有效减少投资者在投资的过程中面临的风险，避免不必要的损失。

在个股经过一段时间的下跌走势之后，该股的 KDJ 指标线也运行到 20 值附近的超卖区域。若此时，KDJ 指标的 J 线向上穿越 D 线、K 线形成金叉，并且指标线开始向上运行；同时，RSI 指标线在 50 值下方也形成金叉，那么表明该股后市将会出现上涨行情。投资者在个股出现这种走势后，应选择合理的时机买入股票，进行建仓。由于这一形态是由两个指标的金叉所构成的，所以我们称这种形态为比翼双飞形态。这一形态表明股价经过一轮下跌后，空方力量得到充分释放，而多方力量乘机发起反攻，掌握市场优势。在实战中，当发现 KDJ 指标与 RSI 指标在低位同时出现向上金叉时，投资者就可适当介入。若有成交量的配合，则其看涨信号更加强烈。

二、形态解析

1．个股经过一轮下跌走势之后，股价处在相对的历史低位，其成交量也出现明显的缩量。

2．个股的 KDJ 指标在 20 值附近的超卖区形成金叉，并且呈现向上运行的走势；其 RSI 指标在 50 值以下的区域同时形成金叉，并且向上运行。

3．在个股的 KDJ 指标与 RSI 指标同时出现金叉后，若该股的成交量呈现出逐步放大的态势，则这一形态的看涨信号更加强烈。

三、实战要点

1．该形态多出现在个股下跌行情的末期。

2．在 KDJ 指标与 RSI 指标同时出现金叉时，若该股的 MACD 指标线在 0 轴线下方的区域出现走平或上翘的趋势，则表明该形态的买入信号更加可靠。

四、案例分析

1．上海梅林（600073）

（1）日 K 线形态分析

如图 7-1 所示，上海梅林（600073）日 K 线图中，该股股价在经过一波下跌走势之后，开始进入横盘整理的趋势。其成交量也呈现出逐步萎缩的态势，表明此时盘中该股的空方力量已基本上释放完毕，后市股价有可能出现反转上涨的行情。观察该股的 KDJ 指标与 RSI 指标后发现，两指标同时出现金叉，表明该股具备了黑马行情的启动条件，后市股价会反转进入上涨趋势。在股价完全站上均线系统之时，投资者可买入股票，吸取筹码。在股价创出新高之后，其回调压力增强，股价跌破支撑位后，投资者应卖出股票。

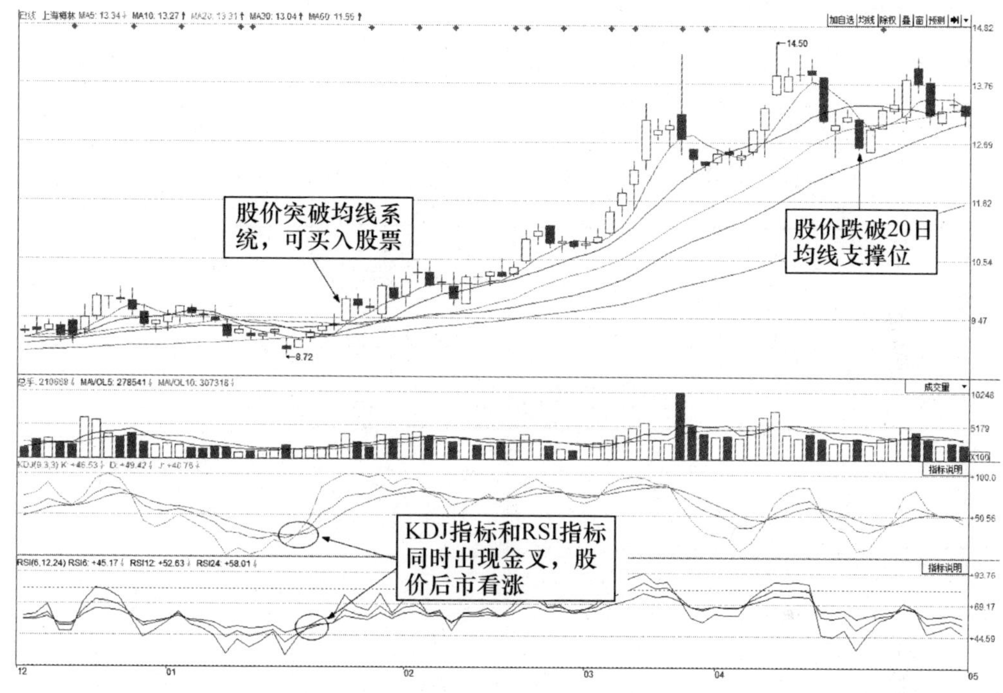

图 7-1　上海梅林（600073）日 K 线图（I）

（2）分时买点把握

如图 7-2 所示，上海梅林（600073）日分时图中，该股在小幅高开之后并没有什么良好的表现，股价与均价线相互缠绕，呈现出横盘整理的走势，在上午盘的尾盘出现了小幅的拉升。下午开盘之后，股价延续了强势上涨的走势，经过一波拉升之后，股价又进入到横盘整理之中，直到下午收市。结合该股日 K 线图，在股价突破均线系统之时，投资者可买入股票进行建仓。具体表现在分时图中，在股价放量拉升的阶段，投资者应积极跟进入场，买入股票，以期获取投资收益。

（3）分时卖出解析

如图 7-3 所示，上海梅林（600073）日分时图中，该股在小幅低开之后，股价便开始了一波下跌走势，随后进入横盘整理的趋势。虽然，盘中股价出现过一波上涨，并向上穿越了均价线，但由于没有成交量的支撑，所以没有延续这一走势。在下午开盘之后，股价再一次跌破了均价线，开始一波新的下跌走

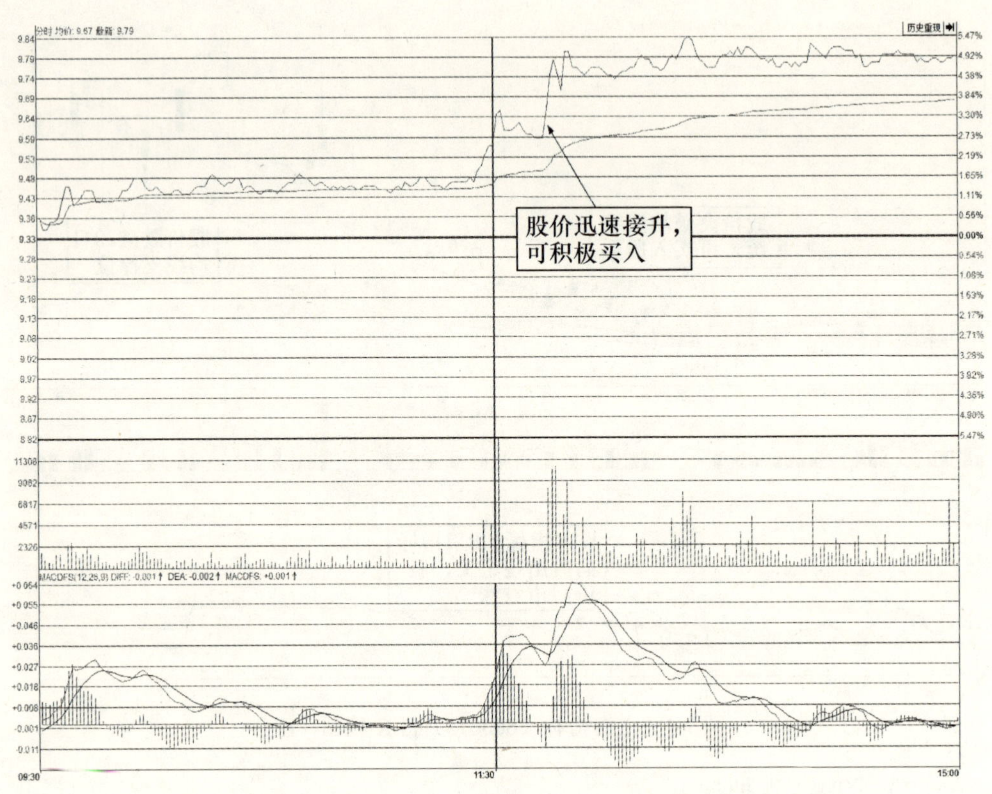

图 7-2　上海梅林（600073）日分时图（I）

势，直到收市。观察该股的日 K 线后发现，在股价创出新高之后，股价后市的回调压力也逐步增大。在股价跌破支撑位时，投资者应卖出股票。在分时图中，在股价跌破均价线之时，投资者应卖出股票，规避风险。

2. 人福医药（600079）

（1）日 K 线形态分析

如图 7-4 所示，人福医药（600079）日 K 线图中，该股股价前期处在横盘整理的走势之中，其成交量也呈现出逐步萎缩的趋势，表明该股经过一轮下跌行情之后，已经运行到了阶段性的底部。观察该股的 KDJ 指标与 RSI 指标，两指标同时出现金叉，预示着该股后市会结束横盘走势，开始一轮新的上升行

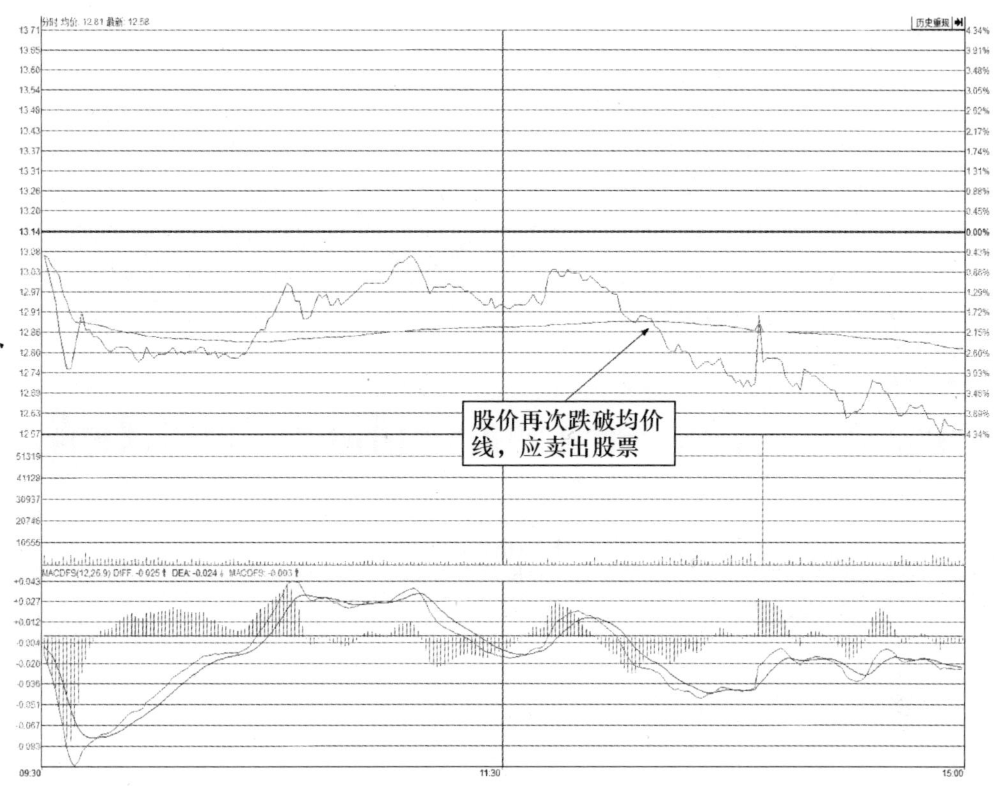

图 7-3　上海梅林（600073）日分时图（II）

情。在股价突破均线系统，该均线系统呈现出多头排列的走势之时，投资者可积极进场，买入股票进行建仓。经过一波上涨之后，股价出现了大幅下跌，投资者应暂时减持筹码，以规避股价下行的风险。

（2）分时买点把握

如图 7-5 所示，人福医药（600079）日分时图中，该股股价小幅高开之后，便被迅速拉升，同时，其成交量出现了比较密集的放大。在拉升到一定的高位之后，股价进入到横盘整理的走势之中，并一直保持在均价线之上，直到下午收市。结合该股的日 K 线图进行分析，在均线系统出现多头排列的态势之后，投资者应在股价出现强势上涨的行情之时，买入股票进行布局。具体表现在分时图中，开盘后的拉升是投资者买入股票的良好时机，投资者应积极跟进，吸取筹码，以期获取投资收益。

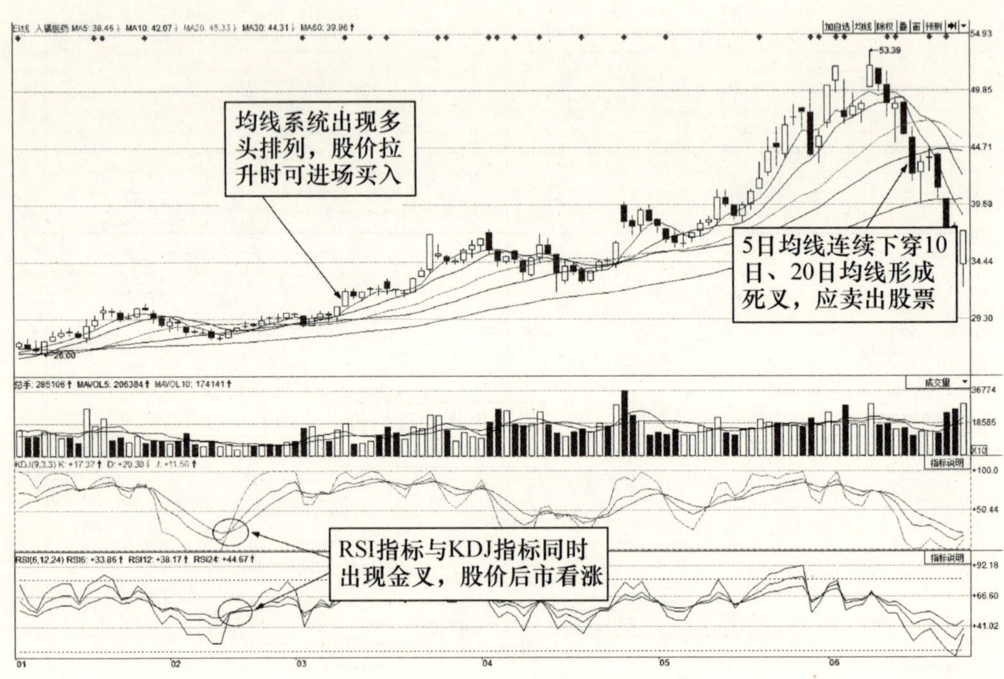

图 7-4 人福医药（600079）日 K 线图

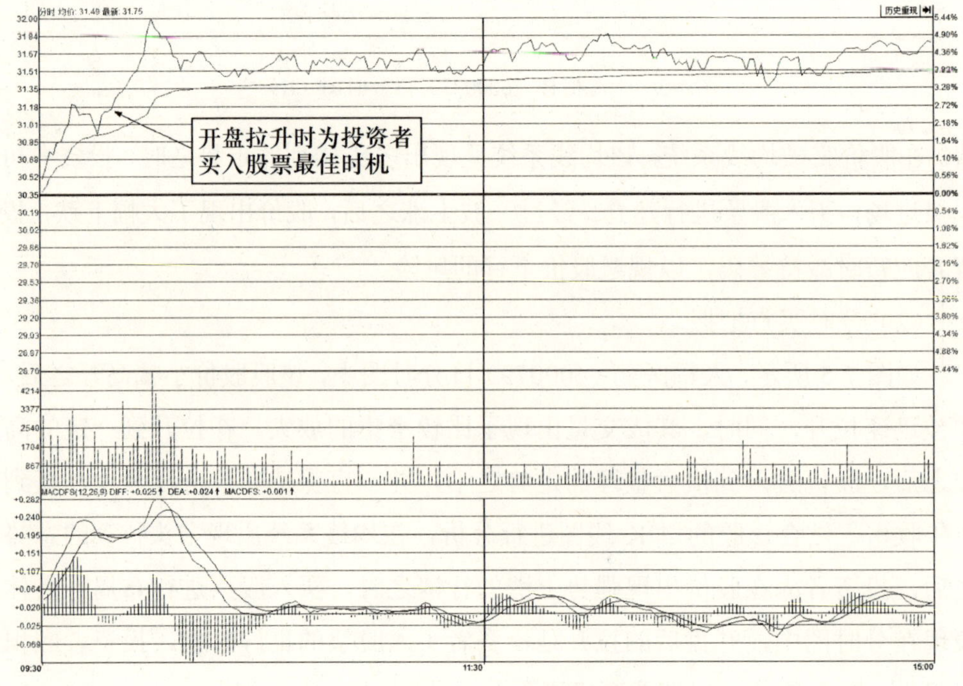

图 7-5 人福医药（600079）日分时图（I）

（3）分时卖出解析

如图 7-6 所示，人福医药（600079）日分时图中，该股股价小幅低开之后，便开始了横盘整理的走势。同时，其成交量也出现了比较密集的放大。在下午开盘之后，股价逐步走弱，伴随着成交量的放大，股价开始了一波下跌走势，直到收市。观察该股的日 K 线图进行分析，在股价创出新高之后，多方的力量基本上消耗完毕，股价后市可能会进入下跌行情。投资者在均线系统出现死叉之后，应选择合理的时机卖出股票。在分时图中，股价下午开始放量下跌之时，投资者应卖出股票，规避风险。

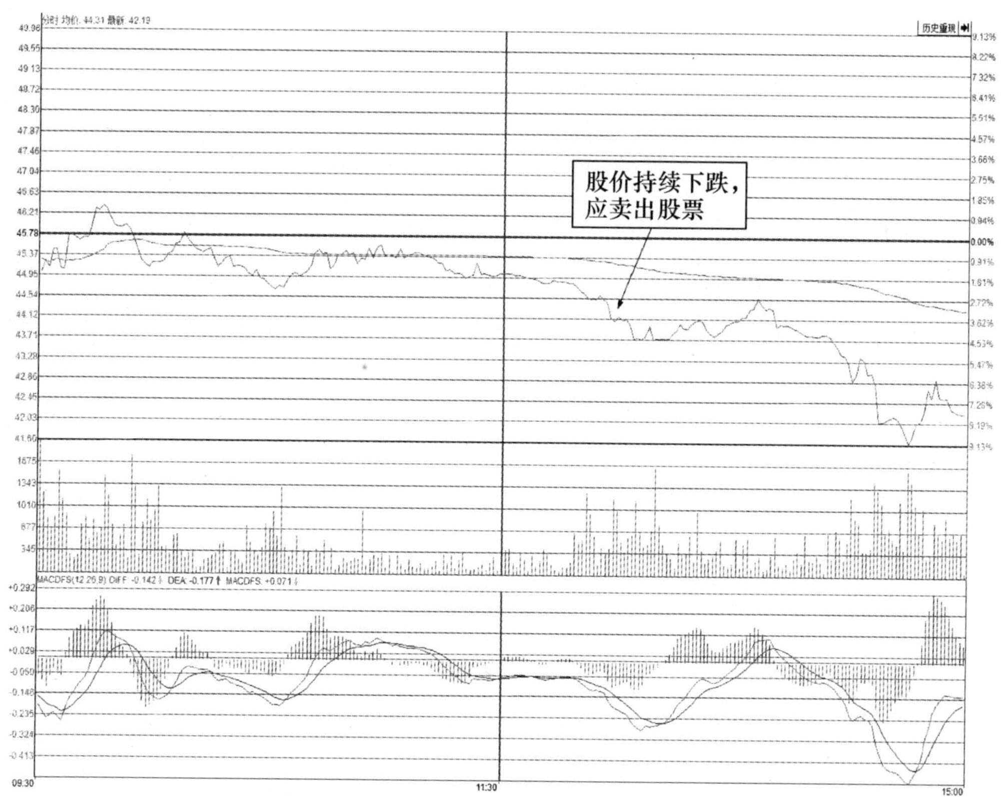

图 7-6　人福医药（600079）日分时图（II）

第八技　双重金叉擒杀术

当大盘的整体走势处在上涨阶段，或者横盘整理的趋势之中时，投资者可以利用均线所形成的“双重黄金交叉”来判断黑马股的启动点。然后再利用均线系统跟踪黑马股的后市走势，寻找个股的最佳离场时机，如此可捕捉黑马股在上升阶段的投资收益，达到投资的目的。

一、形态描述

利用该形态的操作一般经历如下过程。在个股经过长期的下跌走势之后，股价会在低位逐步企稳。同时，个股的均线系统也会由向下发散转为止跌走平。当个股准备开始新一轮的上涨行情之时，其5日均线便开始向上突破10日均线，而10日均线也会跟随突破30日均线，呈现“双重黄金交叉”。此时，黑马股的买入信号便会显现。当5日、10日均线都向上突破30日均线之后，个股的均线系统便会形成“多头排列”形态。每当个股出现回调时，5日、10日、30日均线都出现较强的支撑作用时，若此时个股的成交量出现有效的配合，则预示着个股即将进入主升阶段，后市上涨空间广阔，投资者即可在支撑位积极介入。

另外，由于板块效应，在板块的龙头股出现启动之时，其他的优质个股也会出现上涨，投资者亦可以利用这一现象在这些板块中寻找黑马股。但其个股走势须符合几个条件，一是所选个股处在上升通道之中；二是5日、10日、30日均线同时向上发散，处于多头排列态势；同时，投资者应密切关注该股的成交量的变化情况，在成交量较小放量时可进行适当的建仓，当成交量在低位放大时可重仓买入，若成交量在高位放大，投资者应做好离场准备。

二、形态解析

1．该形态所用的均线参数一般为 5 日、10 日、30 日。

2．该形态的 5 日均线由下向上穿越 10 日均线、10 日均线由下向上穿越 30 日均线，并且呈现出均线系统的多头排列态势。

3．当 5 日均线由下向上穿越 10 日均线、10 日均线由下向上穿越 30 日均线时，若该股的成交量能出现明显的放量，则增强该形态的后市看涨信号。

三、实战要点

1．当 5 日均线由下向上穿越 10 日均线、10 日均线由下向上穿越 30 日均线时，其穿越用时越短，表明拉升该股的主力实力越强，后市该股的黑马行情越好。

2．当个股出现回调行情时，若股价能在 5 日、10 日、30 日均线处获得较强的支撑，则表明该形态成立。同时，其支撑点也是良好的买入时机。

3．当股价回调在 5 日、10 日、30 日均线处获得支撑时，若支撑点的成交量能出现明显的放大，则增强该点的买入信号。

四、案例分析

1．东风汽车（600006）

（1）日 K 线形态分析

如图 8-1 所示，在东风汽车（600006）日 K 线图中，该股之前表现平平，一直处于横盘整理的走势之中。某日，该股的 5 日均线由下向上穿越 10 日均线，10 日均线由下向上穿越 30 日均线，形成“双重黄金交叉”，并且呈现出均线系统的多头排列态势。预示着该股将结束横盘整理的走势，开始黑马上涨的行情。在股价爬升的过程中，该股出现了回调，但其在30日均线处获得了支撑，此时投资者可在支撑点买入股票，获取筹码。经过一波黑马上涨之后，均线系统形成死叉并且该股股价跌破了下方的支撑位，这时投资者应考虑暂时离场，以规避风险。

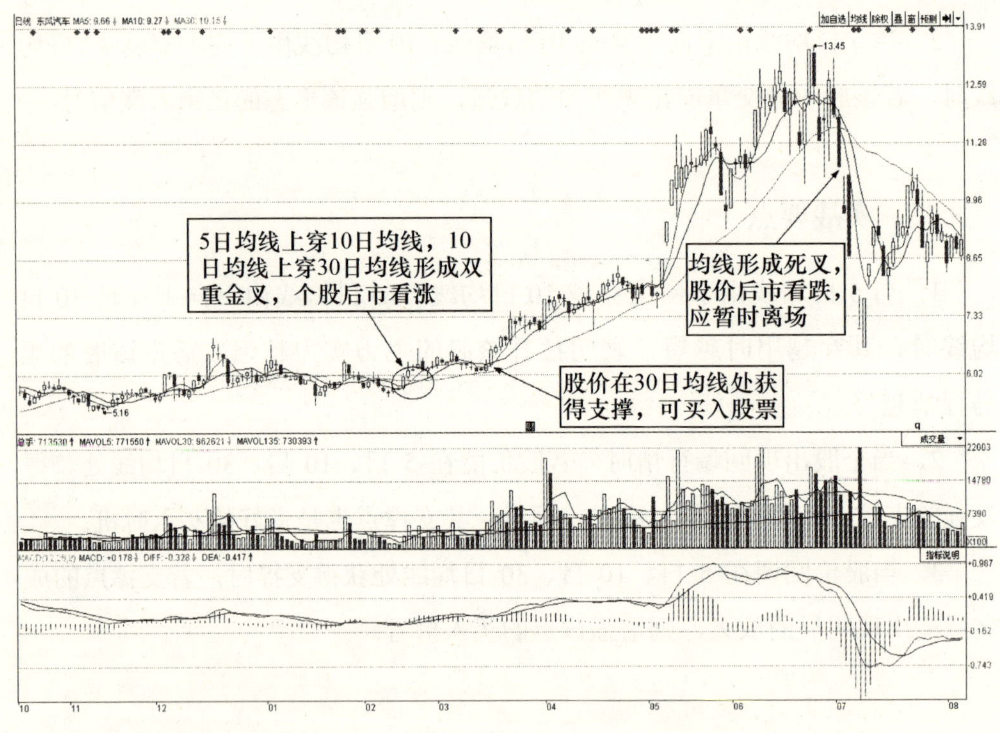

图 8-1　东风汽车（600006）日K线图

（2）分时买点把握

如图 8-2 所示，在东风汽车（600006）日分时图中，该股在支撑点的当日，开盘价是以平开的方式出现的。表明此时多空双方的实力较为均衡，股价后市的走势难以判断。之后，股价逐步走高，并一直运行在均价线之上，同时，个股的成交量也出现了明显的放大，表明此时盘中的多方力量取得了优势，该股的后市走势也将会继续走强。在尾盘，股价突然被向上拉升，并且其成交量也出现了急速的放量，此时投资者可以买入股票，取得筹码，以期获取黑马股后市上涨的投资收益。

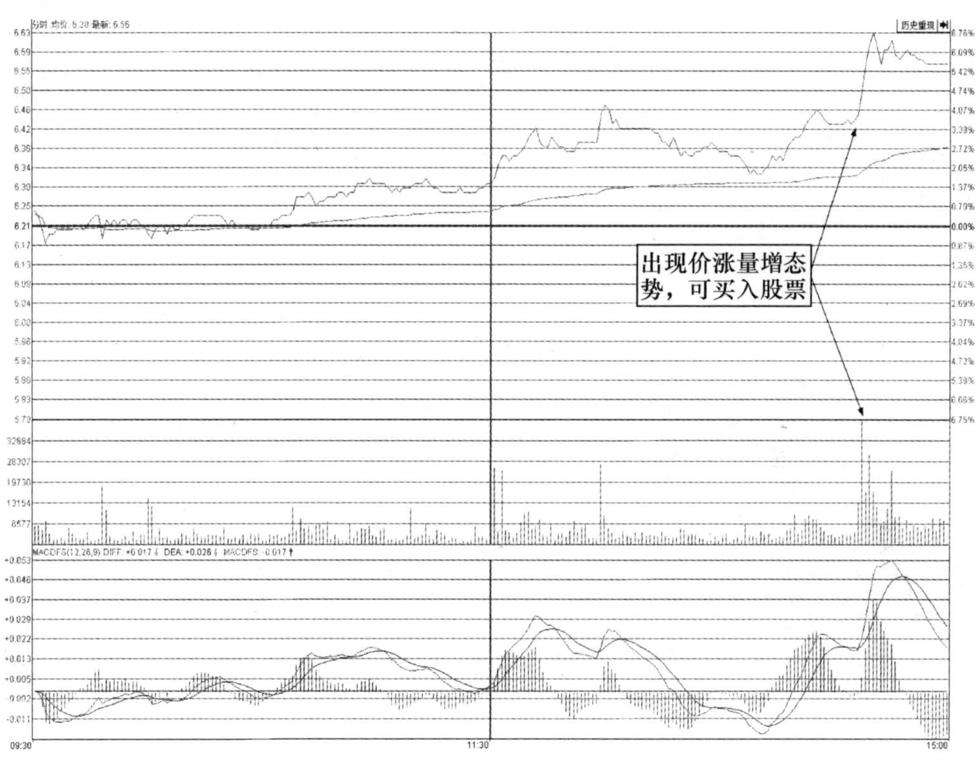

图 8-2 东风汽车（600006）日分时图（I）

（3）分时卖出解析

如图 8-3 所示，在东风汽车（600006）日分时图中，该股股价在开盘之后就逐步下行，并一直徘徊在均价线附近。结合该股的日 K 线图进行分析，在股价经过一波黑马上涨走势之后，盘中的做多动能逐渐减退，此时该股的空方占据优势，后市该股出现回调下跌走势的概率逐步增强。在分时图中，股价在开盘之后被空方压制，逐步向下运行，表明该股后市被看空。在股价再一次跌破均价线时，投资者可考虑卖出股票，或进行减仓操作，以规避后市股价下行的风险，同时实现持股收益。

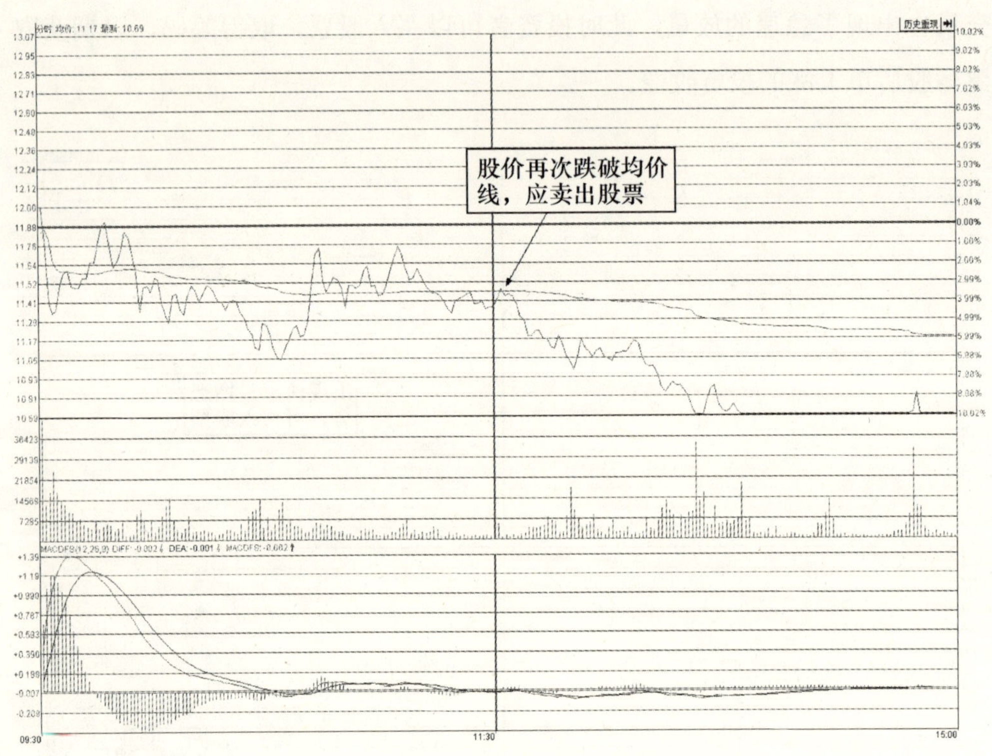

图 8-3　东风汽车（600006）日分时图（II）

2. 保利地产（600048）

（1）日 K 线形态分析

如图 8-4 所示，在保利地产（600048）日 K 线图中，该股股价在前期并没有比较良好的表现，其成交量也多处在地量。某日，该股的 5 日均线由下向上穿越 10 日均线，10 日均线由下向上穿越 30 日均线，形成“双重黄金交叉”，同时，该股的均线系统出现多头排列态势，表明该股后市将开始黑马上涨的行情。在股价小幅上涨之后，出现了回调行情，但该股很快就在 30 日均线处获得强有力的支撑，表明该股的强势上涨将会延续，投资者亦可在此时买入股票。在股价出现新高之后，均线系统的多头排列被空方逐步打乱，投资者应考虑暂时离场，规避股价下行的风险。

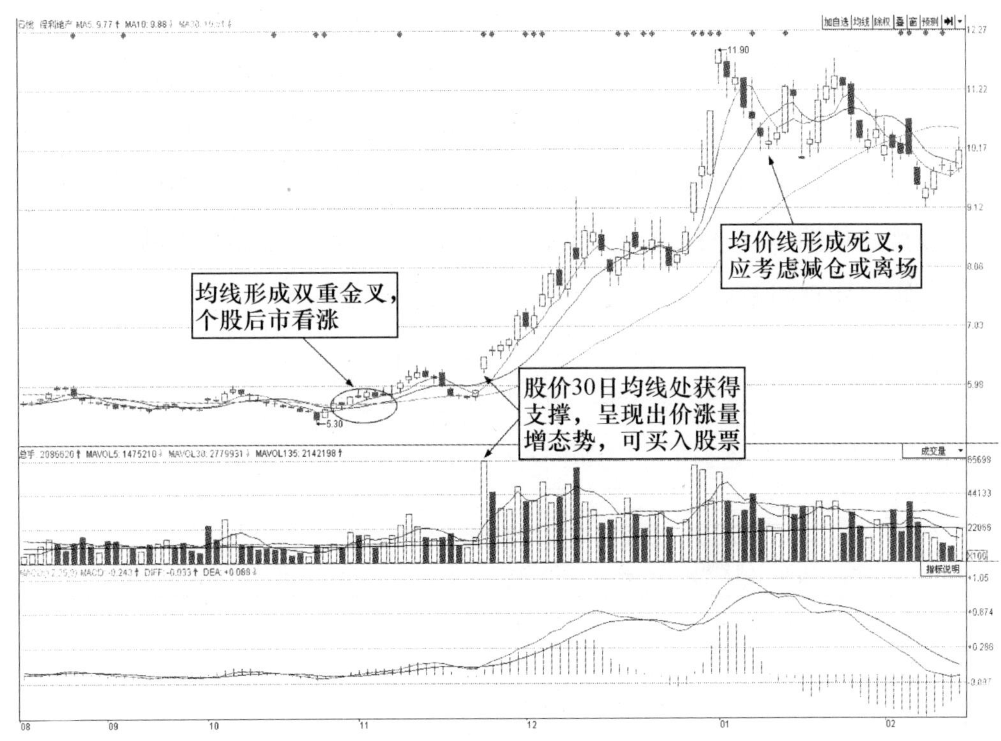

图 8-4　保利地产（600048）日 K 线图

（2）分时买点把握

如图 8-5 所示，在保利地产（600048）日分时图中，该股股价以高开 6% 的幅度开盘，之后运行较为平稳。表明该股盘中多方实力较强，后市股价仍将延续强势上涨的走势。结合该股的日 K 线图进行分析，股价在 30 日均线处获得支撑之后，其成交量也出现了巨型的放量。投资者在股价上穿均价线之后应买入该股，以期获取投资收益。分时图中，在上午盘的尾声，股价上封了涨停板，下午盘出现了小幅的缺口，激进的投资者亦可在此买入股票，以获取该股黑马行情的投资收益。

（3）分时卖出解析

如图 8-6 所示，在保利地产（600048）日分时图中，该股在当日开盘之后，其股价在小幅下探后便被迅速拉升，同时其成交量也出现了有效的放量。之后，股价在均价线上方宽幅震荡，再一次向下跌破了均价线，表明该股盘中的空方逐步占据主动，股价后市出现回调下跌的概率较大。结合该股日K线图，在股价跌破均价线之时，投资者应卖出股票，或者进行相应的减仓操作，以规避后期股价下跌所带来的投资风险。同时，经过黑马上涨之后，卖出股票也可实现投资收益。

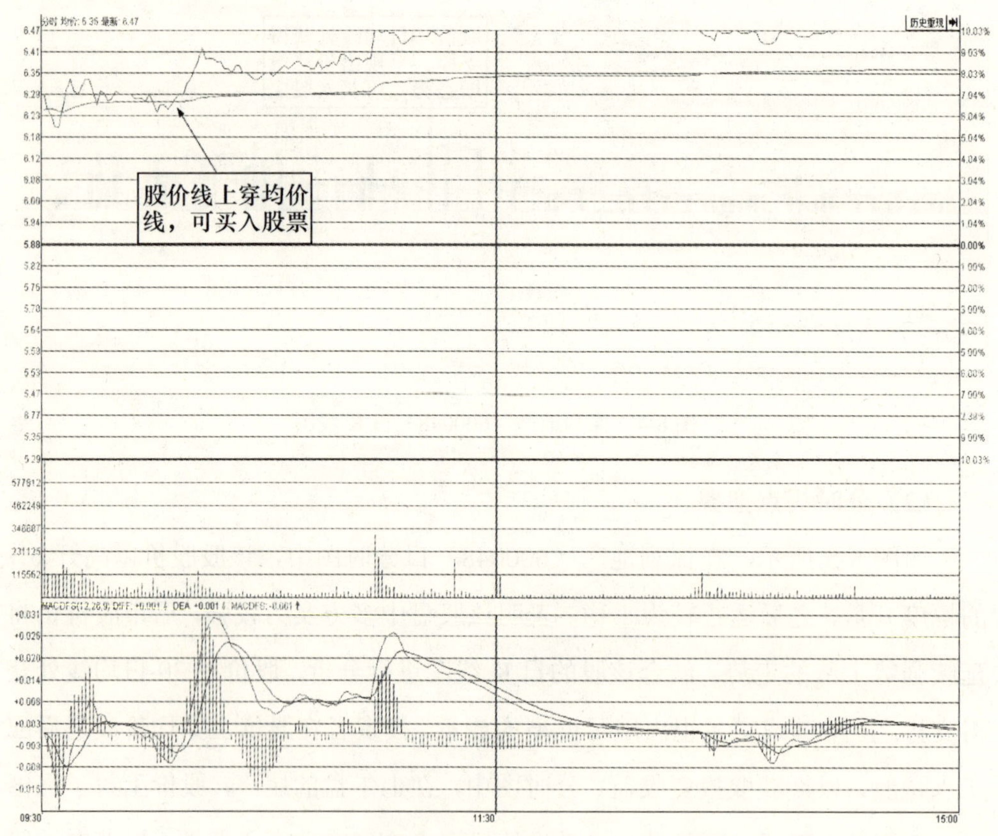

图 8-5 保利地产（600048）日分时图（I）

个股出现回调行情时，股价在均线处的支撑点是良好的买点，投资者在实际操作中应加以运用。

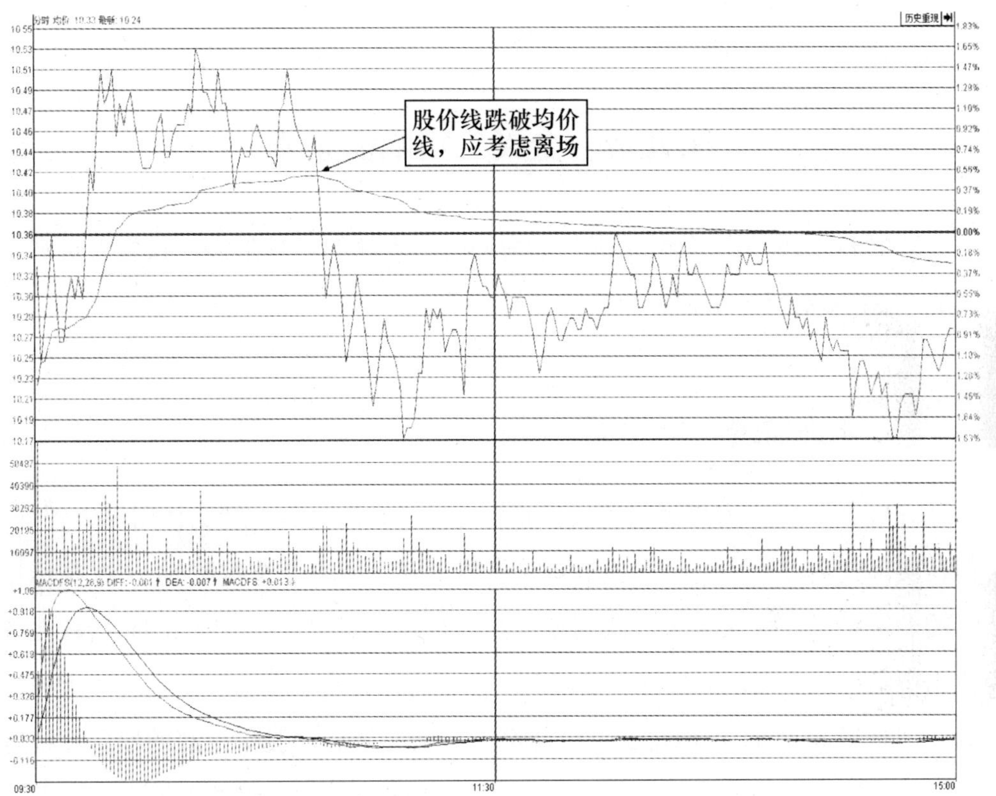

图 8-6 保利地产（600048）日分时图（II）

第九技　金叉二重唱擒杀术

MACD 指标两次金叉是黑马股启动时所表现的一种形态，投资者可观察个股的 MACD 指标来把握个股的黑马行情。

一、形态描述

MACD 指标作为最经典的技术指标之一，在交易中的辅助作用毋庸置疑。但在实际使用过程中，很多投资者可能感觉到，如果完全按照 MACD 指标指示的金叉买进、死叉卖出，获利较难甚至有时会套牢亏损。MACD 指标在低位出现第一次金叉时，股价多数情况下涨幅有限，或小涨之后便出现较大的回调。但是当 MACD 指标在低位出现第二次金叉之后，股价上涨的概率和幅度便会更大一些。出现这种走势的原因是在 MACD 指标经过第一次金叉之后，盘中多方的实力并未完全释放，股价出现回调走势时，MACD 指标又形成一次死叉，此时空方又占据了主动。但此时空方已是强弩之末，这样在 MACD 指标形成第二次金叉时，盘中多方的力量得到集聚，并发力上攻，之后推动股价持续强势上涨。这种走势形成了 MACD“二次金叉”，我们称之为 MACD“金叉二重唱”形态，是主力庄家在震仓结束后启动拉升黑马股的走势特征之一。

在实战中，随着股价的攀升，MACD 指标的 DIF 线上穿 DEA 线，此时投资者应暂时观望。之后股价回落，DIF 线向 DEA 线靠拢。当 DIF 线与 DEA 线黏合，并再次上穿 DEA 线时，投资者需要观察日 K 线图进行判断，当日 K 线图上有止跌信号，如收阳、十字星等，若此时股价能止跌向上，则投资者可以买入股票积极入场。

二、形态解析

1．MACD 两次金叉形态所用的参数一般为 12、26、9。

2．MACD 两次金叉形态要求 MACD 指标的 DIF 线连续两次上穿 DEA 线。

3．当 MACD 指标的 DIF 线连续两次上穿 DEA 线之后，若日 K 线图上出现止跌 K 线形态，则增强该形态的看涨信号。

三、实战要点

1．使用 MACD“金叉二重唱”形态时，不需要理会是否击穿其前期低点。

2．股价处在高位时，只要日 K 线图上有受阻的现象，投资者一般都要卖出股票或进行减仓，除非有大阳线或涨停出现。

3．MACD“金叉二重唱”形态在短期内为捕捉黑马股的有效方法，若利用其判断个股的长线走势，投资者应结合公司基本面、整个市场趋势等因素进行判断。同时，在周、月线图表上出现的 MACD“二次金叉”，也为个股的看涨形态。

四、案例分析

1．招商银行（600036）

（1）日 K 线形态分析

如图 9-1 所示，在招商银行（600036）日 K 线图中，该股之前一直处于横盘整理的状态之中，其成交量也多处在地量。某日，该股的 MACD 指标的 DIF 线连续两次上穿 DEA 线，在 0 轴线附近出现了二次金叉，表明该股后市将会成为黑马股，出现强势上涨的走势。在实际交易中，投资者在个股 MACD 指标出现二次金叉之后，可继续观察该股的后市走势，在股价完全站上均线系统之后买入股票。在经过一波强势上涨之后，该股的多方力量逐步消耗，空方又占据优势。在股价跌破支撑位后，投资者可卖出股票，实现收益。

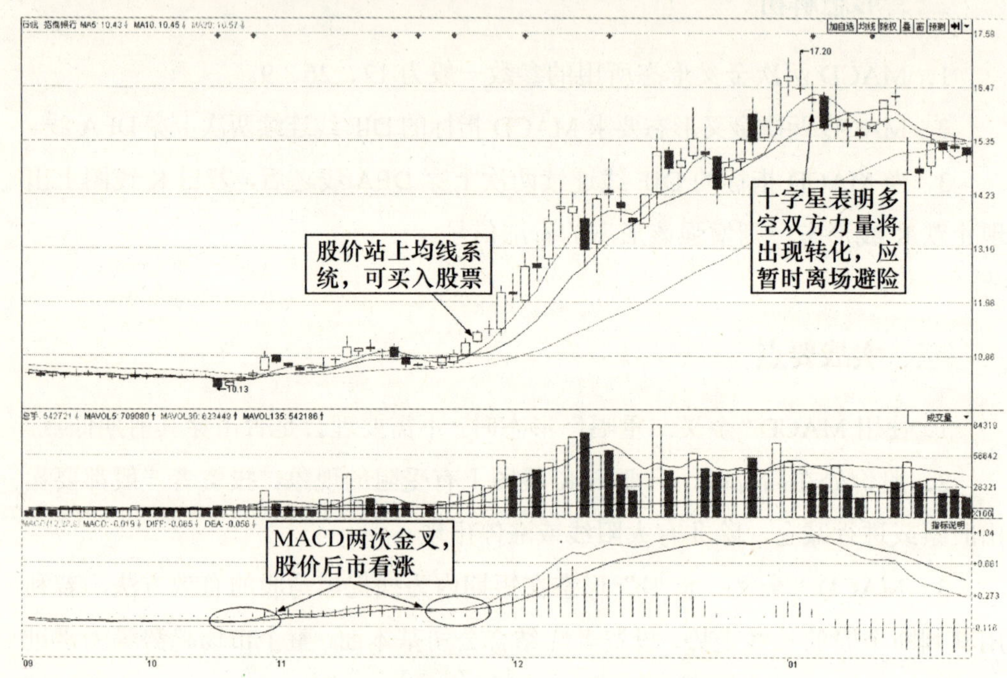

图 9-1 招商银行（600036）日 K 线图

（2）分时买点把握

如图 9-2 所示，在招商银行（600036）日分时图中，该股股价小幅高开之后，便处在震荡运行的走势之中。之后经过一波的拉升，股价便一直运行在均价线之上，直到收盘。结合该股的日 K 线图进行分析，在股价完全站上均线系统之后，投资者可在这一买点买入股票。表现在分时图中为，在股价被向上拉升并出现成交量集中放量时，投资者可在此时吸取筹码。如此，投资者获取的筹码成本较低，如果对后市的走势判断失误，也不会造成较大的损失。同时，也可以扩大投资者的获利空间，取得更丰厚的收益。

（3）分时卖出解析

如图 9-3 所示，在招商银行（600036）日分时图中，该股股价在低开之后，便开始了震荡上行。不过在上午盘中，股价出现了放量下跌的走势，之后一直

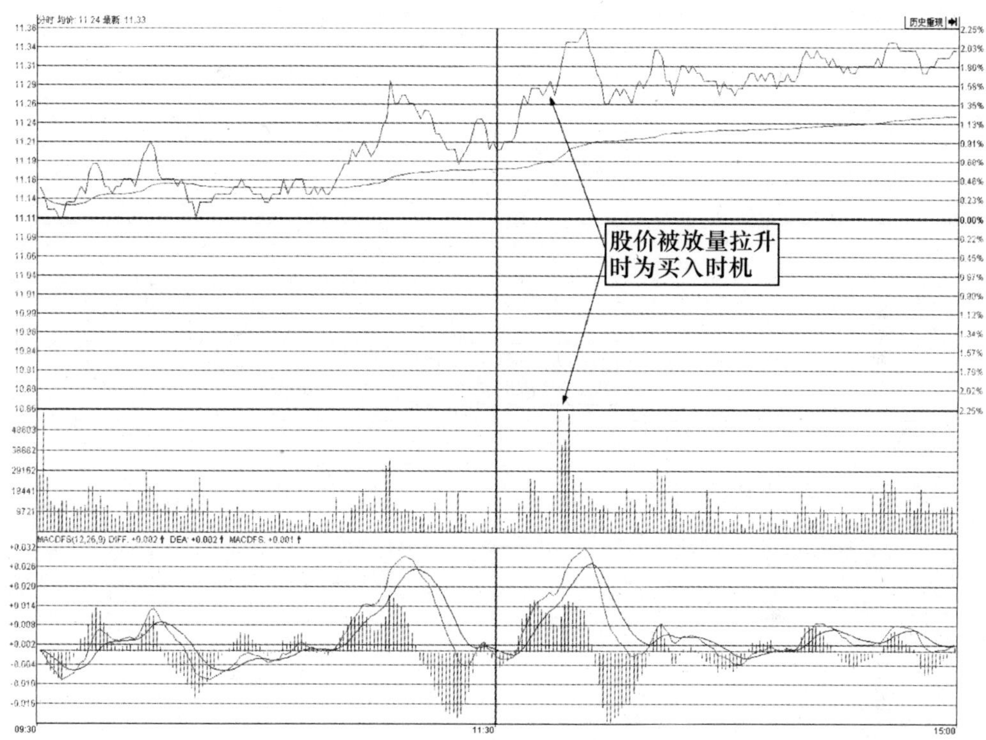

图 9-2　招商银行（600036）日分时图（I）

运行在均价线之下，直到下午收市。结合该股的日 K 线图进行分析，该股经过一段时间的强势上行之后，盘中多头力量开始衰减，后市股价有可能出现反转，开始回调下跌的走势。在分时走势中，在股价向下运行，跌破均价线之后，投资者应在这时卖出股票，或者进行减仓操作。以规避股价后市下跌所带来的风险，同时实现前期持股收益。

2. 南京高科（600064）

（1）日 K 线形态分析

如图 9-4 所示，在南京高科（600064）日分时图中，该股前期走势表现平平，并没有什么涨幅，基本上维持在横盘整理的走势之中。其成交量呈现出逐步递减的趋势，表明该股盘中交易清淡。某日，该股的 MACD 指标的 DIF 线

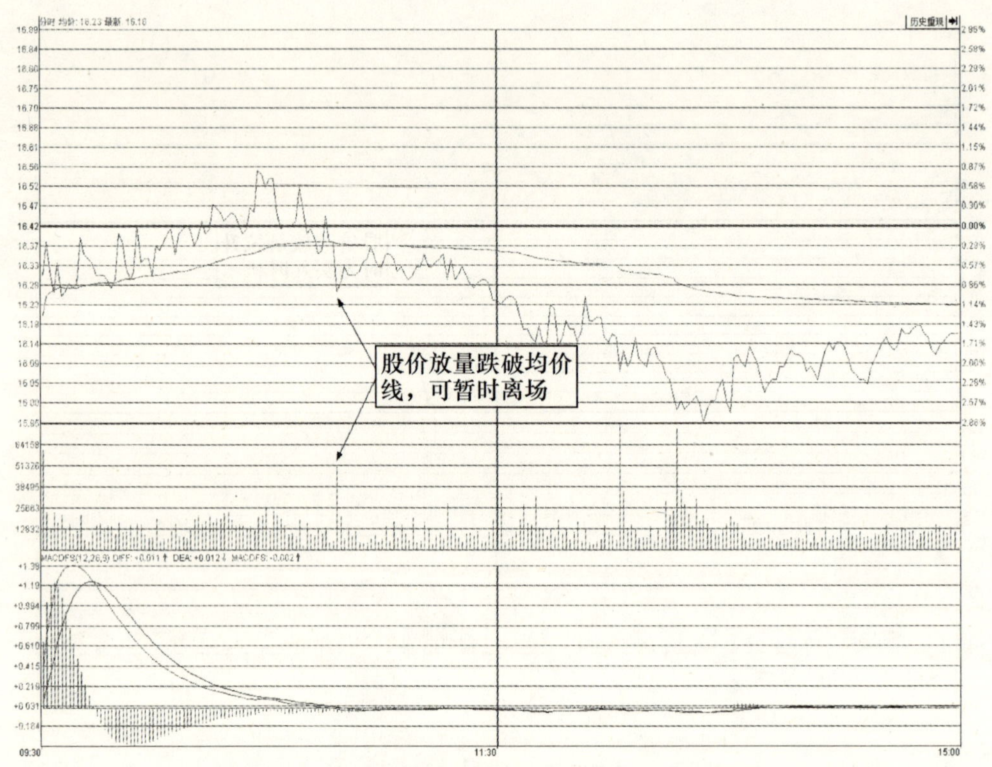

图 9-3　招商银行（600036）日分时图（II）

连续两次上穿 DEA 线，在 0 轴线附近出现了二次金叉，形成黑马股启动的前期形态，预示着该股后市将会出现强势上扬的走势。投资者在股价被强势拉升，成交量出现巨幅放量的时候，可以买入股票。经过一轮上涨行情之后，在均线系统出现死叉之后，投资者可卖出股票，获取利润。

（2）分时买点把握

如图 9-5 所示，在南京高科（600064）日分时图中，该股股价在开盘之后，便开始了向上爬升的走势，并且一直运行在均价线之上，直到下午收盘。结合该股的日 K 线图进行分析，股价完全站上均线系统并且出现大阳线之时，为投资者买入股票的良好时机，这样可以在当日吸收该股的筹码。在分时图中，在股价被强势向上拉升并出现成交量巨幅放量之时，投资者可积极入场，进行跟进。如此，可降低投资者获取筹码的成本，扩大其获利的空间。

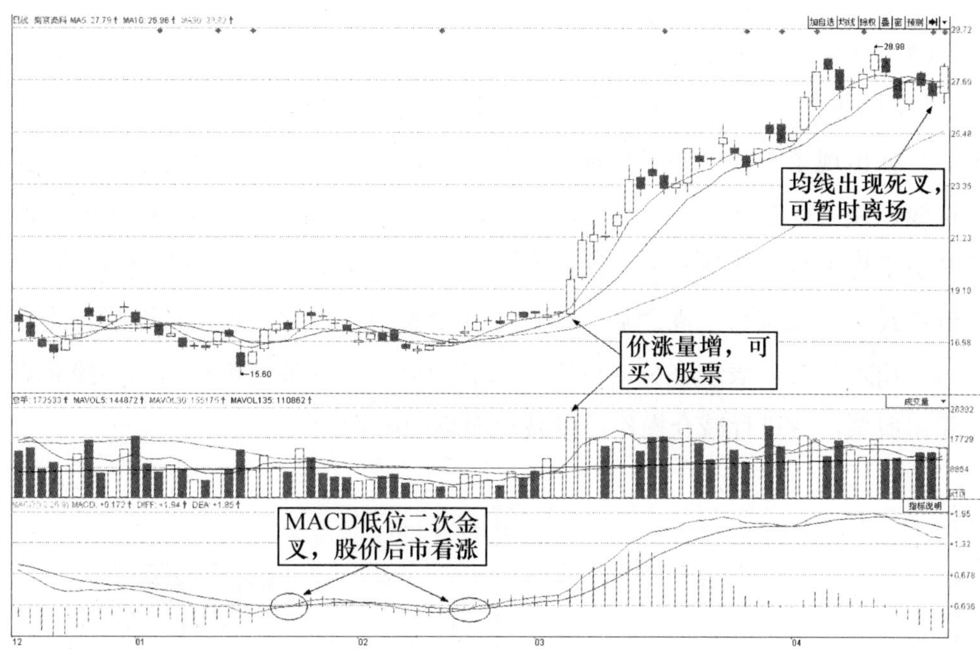

图 9-4 南京高科（600064）日 K 线图

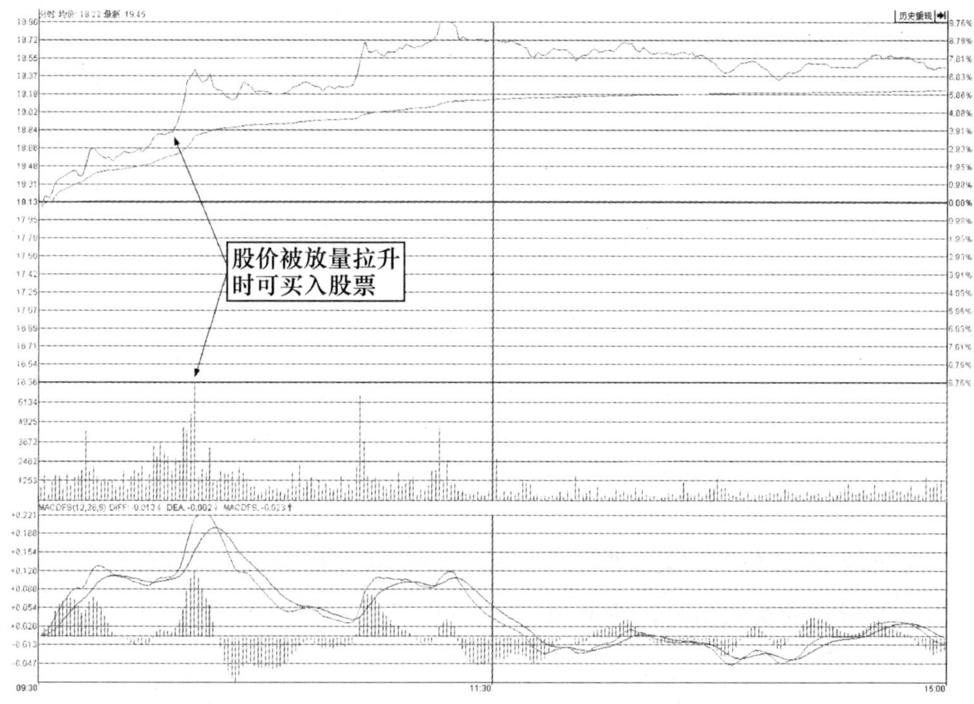

图 9-5 南京高科（600064）日分时图（I）

（3）分时卖出解析

如图 9-6 所示，在南京高科（600064）日分时图中，该股股价在小幅高开之后，便出现了下挫。在低位震荡运行一段时间之后被向上强势拉升，上穿均价线，并运行在其上方。不过，在下午开盘之后，股价又出现了一波下探，并跌破了均价线，震荡向下运行直到收盘。结合该股的日 K 线图进行分析，股价在经过一波强势上涨之后，出现了横盘整理的走势，表明该股后市走势有可能出现反转。表现在分时图中，在股价第二次跌破均价线之后，投资者应卖出股票，或进行减仓操作，以减少面临的风险。

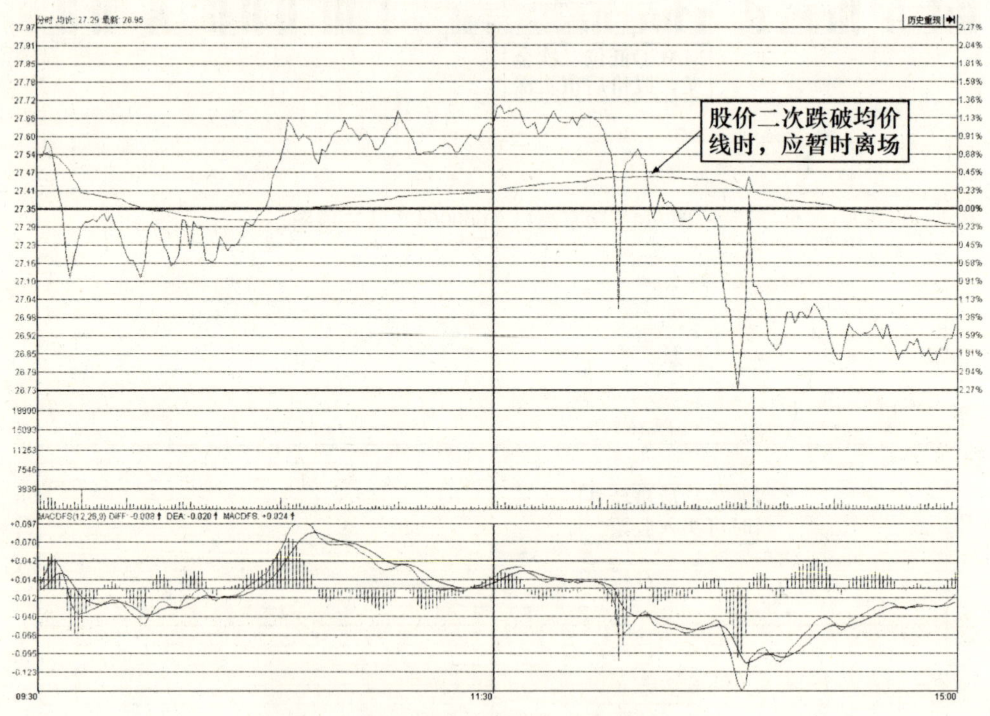

图 9-6　南京高科（600064）日分时图（II）

当出现 MACD“金叉二重唱”之后，投资者应结合日 K 线图进行判断，以识别该形态的买入信号，规避风险。

第十技　金牌量比擒杀术

量比在观察成交量方面是非常有效的工具，它将某只股票在某个时点上的成交量与某一时期的成交量平均值进行比较，排除了股本差异所造成的影响，是投资者发现成交量异动的重要指标。在时间参数上，一般多使用10日平均值，但也有使用5日平均值的。在市场活跃的情况下，适宜用较短期的时间参数，而在市场处于熊市或调整阶段时宜用较长期的时间参数。

一、量比描述

量比是指当天成交总手数与近期成交手数平均的比值，是衡量相对成交量的指标。它是指股市开市后平均每分钟的成交量与过去5个交易日平均每分钟成交量之比。

量比数值的不同，往往对交易有不同的指导含义，一般情况下会有如下含义：

1. 量比为0.8～1.5倍，则说明成交量处于正常水平。

2. 量比在1.5～2.5倍，则为温和放量，如果股价也处于缓升状态，则涨势相对健康，可继续持股；若股价处于下跌状态，则可判断跌势难以在短期内结束，投资者可考虑暂时离场。

3. 量比在2.5～5倍，则为明显放量，若股价相应地突破重要支撑或阻力位置，则突破有效的概率很高，投资者可进行相应操作。

4. 量比达5～10倍，则为剧烈放量，如果是在个股处于长期低位出现剧烈放量突破时，后市涨势的空间巨大。但是，如果个股在已有巨大涨幅的情况下出现如此剧烈的放量，则投资者应高度警惕。

5．量比达到 10 倍以上，一般可以考虑反向操作。在涨势中出现这种情形，说明见顶的可能性较大，即使不是彻底反转，至少涨势会休整相当长一段时间。在股价阴跌的后期，突然出现的巨大量比，说明该股在目前位置彻底释放了下跌动能。

6．量比在 0.5 倍以下的缩量情形也需要投资者好好关注，严重缩量不仅显示了交易的不活跃，同时也暗藏着一定的市场机会。缩量创新高的股票多数是长庄股，庄家控盘程度相当高，而且可以排除拉高出货的可能。缩量调整的股票，特别是放量突破某个重要阻力位之后缩量回调的个股，常常是市场上的买入对象。

7．涨停板时量比在 1 倍以下的股票，上涨空间无可限量，第二天开盘即封涨停的可能性极高。在跌停板的情况下，量比越小则说明杀跌动能未能得到有效释放，后市仍有巨大的下行空间。

8．当量比大于 1 时，说明当日每分钟的平均成交量大于过去 5 日的平均值，交易比过去 5 日活跃；当量比小于 1 时，说明当日成交量小于过去 5 日的平均水平。

二、金牌量比

“金牌量比”形态指的是量比先抑后扬的走势，一般表现为，个股经过长期的横盘整理之后，量比变小，股价也会走低。若在这个过程中，量比突然扩大，股价也被迅速拉升时，则意味着股价后市将会出现一波上涨行情。

其有以下操作要点：

1．个股经过长时间的横盘整理，其量能配合合理，即量价关系呈现出量增价升、量减价跌的走势。

2．在横盘整理的尾端，主力运用缩量洗盘的方法，使股价出现下跌。

3．经过一段时间的下跌之后，股价企稳拉升，量比也急剧扩大，出现量增价涨的态势。

4．当股价上涨到横盘整理一线时，往往会被大幅拉升，此时，个股的涨停板常常会出现在股价的上涨过程中。

三、案例分析

下面，跟随笔者一起来看几个实例，对金牌量比这种形态捕捉黑马形成直观认识。

1．和顺电气（300141）

（1）横盘整理分析

如图 10-1 所示，在和顺电气（300141）日 K 线图中，该股前期走势一直处于横盘整理的态势，股价在一定的幅度内上下波动。观察该股的成交量指标，

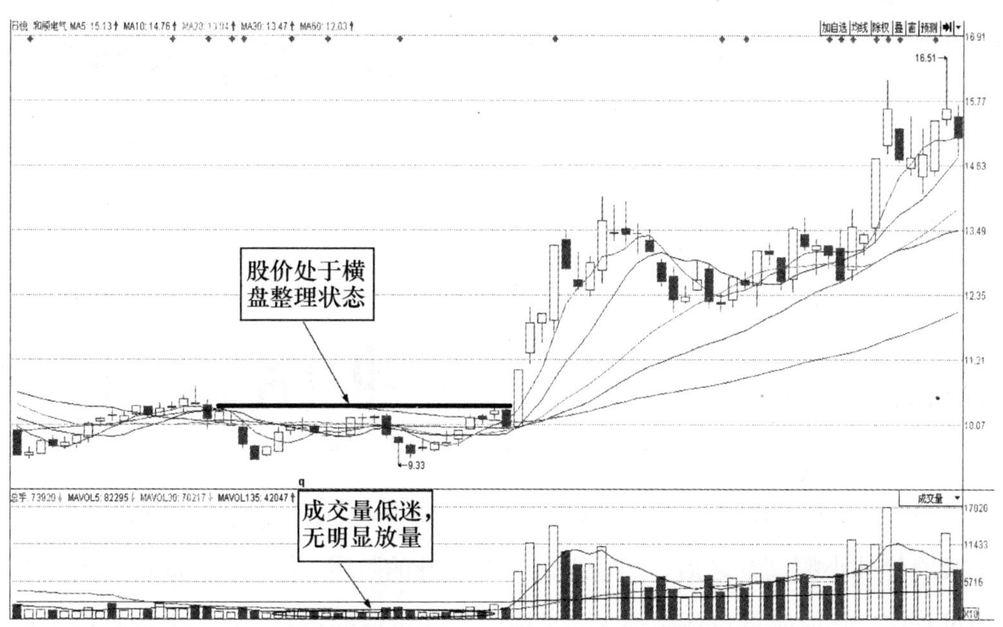

图 10-1　和顺电气（300141）日 K 线图（I）

其成交量基本上处于地量状态，并未出现明显放大。这一形态表明该股的交投比较平淡，市场人气并不旺盛。投资者在遇到此类个股时，应留心观察其成交量的变化，以免错过最佳的买入时机。

（2）量比分析。如图 10-2 所示，在和顺电气（300141）日 K 线图中，该股股价在经过前期的盘整之后，出现了小幅的下跌，并且创出了新的低点。之后，股价并未延续前期的走势，而是开始企稳反弹。可见，此处是主力控盘有意为之，为后期拉升股价创造条件。在横盘整理时，股价冲破多条均线并走出了涨停阳线。同时，成交量也出现了有效的放大，量比不断扩大，形成了量比先抑后扬的金牌量比形态。投资者若在这时积极买入，可以获得不错的追涨收益。

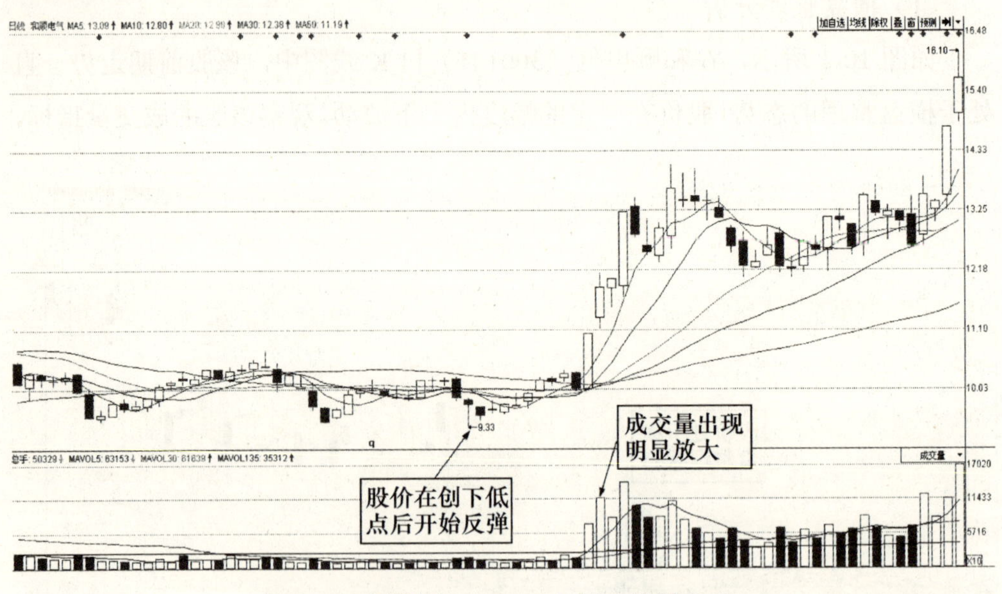

图 10-2　和顺电气（300141）日 K 线图（II）

（3）买入时点分析。如图 10-3 所示，在和顺电气（300141）日分时图中，该股股价被小幅高开之后，开始进入向上爬升的阶段。同时，在股价向上爬升的过程中，其成交量也逐步放大，呈现出价涨量增的态势。投资者根据股价前期所形成的金牌量比形态，在股价爬升的过程中可以积极买入，获取追涨的筹码。在股价横盘之后的第二次拉升过程中，投资者亦可买入，待股价下一交易日冲高后卖出股票，以获取短期的追涨收益。

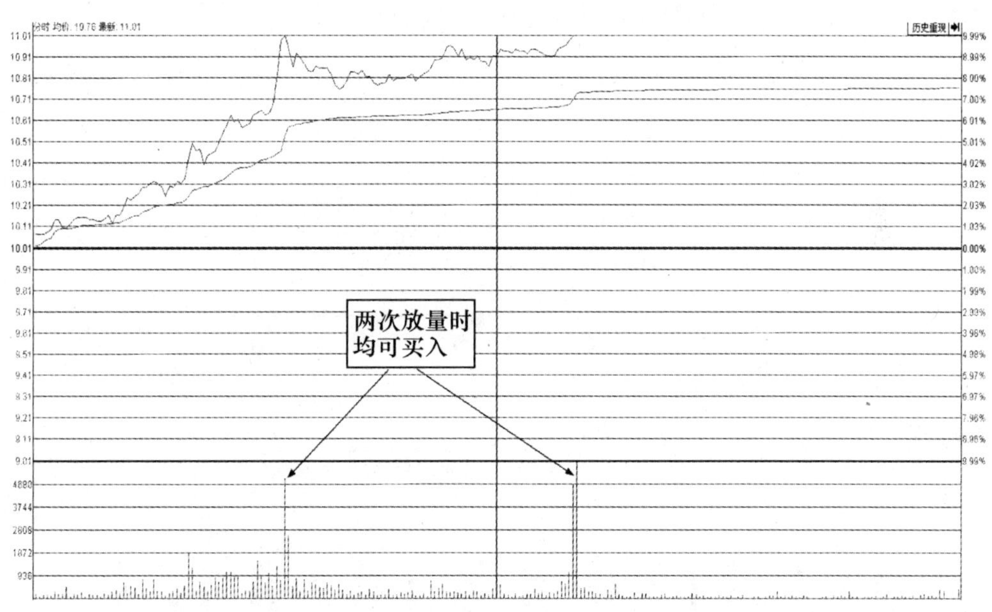

图 10-3 和顺电气（300141）日分时图

2. 中颖电子（300327）

（1）横盘整理分析

如图 10-4 所示，在中颖电子（300327）日 K 线图中，该股股价经过前期的向上爬升之后，开始横盘整理的态势。同时，其成交量也开始逐渐萎缩，量比也开始缩小。这一走势表明，该股的交投态势由活跃逐渐转向平淡。投资者在个股出现横盘整理的走势时，可暂时离场，等到金牌量比的形态确认之后，再寻找合理时机买入追涨。

（2）量比分析

如图 10-5 所示，在中颖电子（300327）日 K 线图中，该股股价在横盘整理的过程中创下新的低点，之后股价没有延续之前的跌势，下一个交易日出现的光头光脚阳线使股价逐渐企稳。同时，该股的成交量也出现有效的放大，量比逐步扩大，形成了量比先抑后扬的形态。股价在突破横盘整理位后开始加速上涨，成功站上了 5 日均线。投资者可在此处积极买入，追击个股的涨停板，在股价形成一定利润空间后再卖出筹码获取利润。

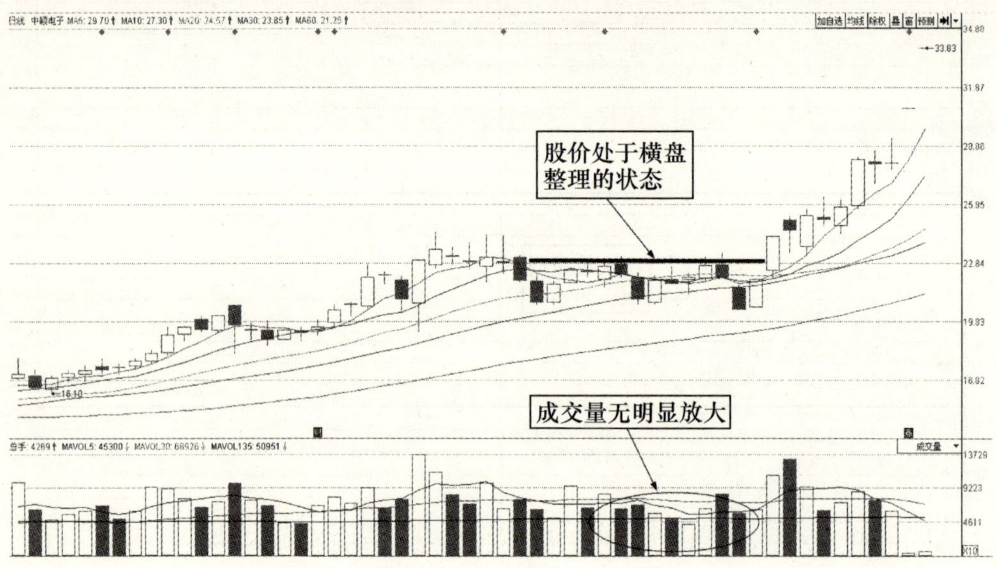

图 10-4　中颖电子（300327）日 K 线图（I）

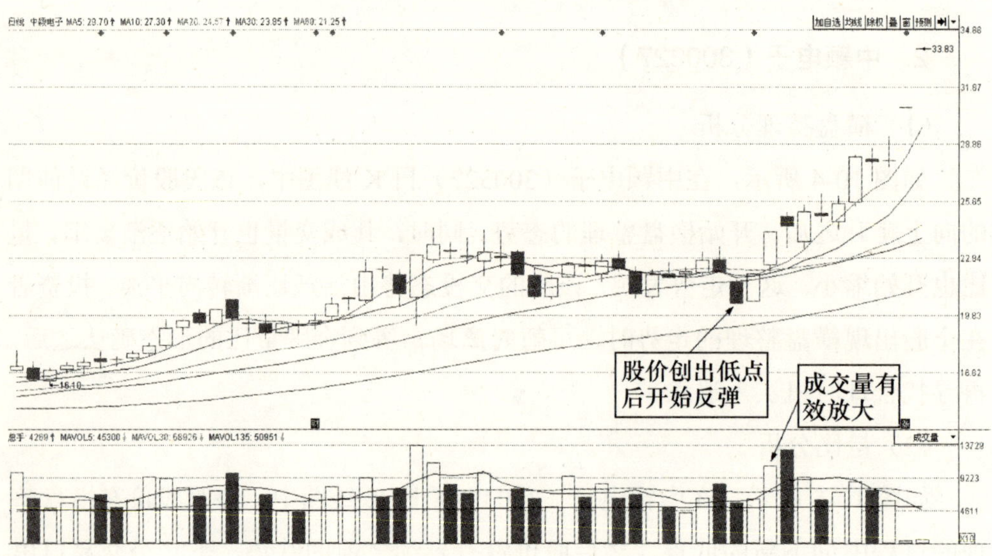

图 10-5　中颖电子（300327）日 K 线图（II）

（3）买入时点分析

如图 10-6 所示，在中颖电子（300327）日分时图中，该股股价小幅高开之后，开始被向上拉升。之后，股价并没有一鼓作气直接拉升到涨停位，而是开始进入到横盘整理的阶段。由于个股所形成的量比先抑后扬的形态已表现出买入时机，投资者可在股价横盘整理的阶段买入股票。同时，投资者也可在股价第二次拉升时买入股票，在股价冲高后再卖出股票，获取短期追涨收益。

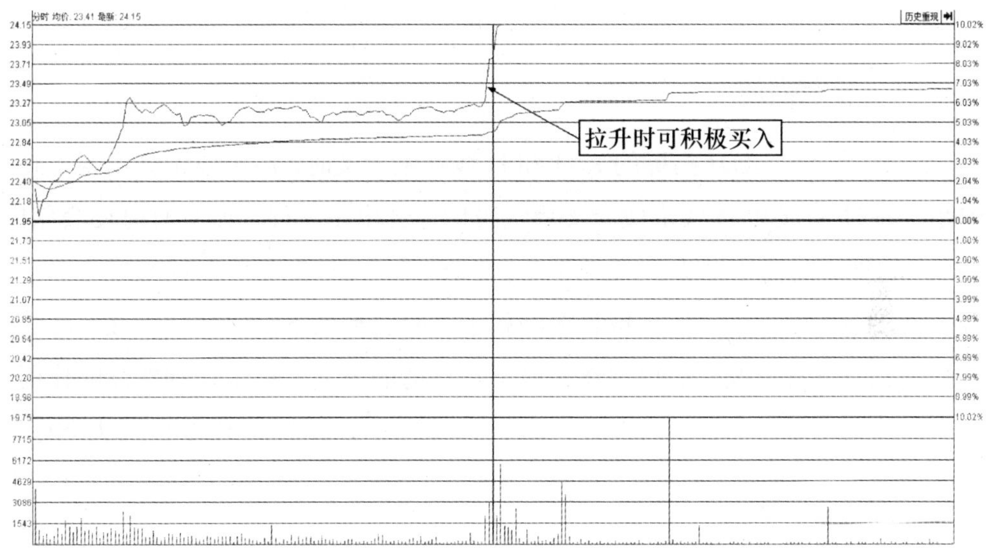

图 10-6　中颖电子（300327）日分时图

因此，最佳的追涨时机是个股完成初涨期并调整回落，重新确认原来底部的过程。在实战中，投资者需要掌握这种量比形态，一旦发现其具有先抑后扬的形态，就应该抓住机会买入，积极捕捉涨停。

第十一技　起死回生擒杀术

在传统的 KDJ 指标使用理论中，死叉是卖出信号，不少的投资者遇到 KDJ 死叉唯恐避之不及，也因此常被主力庄家反其道而行之，最终上当。实战中，我们利用 KDJ 的“不完全死叉”，绕开庄家打压的空头陷阱，谓之“起死回生”。

一、形态描述

一般情况下，KDJ 指标的 K 线和 D 线发生死叉时，后市股价会出现下跌。但是，有时 K 线和 D 线形成金叉后，股价也会出现下行，而且有时还会创出新低，这种情况就让投资者感到困惑了。KDJ 指标的 K 线和 D 线形成金叉后，股价仍出现下跌，出现这种现象多是由于个股已形成下降趋势的惯性引起的。也就是说，这种情况一般出现在个股下跌行情的末期。由于这种惯性的作用，在个股将要出现黑马行情之时，出现金叉后的 KDJ 指标的 K 线会拐头下行，在与 D 线将要形成死叉之时，K 线又拐头向上运行，形成 KDJ 指标的“不完全死叉”，我们将其形象地命名为起死回生形态。KDJ 指标的 K 线和 D 线出现起死回生形态，预示着主力庄家打压股价的过程即将结束，后市该股将会产生新一轮黑马行情，投资者在实战中应仔细辨别。

KDJ 指标的 K 线和 D 线在金叉后形成的起死回生形态，会使个股新一轮的上涨行情开始。对于这一走势特点，有些投资者并不了解，在 KDJ 的 K 线和 D 线出现起死回生形态时，有些投资者可能误认为该股新一波的下降行情又要开始，结果却落进了“空头圈套”。投资者在实际操作中，应把 KDJ 金叉后的起死回生形态理解为股价的惯性下冲，采取空仓观望的策略，再结合该股的日 K 线形态进行判断，在股价出现启动之时，便要进行适当的建仓，买进股票。同时，该形态也适用于个股的季、月、周、日线，60、30、15、5 分钟等各个周期。

二、形态解析

1．KDJ 指标的起死回生形态所用的参数一般为 9、3、3。

2．KDJ 指标的 K 线和 D 线之前已出现金叉。

3．KDJ 指标在出现金叉之后，K 线拐头下行，在与 D 线将要形成死叉之时，K 线又调头向上运行，形成 KDJ 指标的“不完全死叉”形态。

三、实战要点

1．KDJ 指标的起死回生形态出现在个股的下跌行情的末期方为有效。

2．KDJ 指标在出现起死回生形态之前，一般都已有一个金叉出现。

3．KDJ 指标的起死回生形态出现之后，投资者应结合该股的日 K 线图进行分析，若股价出现明显的上涨，同时伴随较大的成交量，则当日可为建仓的时机。

四、案例分析

1. 沙河股份（000014）

（1）日 K 线形态分析

如图 11-1 所示，在沙河股份（000014）日 K 线图中，该股股价在前期处在缓慢的下跌趋势之中，其成交量也逐步萎缩，表明该股的下跌行情即将结束，短时期内股价会出现黑马行情。观察该股的 KDJ 指标，该指标在形成金叉之后，其又出现了起死回生的形态，表明该股的黑马行情将要开始。之后，该股股价成功站上了 5 日均线，其均线系统也呈现出多头排列的态势，投资者可在当日进行适当建仓，以获取筹码。经过一波上涨之后，股价在创出新高后开始回落。在股价破位下跌之时，投资者应离场避险。

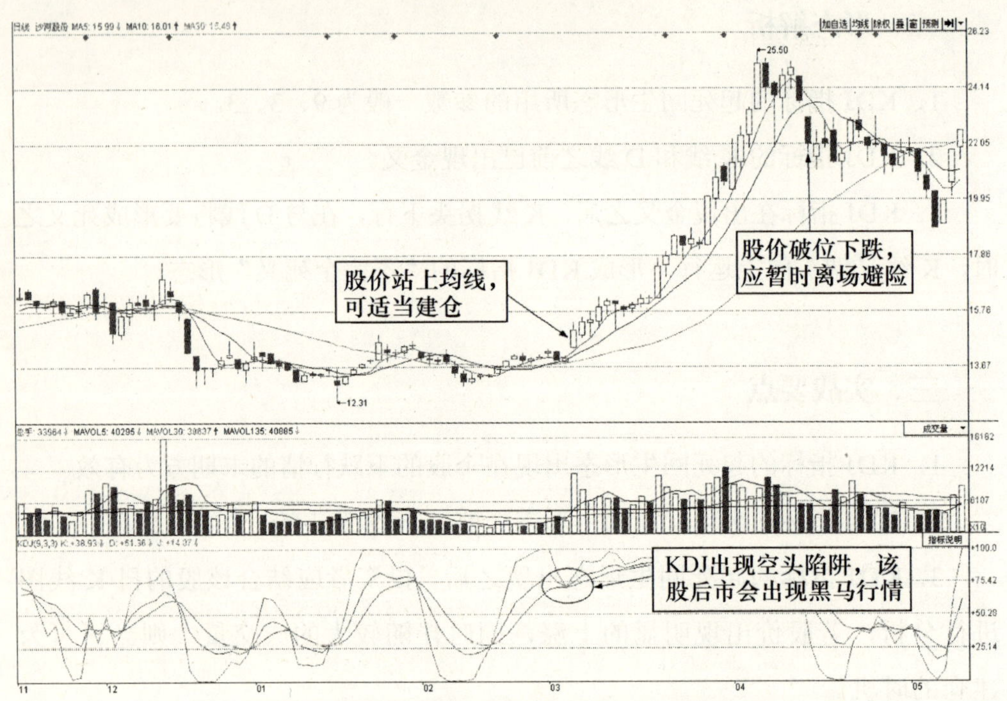

图 11-1　沙河股份（000014）日 K 线图

（2）分时买点把握

如图 11-2 所示，在沙河股份（000014）日分时图中，该股股价在高开之后，持续横盘走势，并且与均价线缠绕运行。在上午盘结束之时，股价出现了持续的走高，同时，其成交量也出现了密集的放大。午后股价延续了强势拉升的走势，随后强势运行在均价线之上，直到收盘。结合该股的日 K 线图进行分析，在该股的 KDJ 指标出现起死回生的形态之后，该股的股价后市看涨。该股午盘的强势拉升表明盘中多头开始发力，投资者可在午盘股价拉升之时买入股票，进行适当的建仓。

（3）分时卖出解析

如图 11-3 所示，在沙河股份（000014）日分时图中，该股股价在低开之

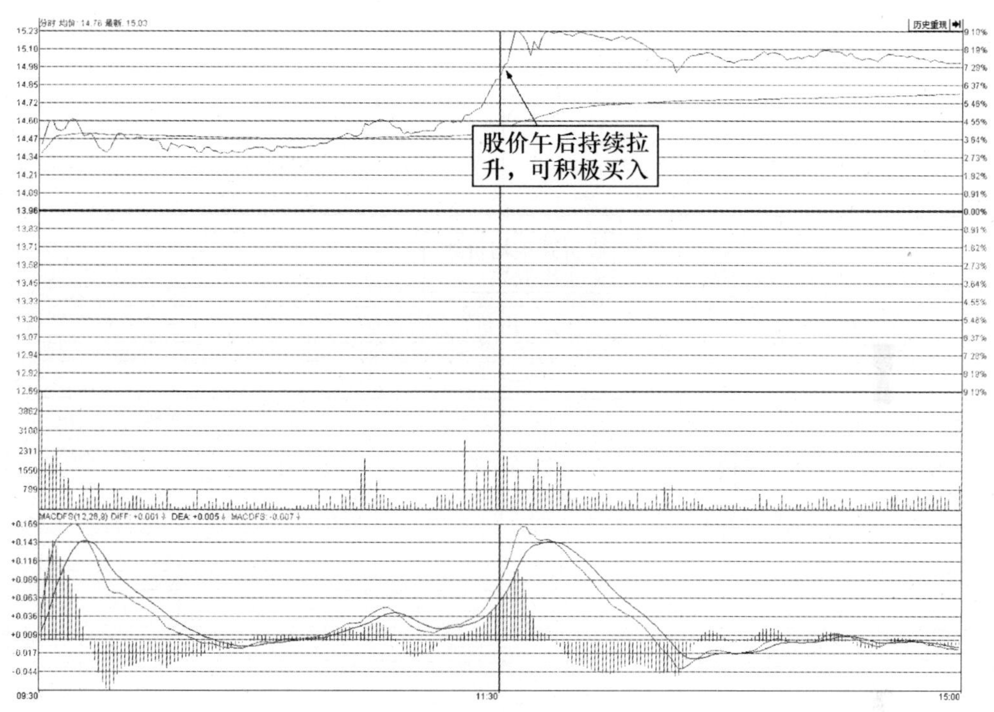

图 11-2 沙河股份（000014）日分时图（I）

后，逐步向下运行。同时，其成交量出现了密集的放大，表明该股后市走势并不被市场看好。随后，股价出现反弹，并上穿了均价线。但好景不长，当股价再次跌破均价线之后一直呈现出弱势走势，直到下午收盘。结合该股的日 K 线图进行分析，该股在经过黑马行情之后，其回调压力也逐步增加，后市将可能出现反转的行情。投资者在股价再次跌破均价线之时，应卖出手中的筹码，规避股价后市下跌的风险，实现投资收益。

2. 湖北宜化（000422）

（1）日 K 线形态分析

如图 11-4 所示，湖北宜化（000422）日 K 线图中，该股股价在之前呈现出小幅震荡的走势，其成交量也表现出逐步缩减的态势。观察该股的 KDJ 指标，该指标在形成金叉之后，其又出现了起死回生的形态，具备了黑马股启动

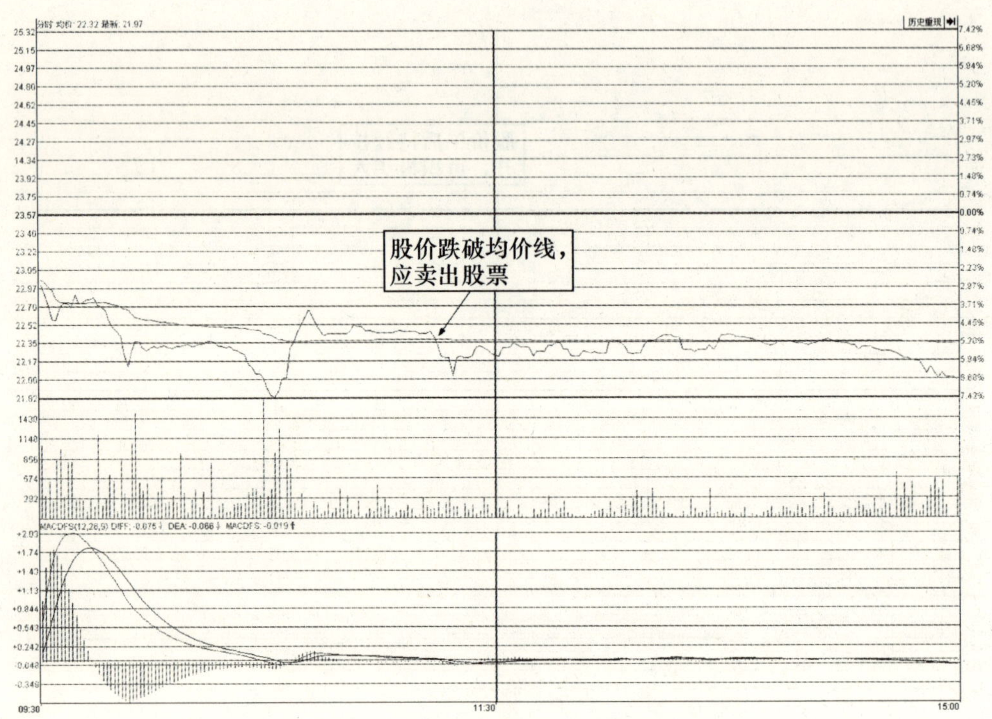

图 11-3　沙河股份（000014）日分时图（II）

的特征。同时，也表明该股将要结束弱势回调走势，开始一波上涨行情。在 KDJ 指标出现起死回生形态之后，股价开始逐步启动。一根中阳线上穿均线系统，形成强势上涨的态势，投资者可在当日买入股票。在该股创出新高之后，其回调压力增大，日 K 线出现十字星，投资者应卖出股票进行避险。

（2）分时买点把握

如图 11-5 所示，湖北宜化（000422）日分时图中，该股股价在开盘之后，便开始逐步爬升，并且其股价线一直都运行在均价线之上，这一走势表明该股盘中的做多实力较强，后市看涨。同时，其成交量呈现出逐步放大的态势，说明该股的市场交投较为活跃，大部分投资者看好该股的后市走势。结合该股的日 K 线图，在该股 KDJ 指标的起死回生形成之后，其股价将会出现黑马行情。投资者在开盘后股价开始爬升之时便可以买入该股，进行适当建仓，如此可获得黑马行情的投资收益。

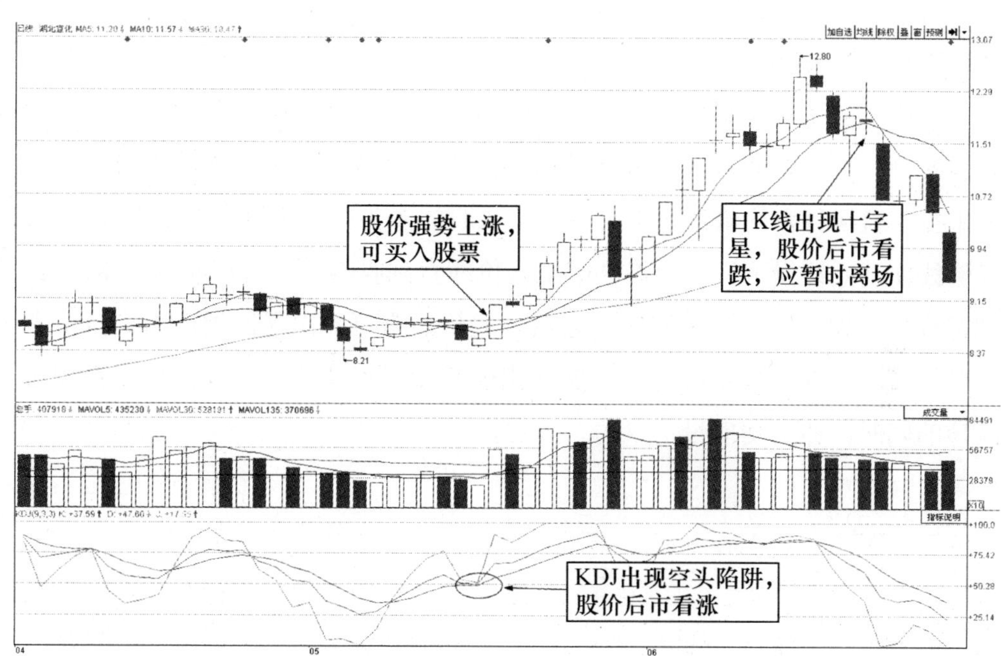

图 11-4 湖北宜化（000422）日 K 线图

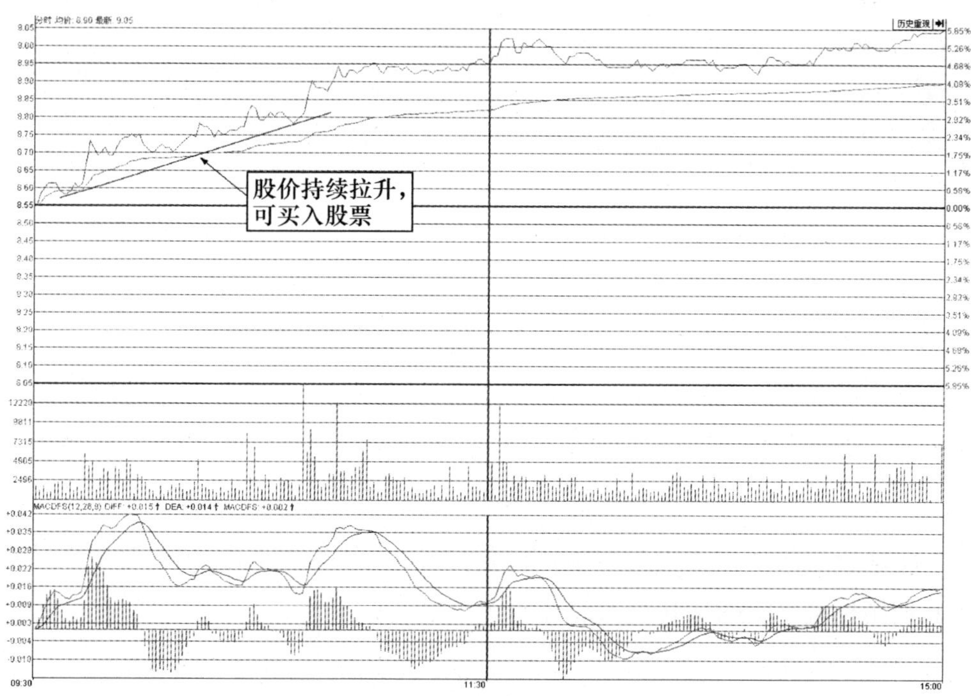

图 11-5 湖北宜化（000422）日分时图（I）

（3）分时卖出解析

如图 11-6 所示，湖北宜化（000422）日分时图中，该股股价在低开之后强势爬升，并且振幅较大，表明此时该股的多空双方搏杀激烈。但股价线在上午盘一直运行在均价线之上，显示出该股的多头仍占优势。下午开盘之后，股价线便开始缓慢下行，最终跌破了均价线直到收盘。结合该股的日 K 线图进行分析，在该股经过强势上涨之后，股价后市可能出现回调压力。投资者在股价线向下穿过均价线之时，应卖出股票或进行适当的减仓操作，在规避风险的同时，亦可实现投资目的。

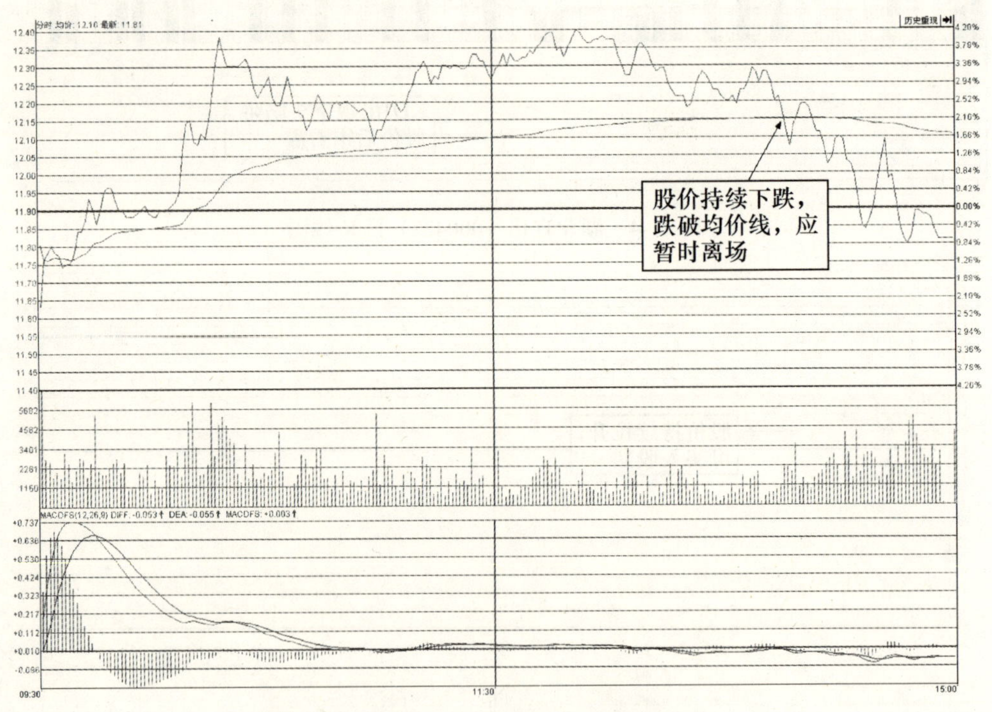

图 11-6　湖北宜化（000422）日分时图（II）

KDJ 指标的不完全死叉形态一般出现在个股下跌行情的末期，投资者应结合其他指标进一步确认其买入信号。

第十二技　谷底惊雷擒杀术

谷底惊雷的含义是：当个股经历漫漫熊途下跌至低位，或是长期持续横盘整理后，一旦在低位出现了量价配合理想的涨停板，这通常是空头能量释放完毕，多头开始反攻的标志，意味着新一轮行情的到来。这个涨停板就是狙杀黑马的起点（见图 12-1）。

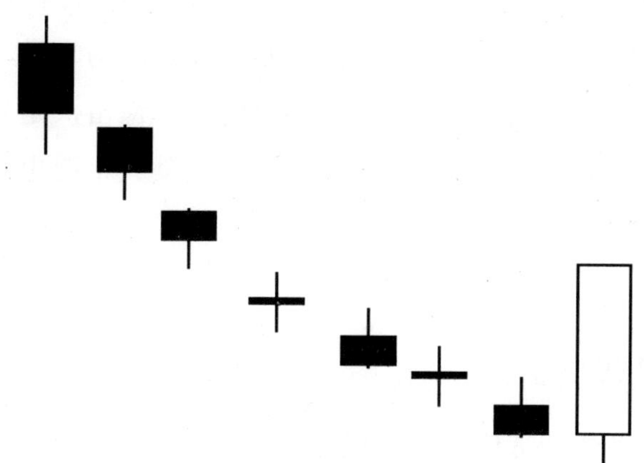

图 12-1　谷底惊雷形态

一、形态描述

谷底惊雷往往是脱离大盘的独立涨停，也就是说，个股的涨停不是因为大盘暴涨才出现的，个股股价能够独立拉升涨停，说明是有主力资金积极参与的。谷底惊雷涨停板的出现意味着庄家资金开始介入，且志在长远。这个涨停板不会遇到大的抛压，因为经历了一段不小的跌势，套牢盘都处在半山腰或者山顶上，山脚底下的涨停板显得太远，够不着解套。套牢盘在这个时候不会抛售。

二、形态解析

谷底惊雷涨停板是指个股在低位出现了量价配合理想的涨停板，其技术特征如下所示。

1．个股经历漫漫熊途下跌至低位，或是长期持续横盘整理。

2．在谷底出现涨停板，但这个涨停是脱离大盘的独立涨停，也就是说个股的涨停不是因为大盘暴涨才出现的。

个股经过了长期的下跌，在谷底爆出一个放量的涨停板，令持股者为之一振，原先的观望者积极进场，从而推动股价开始震荡攀升，扭转了单边下跌的走势。因此，这个涨停板就好像山谷里的一声惊雷，是多方发起反攻的号角。谷底惊雷表现了主力强烈的上涨欲望。当某只个股出现此形态时，投资者可多加关注。

三、实战要点

“谷底惊雷”走势的涨停板，在操作上有几点值得大家注意。

1．涨停板在中途被打开的次数越多、时间越久、成交量越大，则行情反转下跌的可能性越大。

2．封住涨停的时间越早，后市涨升的力度也就越大。

3．封住涨停板的买盘数量大小说明买卖双方力量的大小程度，这个数量越大，继续原有走势的概率则越大，后续涨跌的幅度也就越大。

但在实战中往往也存在庄家布置陷阱，利用涨停板出货的情形。庄家会先以巨量的买单封住涨停板，市场跟风者以涨停板的价格追进，而庄家则会借机撤走买单，填上卖单，自然很快就将仓位转移到了散户手中。当盘面上的买盘消耗得差不多之时，庄家又会在涨停板上挂上买单，以进一步诱多制造买气蜂拥的假象；当散户又再度追入时，主力又开始撤去买单从而让散户买盘排到前面去，如此反复地操作，可使筹码在不知不觉中悄悄地高位出脱。

此种情形下，投资者所见到的巨额买卖单其实只不过是虚构的而已，不能作为判断后市的依据。为了避免上述现象误导我们的思维，从而产生错误的判断，则必须密切关注封住涨跌停板时买卖单的微妙变化状况，同时也必须判断出其中是否存在频繁挂换单的现象，涨停板是否经常被打开，以及每笔成交量之间的细微变化和当日成交量的增减状况等，从而做出正确的判断。

四、案例分析

下面我们看一些走出谷底惊雷走势的个股，及其以后的走势。

图 12-2 是包钢股份（600010）在 2011 年 7 月至 2012 年 3 月的 K 线走势图。图中出现一个谷底惊雷的形态走势。自形态完成后，股价彻底反转步入上升通道。并不时伴有大阴大阳，说明吸筹明显。

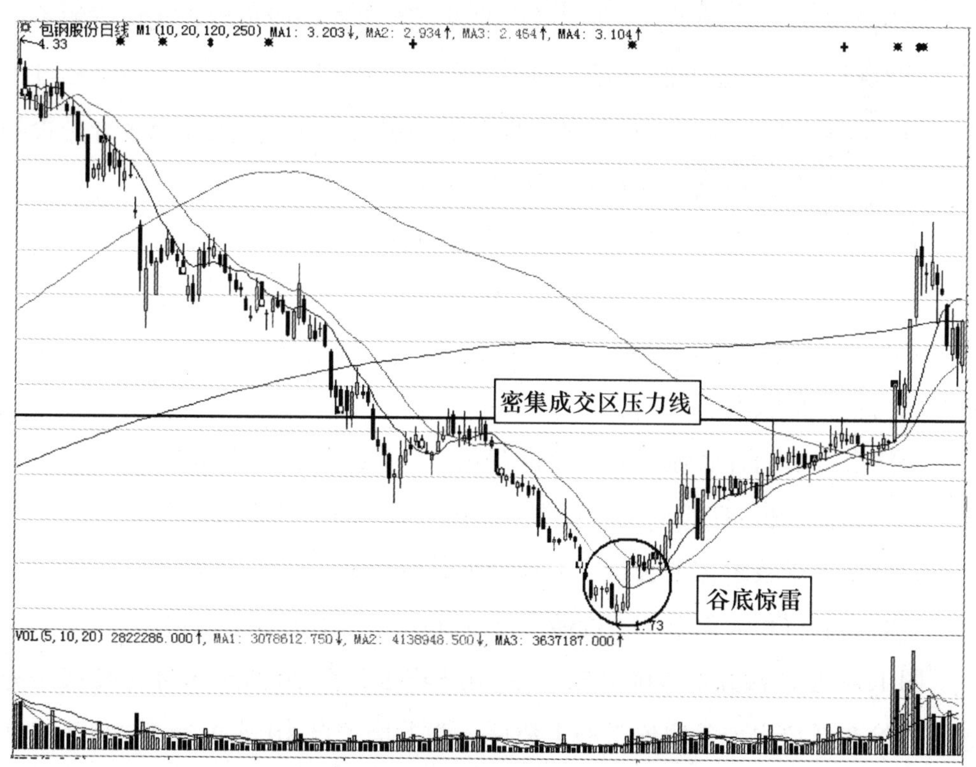

图 12-2　包钢股份（600010）日 K 线图

当股价突破图中密集成交区的压力线后，股价连续涨停，被迅速拉升。此处涨停确立的反转是一个标准的 V 形反转，其突破颈线的上升空间可以参考底部到颈线的垂直空间。

在个股走出谷底惊雷的形态之后，投资者应该先仔细观察个股在此之前日 K 线是否已经出现主力进场的蛛丝马迹，如单针探底、阳线放量、阴线缩量等。如果日 K 线已经出现了这样的现象，就基本上可以确定主力资金已经进场，此时低位的谷底惊雷意味着行情可能随时逆转向上。

如果个股是在大盘见底时出现行情反转涨停，同时这只个股在行情初期具有带动板块的效应，那么这只个股就很有可能成为短线的龙头。投资者跟进这类低位放量收大阳或涨停个股时要注意股价超卖严重后，离上方密集成交区较远，短线买入时注意不要盲目追涨，最好是持续放量收阳时买入。

在确定谷底惊雷的形态之后，激进的投资者可在个股出现谷底惊雷的第二天逢低积极买进，而稳健的投资者则可以在谷底惊雷随后几天的缩量回档过程中买进；如果此后成交量不能持续并跌破明显的支撑位时，要注意区分是否是途中庄家有意对倒拉高，并且短线注意止损。

下面我们再和大家一起看一个谷底惊雷的涨停走势。

图 12-3 是神火股份（000933）在 2013 年 12 月至 2014 年 8 月的 K 线走势图。在出现谷底惊雷形态后股价被连续拉升，短时间上升幅度巨大。短线买入也可获得不错的收益。

当然在图中的谷底惊雷涨停前也存在一个类似谷底惊雷形态的走势，但却是一个夭折的行情。在股价的运行中夭折的行情一定是远远多于有效突破的行情的，这就要求我们需要去认真分辨突破是否会有效。

下面我们再和大家看一下西藏发展（000752）中的谷底惊雷形态。

图 12-4 是西藏发展（000752）在 2013 年 1 月至 2013 年 5 月的 K 线走势图。股价在低位出现谷底惊雷的走势后一路上扬，自 10 元走到 14.39 元，短时间涨幅高达 40%。及时买入的投资者捕捉到了涨停，收益相当不错。

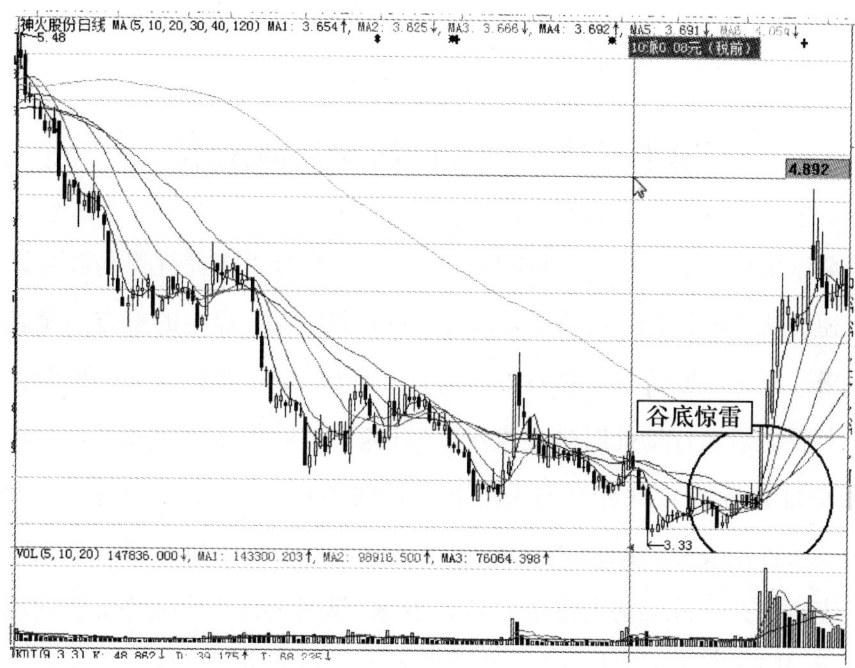

图 12-3　神火股份（000933）日 K 线图

图 12-4　西藏发展（000752）日 K 线图

第十三技　低位两次金叉擒杀术

在实际交易当中，利用 KDJ 指标的低位两次金叉来捕捉黑马股是比较有效的一种方法。当个股前期经过一段时间的下跌之后，盘中的空方力量基本已消耗完毕，此时，股价从低位开始爬升，相应的 KDJ 指标便会出现金叉。但是由于个股的黑马行情此时处在刚刚启动的阶段，股价在小幅爬升后会再次回落，而 KDJ 指标的 K 线亦会拐头向下与 D 线形成死叉。经过短暂回调之后，该股的多头再次发力，KDJ 指标的 K 线在短时间内又与 D 线形成金叉时，预示着该股将展开一波强势上涨的行情。若 K 线图上有股价强势上涨的现象，或出现 K 线看涨的形态等，就表明该股有可能形成阶段性底部，投资者即可进行适当的建仓，此形态即为 KDJ“低位两次金叉”形态。

一、形态描述

当 KDJ 指标在低位发生第一次金叉时，股价在大多数情况下涨幅有限，或小幅爬升后出现较大的回调。若此时介入会造成进场的投资者出现套牢或亏损的情况。但是，当 KDJ 指标在低位形成第二次金叉后，股价上涨的概率和幅度便会更大一些。因为在 KDJ 指标经过第一次金叉之后发生小幅回调，并形成一次死叉，此时空方好像又一次占据了优势，但由于个股已经经过了下跌行情，其做空力量实质上已是强弩之末，这样在 KDJ 指标出现第二次金叉时，必然会出现多方力量的奋力上攻。当然，在单边上涨行情中 KDJ 指标低位出现的一次金叉就可以点燃盘中多方的做多热情，那时 KDJ 指标在低位出现一次金叉形态，投资者便可买进股票。

二、形态解析

1．KDJ 指标的低位两次金叉形态所用的参数一般为 9、3、3。

2．KDJ 指标的 K 线和 D 线在低位连续出现两次金叉。

3．KDJ 指标的低位两次金叉形态中的两次金叉出现时所间隔的时间越短，该形态的后市看涨信号越强。否则，其后市看涨效果并不明显。

三、实战要点

1．KDJ 指标的低位两次金叉形态应出现在个股的下跌行情的末期。

2．KDJ 指标在出现低位两次金叉形态之时，K 线、D 线和 J 线一般都运行在低位区。

3．KDJ 指标的低位两次金叉形态出现之后，投资者应结合该股的日 K 线图进行分析，若日 K 线图出现看涨形态，或出现较大的成交量，则投资者可进场。

四、案例分析

1．宝安地产（000040）

（1）日 K 线形态分析

如图 13-1 所示，宝安地产（000040）日 K 线图中，该股股价之前处在横盘整理的走势之中，其成交量也呈现出逐步萎缩的状态。观察其 KDJ 指标，其 K 线和 D 线在低位区连续形成两个金叉，具备了黑马行情启动的特征，表明该股后市有可能会出现强势上涨的走势。随后，该股股价强势爬升，突破横盘整理走势。投资者可在该股拉升的当日买入股票，进行建仓。经过一波强有力的上涨，该股盘中的做多动能已基本消耗完毕。在股价创出新高，开始出现回调之后，投资者应进行减仓，以规避风险。

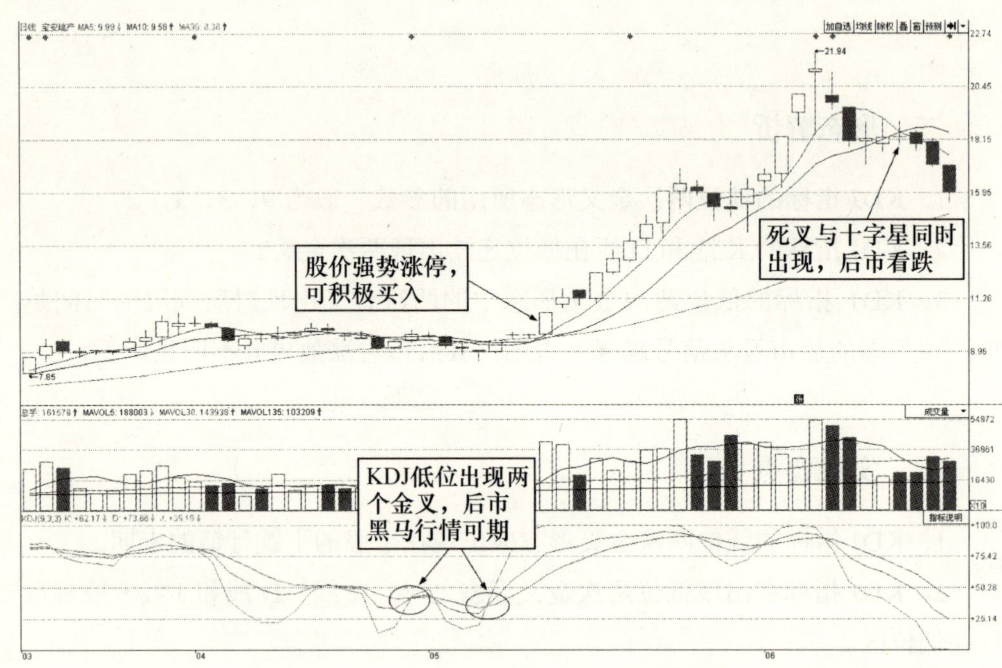

图 13-1 宝安地产（000040）日 K 线图

（2）分时买点把握

如图 13-2 所示，宝安地产（000040）日分时图中，该股当日以平开的方式开盘，随后股价便被迅速拉升。在开盘 30 分钟后，股价上封了涨停板，之后涨停板被打开，但很快股价再一次上冲封板，直到下午收盘。结合该股的日 K 线进行分析，该股的 KDJ 指标在低位出现了两次金叉，预示着股价会出现强势上涨。在股价涨停当日，股价在开盘被拉升时投资者可买入股票，进行建仓。但由于股价拉升涨停的速度较快，错过第一次买入机会的投资者可在涨停板打开时适当介入，但应合理控制风险。

（3）分时卖出解析

如图 13-3 所示，宝安地产（000040）日分时图中，该股股价在当日高开之后便出现了一波小幅的下跌。但没过多久，股价被迅速拉升，同时成交量出现了密集的放大。结合该股的日 K 线图进行分析，由于此时该股已经经过了一波强势上涨，股价在创出新高之后，开始出现回调行情。同样，在该股的分

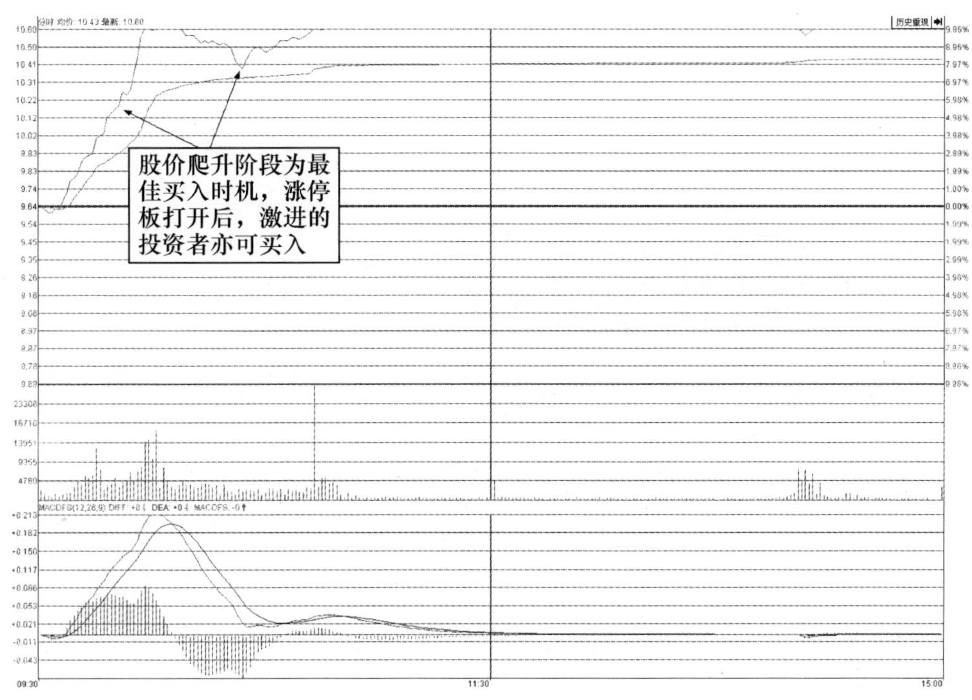

图 13-2　宝安地产（000040）日分时图（I）

时图中，股价在被拉升之后很难保持强势走势，之后其便开始震荡下行，直到下午收盘。投资者应在股价被强势拉升之时卖出股票，或进行减仓操作，以避免股价下跌而损失之前获得的投资利润。

2. 深国商（000056）

（1）日 K 线形态分析

如图 13-4 所示，深国商（000056）日 K 线图中，该股股价在前期处于缓慢的爬升走势中，随后出现了短暂的横盘整理。其成交量也逐步萎缩，没有出现太大的变化。在该股横盘整理走势的末期，其 KDJ 指标在低位连续出现两个金叉，预示着该股后市将可能成为黑马股，出现一波上涨行情。在该股的均线系统出现多头排列的态势时，其股价也突破了前期的高点。投资者可在股价出现突破之日买入股票，吸取筹码。在股价出现新高之后，该股的回调压力增大，当股价破位下跌时，投资者应卖出股票，进行避险。

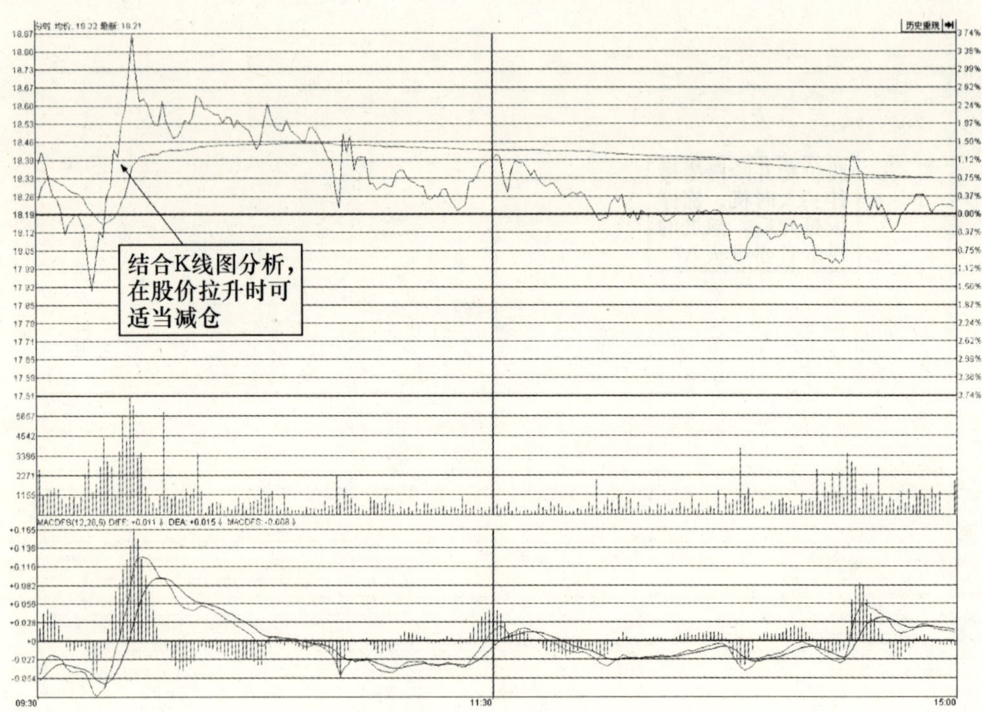

图 13-3　宝安地产（000040）日分时图（II）

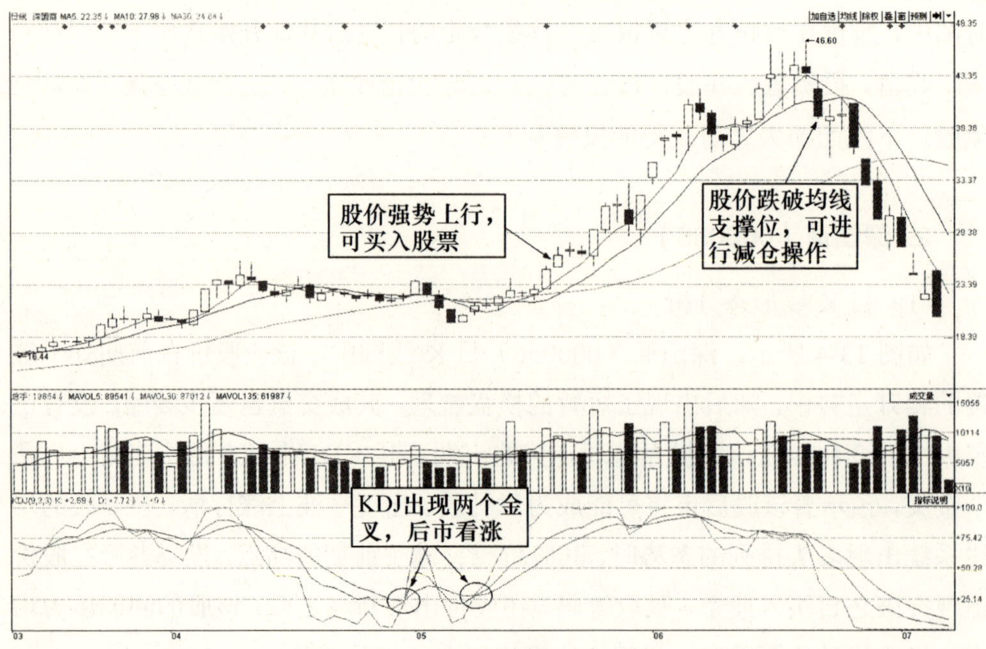

图 13-4　深国商（000056）日 K 线图

（2）分时买点把握

如图 13-5 所示，深国商（000056）日分时图中，该股在小幅高开之后，其股价便出现了一波强势的拉升，随后开始小幅回落，但从整天的走势来看，其股价线基本上运行在均价线上方。结合该股的日 K 线图进行分析，在该股的 KDJ 指标出现两个金叉之后，股价出现了较强势的爬升。投资者可在股价突破前期高点的当日买入股票，进行适当的建仓。在分时图中，在股价开盘后出现强势拉升之时，其成交量也出现了密集的放大，投资者可在这一阶段进行介入，积极进场吸取筹码。

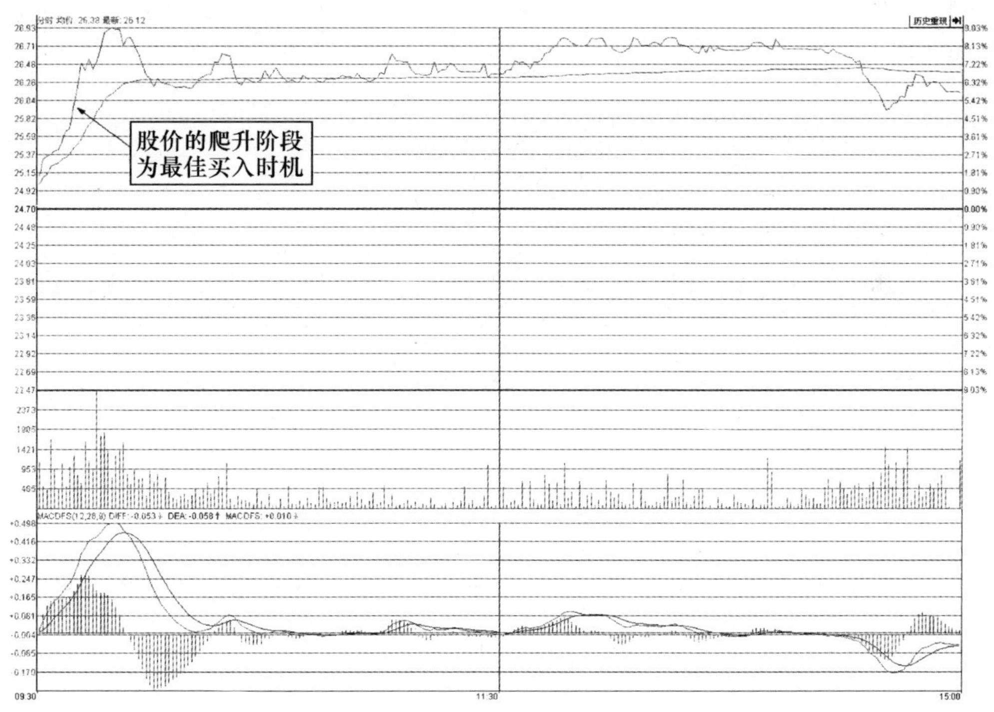

图 13-5　深国商（000056）日分时图（I）

（3）分时卖出解析

如图 13-6 所示，深国商（000056）日分时图中，该股股价在低开之后开始爬升，但随后出现了回调，并跌破了均价线。同时，该股的成交量出现了密集的放大，呈现出价跌量增的态势。表明市场对该股的后市表现并不看好，后市该股将会延续这种弱势格局。结合该股的日 K 线图，股价在经过一波强势上涨之后，盘中的做多动能基本衰竭，后市有可能出现反转回调。在股价跌破均线的支撑位时，投资者可进行减仓。表现在分时图中，当股价线再一次跌破均价线震荡下行时，投资者应卖出股票，规避风险。

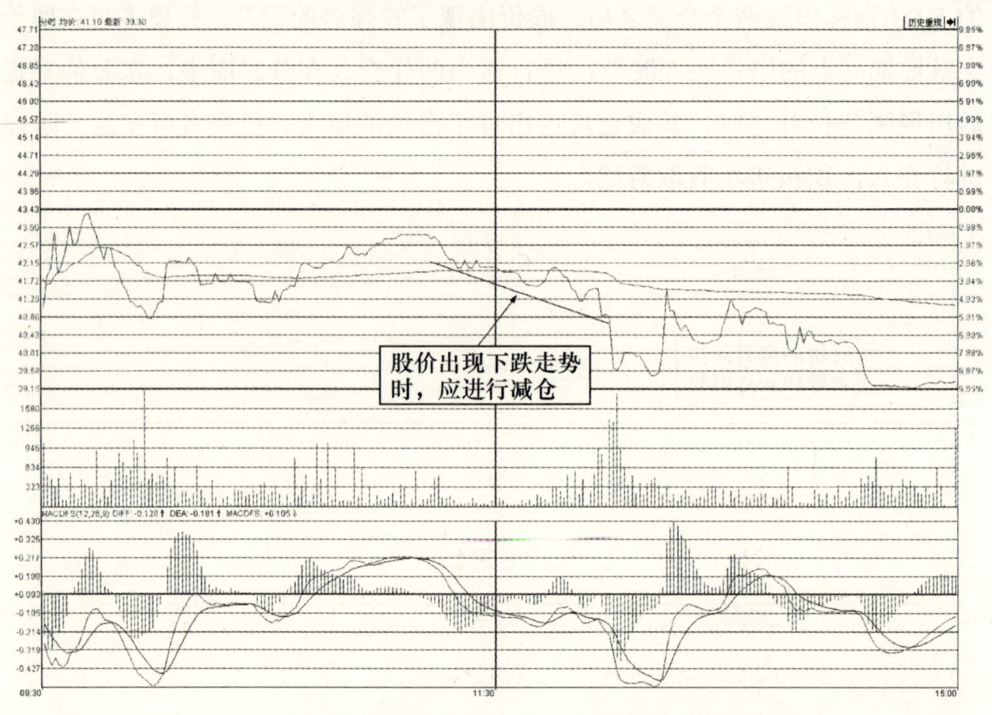

图 13-6　深国商（000056）日分时图（II）

在牛市中，KDJ 指标低位出现一次金叉，若其他指标也发出买入信号时，投资者就可以进场买入，不必等到出现第二次金叉。

第十四技　回调反弹擒杀术

在强势黑马股开始上涨之时，其技术指标一般都会出现特殊的形态走势。这里我们利用 RSI 指标的异动来捕捉黑马。

一、形态描述

RSI 指标的一般运用方法是，当其处在 50 线之上时，表明个股的行情处于强势上涨；当其处在 50 线之下时，表明个股的行情处于弱势下跌。RSI 指标运行在 80 线之上，表明该股处在超买区，投资者应该卖出；运行在 20 线之下，表明该股处在超卖区，投资者应该买入。但是在单边行情中，投资者按照上述投资原则进行操作，往往会出现亏损或被套的现象。因为，此时强者恒强，弱者恒弱，在 RSI 指标进入超买超卖区之后，个股仍会延续其原有的走势。

在大盘持续向好的情况下，当 RSI 指标由 50 线以下的低位区进入高位区时，说明该股已进入强势区，表明市场对该股的后市表现持肯定态度，此时，投资者可密切关注该股的后市走势。但主力在拉升股价前一般都要进行震荡洗盘。这一行为反应在盘面上，便是 RSI 指标开始回调到 50 线附近并获得支撑再次反弹向上运行。RSI 指标回调到 50 线附近反弹时，是投资者买入的良好时机，如此可捕捉到黑马股的上涨行情，这一形态便是 RSI 指标 50 线反弹形态。若 RSI 指标从 80 线以上高位区回落，跌破 50 线时，则表明该股由强转弱，投资者短线不可买入，以空仓观望为宜。

由于 RSI 指标实用性很强，因而被多数投资者所喜爱。但指标不能决定股价涨跌，股价的变化是决定指标运行的根本因素。RSI 指标最重要的作用是能够显示当前市场的基本态势，指明市场是处于强势还是弱势之中。RSI 指标只能是从某一个角度观察市场，然后给投资者提供一个辅助的参考，并不意味着市场趋势就一定向 RSI 指标预示的方向发展。特别是在市场剧烈震荡之时，投资者还应参考其他指标进行综合分析，而不能简单地依赖 RSI 指标的信号来做出买卖决定或操作决策。

二、形态解析

1. RSI 指标的 50 线反弹形态所用的参数一般为 6、12。

2. RSI 指标首先已突破 50 线，进入高位区。

3. RSI 指标之后出现回落，回调到 50 线时获得支撑而开始再一次向高位区运行。

4. 成交量同步放大。

三、实战要点

1. 投资者在利用 RSI 指标的 50 线反弹形态捕捉黑马股的启动点时，应结合其个股的日 K 线图进行分析。若日 K 线图出现看涨形态组合，则该形态的买入信号更强。

2. RSI 指标在 50 线处获得支撑开始反弹之时，若该股的成交量同步出现了放大，则该形态的看涨信号更加可靠。

四、案例分析

1. 中国联通（600050）

（1）日 K 线形态分析

如图 14-1 所示，中国联通（600050）日 K 线图中，该股股价在前期基本上处在横盘整理的走势，其成交量也处于地量状态，没有明显的变化。观察该股的 RSI 指标，该指标从低位区向上突破 50 线之后，进入高位区，但很快出现了回落。在回落到 50 线附近后，该指标再次获得了支撑开始向上运行，表明该股后市将会结束横盘走势，出现一波黑马行情。投资者在股价突破均线系统之后，可买入股票，吸取筹码。在股价创出新高，回调压力增强时，投资者可在股价跌破 5 日均线时卖出股票，规避风险。

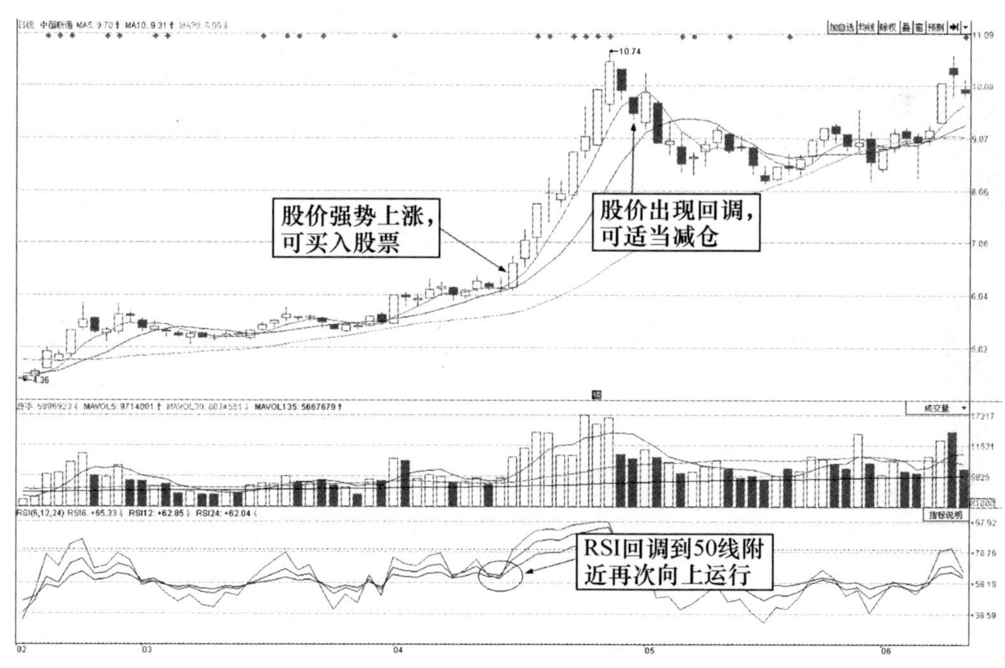

图 14-1　中国联通（600050）日 K 线图

（2）分时买点把握

如图 14-2 所示，中国联通（600050）日分时图中，该股股价以平开的方式开盘，之后便出现了一波拉升。同时，其成交量也出现了放大。在经过一段横盘走势之后，股价出现了第二次的拉升。随后，股价一直运行在均价线之上，直到下午收盘。结合该股的日 K 线图，RSI 指标在 50 线处获得支撑反弹之后，股价也出现了较大幅的上涨。投资者可在股价上涨时买入股票。在分时图中，该股股价的第一次拉升为投资者买入股票的最佳时机。若错过了这一时机，激进的投资者也可在第二次拉升时买入股票。

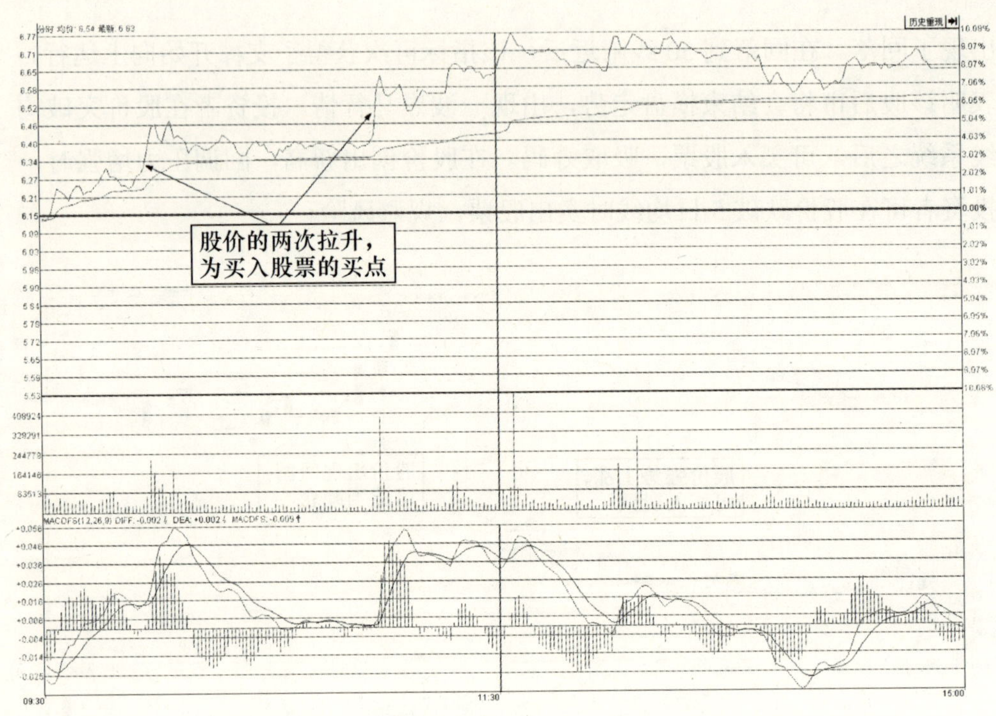

图 14-2　中国联通（600050）日分时图（I）

（3）分时卖出解析

如图 14-3 所示，中国联通（600050）日分时图中，该股股价低开之后就开始震荡下行，之后出现了小幅的反弹，并突破了均价线。但好景不长，股价出现突破之后没有延续反弹的走势，又一次跌破了均价线。结合该股的日 K 线图进行分析，在股价创出新高之后，该股的调整压力开始增强，后市将会出现回调走势。投资者在股价跌破支撑位之时，应卖出股票或进行减仓，以规避股价下跌的风险。表现在分时图中，在股价再一次跌破均价线之时，投资者应减持手中的筹码以避免回调风险。

2. 中国卫星（600118）

（1）日 K 线形态分析

如图 14-4 所示，中国卫星（600118）日 K 线图中，该股经过前期的下跌趋势之后，进入到横盘整理的走势。其股价基本走平，没有较大的变化。观察

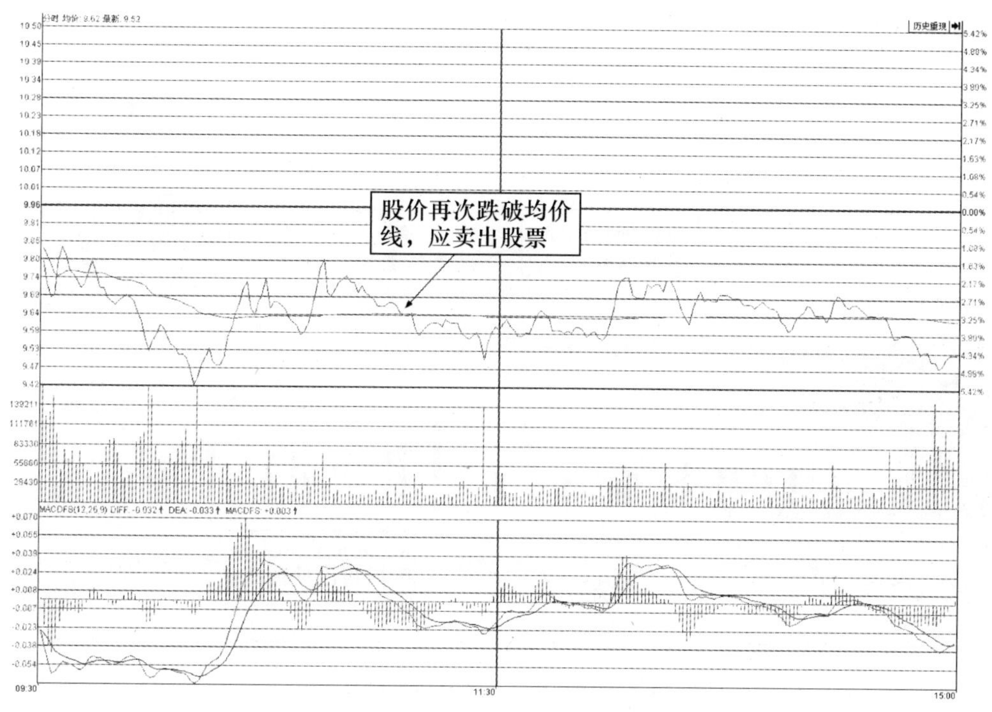

图 14-3　中国联通（600050）日分时图（II）

该股的 RSI 指标，该指标从低位区向上突破 50 线之后，进入到高位区，表明此时该股走势较强。随后 RSI 指标出现了回落，在 50 线附近得到支撑后又再一次向上运行。说明该股具备了黑马股的特征，后市将会出现强势上涨。投资者可在股价出现强势涨停的当日买入股票，进行建仓。在股价创出新高之后，其回调的压力增强，投资者在均线出现死叉之后应卖出股票，进行避险。

（2）分时买点把握

如图 14-5 所示，中国卫星（600118）日分时图中，该股股价以低开的方式开盘，在经过小幅的下探之后，股价出现了急速的拉升。盘中该股出现了短暂的横盘，随后股价又出现急速的上涨，在上午收盘之前，股价便上封了涨停板。结合该股的日 K 线，RSI 指标在 50 线获得支撑反弹之后，该股后市看涨。投资者可在股价出现强势上涨之时买入股票。在分时图中，投资者可在股价第一次被拉升之时买入股票，进行建仓。股价横盘之后出现的再次拉升也是买入股票的良好时机，实际交易中投资者可灵活把握。

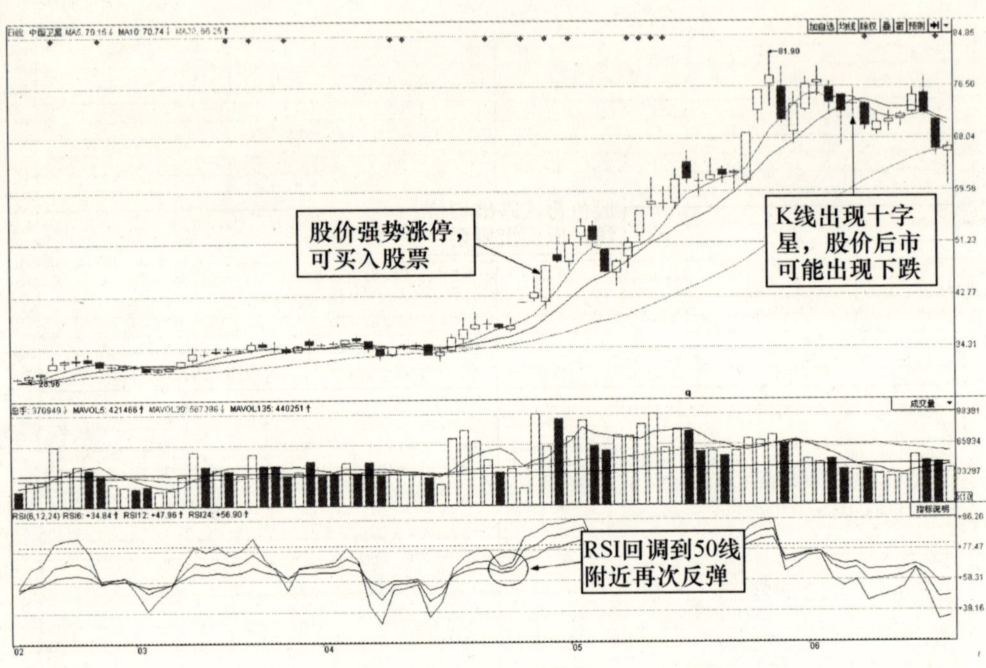

图 14-4 中国卫星（600118）日 K 线图

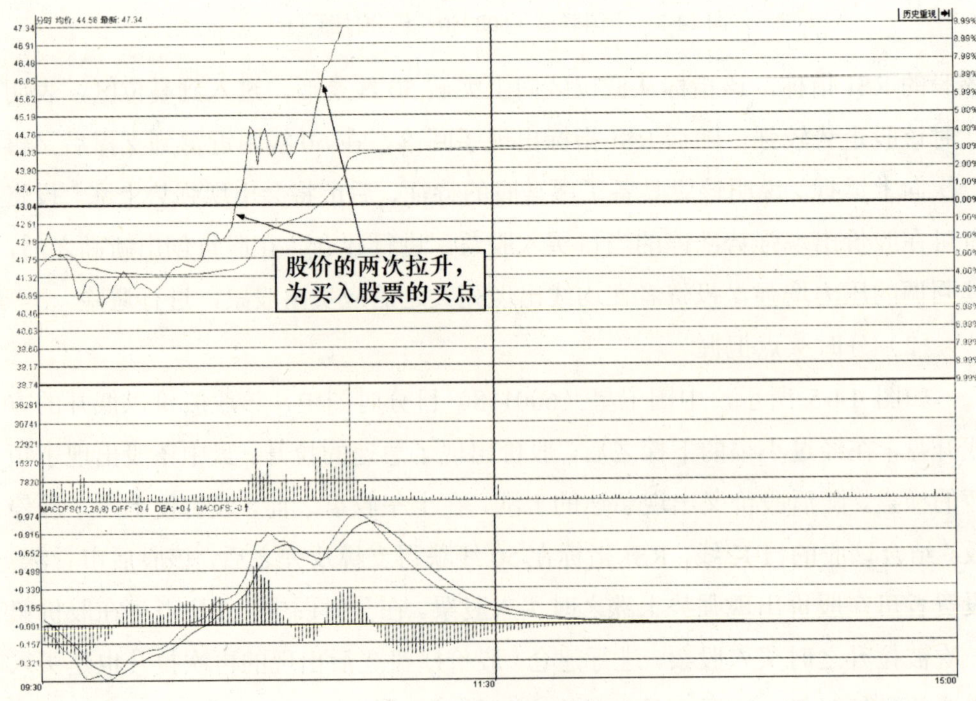

图 14-5 中国卫星（600118）日分时图（I）

（3）分时卖出解析

如图 14-6 所示，中国卫星（600118）日分时图中，该股股价高开之后，出现了急速的拉升走势，同时，其成交量也出现了密集的放大。不过股价并没有延续这一强势走势，随后便开始震荡下行。在跌破均价线之后，股价震荡运行直至下午收盘。结合该股的日 K 线进行分析，该股在创出新高之后，其股价有可能出现反转回调。投资者在均线出现死叉之时，应卖出股票进行避险。在分时图中，在股价线跌破均价线开始震荡下行之时，投资者应进行减仓，或卖出股票，以规避下跌风险。

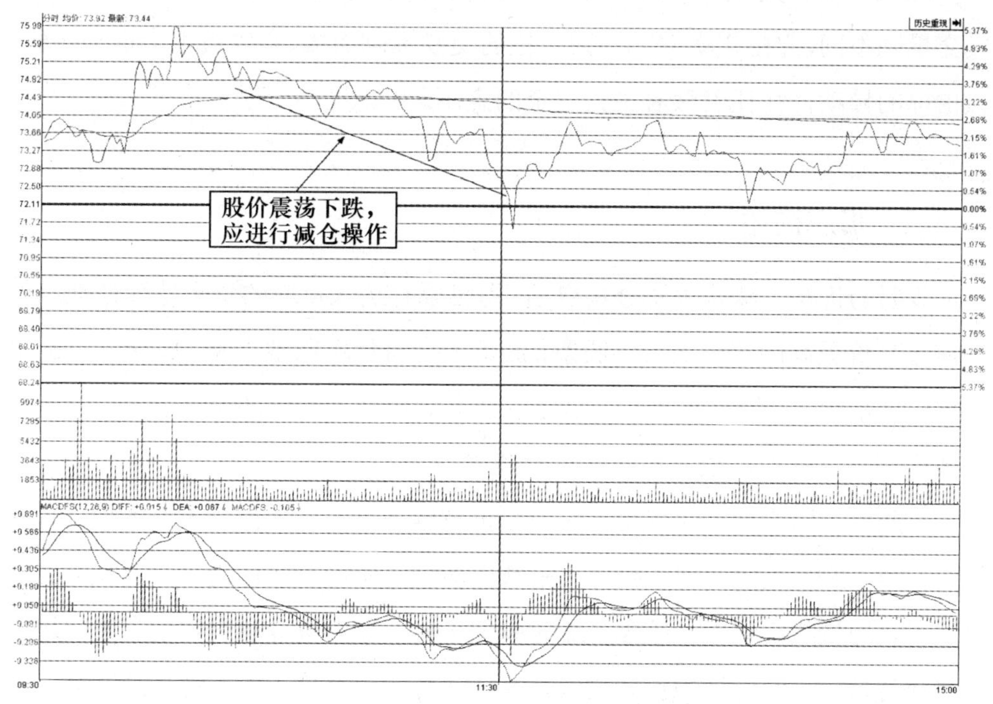

图 14-6　中国卫星（600118）日分时图（II）

在市场剧烈震荡之时，投资者还应参考其他指标进行综合分析，而不能简单地依赖 RSI 指标的信号来做出买卖决定。

第十五技　量价黄金擒杀术

股谚有云：量在价先。股票交易中，成交量的大小直接说明参与买卖的人气情况和交易的活跃程度。成交量放大体现出交易活跃，投入市场的资金多，主力对股票的获利期望相应提高，从而推动行情上涨。成交量小则说明交易清淡，投入市场的资金少，主力对股票的获利期望相应减弱，或者个股没有行情发生。

日 K 线图可能因主力的刻意作假而失真，即我们常说的“骗线”行为。成交量则不同，它由买卖双方一刀一枪的交易堆砌而成，难以被主力资金作假。该指标的异动，往往隐藏着主力资金的意图。

一、形态描述

股票的价格上涨是由资金决定的。当股票有买入意愿的资金持续性地以比当前成交价更高的价格买入该股票，股价就会自然不断地上涨，成交量也会出现放大的情况。当股票的卖出量大于买入量，也就是卖出的资金增多，股价多数情况都是下跌的，成交量通常也会萎缩。

在股价下跌初期，均量线一般随股价持续下跌，显示市场人气涣散、有气无力。当下跌接近尾声时，股价不断跌出新低，而均量线已走平。当股价已经见底时，均量线出现上升迹象，此时股价走稳，主力资金蠢蠢欲动。某一日成交量快速放大，股价站稳重要均线，量价同时黄金突破，主力资金已经准备放手拉升，涨停板随时可能爆发。

二、形态解析

“量价黄金突破”技术形态指的是股价在低位突破 60 日均线的同时，伴随着成交量的巨量突破，一般是庄股拉升的前兆。该形态形成时，当日多出现涨停，或者后续出现涨停。

其技术特征包括以下几点：

1. 股价经过一段时期的下跌，均量线由走弱转向走平，开始出现上升迹象。具体表现为：5 日均量线上穿 10 日均量线形成金叉。释义：均量线是将一定时期内的成交量（值）相加后平均，在成交量（值）的柱形图中形成较为平滑的曲线。与我们常用的均线（即移动平均线，MA）并不相同，如图 15-1 成交量副图中的“均量线”图示。

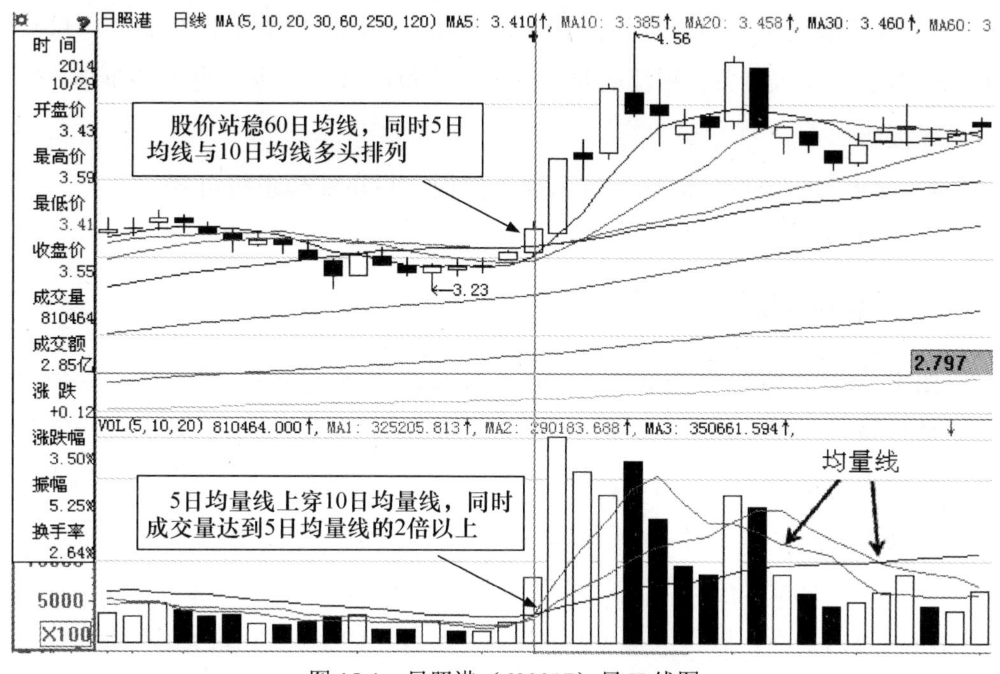

图 15-1　日照港（600017）日 K 线图

2. 成交量突然放大。具体表现为：当日成交量达到 5 日均量线的 2 倍以上。

3. 股价出现突破。具体表现为：股价站稳 60 日均线，同时 5 日均线与 10 日均线多头排列（即 5 日均线在 10 日均线之上）。

图 15-1 为日照港（600017）在 2014 年 10 月 29 日的走势图，该形态出现后，第二个交易日和第四个交易日出现了两个涨停板。

三、实战要点

低位成交量放量要遵循以下思路：

1．股价在低位放量，这就说明股票在低位有大量资金买入，后期上涨的可能性非常大。

2．股价在低位放出巨量，成交量是以往交易日的 2 倍以上，且股价站上多条均线，这就表明股价已经开始启动，投资者应该及时果断买入。

3．股价成交量放出巨量的位置非常重要。如果股价处于相对低位，投资者就可以放心买入股票。相反的是，股价在高位时放量是令人恐怖的事情，投资者需提防后市。

4．该形态出现后，即使没有出现涨停板，后市涨幅也将可观。

四、案例分析

图 15-2 是莱茵置业（000558）的日 K 线走势图，股价一路下跌，创出新低，成交量也日趋平稳萎缩。股价在创出 4.83 元新低之后，开始有企稳的迹象，横盘震荡整理近一个月。2015 年 2 月 26 日，该股股价一路走高，相比前几个交易日，成交量也比之前明显放大 3 倍左右，最终冲击涨停板。股价在低位放量，这说明股票在低位有大量资金买入，后期会有可观的涨势，再结合该股的均线方向判断，股价突破 60 日均线，5 日、10 日、20 日和 30 日均线向上发散，这也说明该股后期会出现上涨行情，综合以上的分析，该股后期的上涨可能性非常高，投资者应及时买入该股，坐等收益。

图 15-3 是该股 2 月 26 日的分时图详解。该股在开盘后，股价一路缓慢震荡上扬，股价线始终沿着 25 度角向上运行，这种形态反映了主力志在高远、不争一时的心态，更说明了主力资金实力的雄厚；下午才封上涨停板，途中虽有短暂的时间涨停板被打开，但回调的力度不是很大，也没有跌破均价线，说明未来的走势依旧向好。

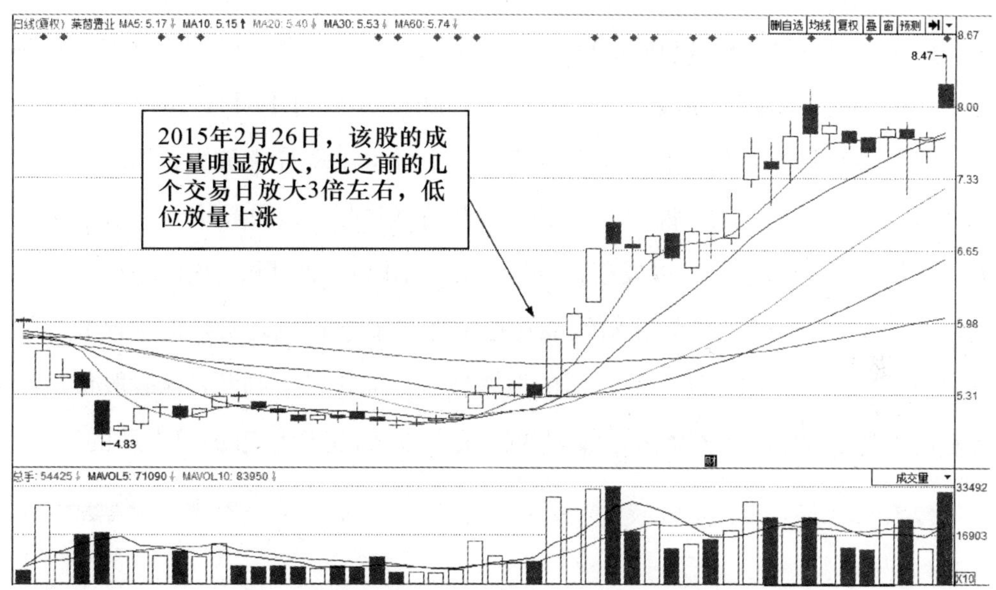

图 15-2 莱茵置业（000558）日 K 线图

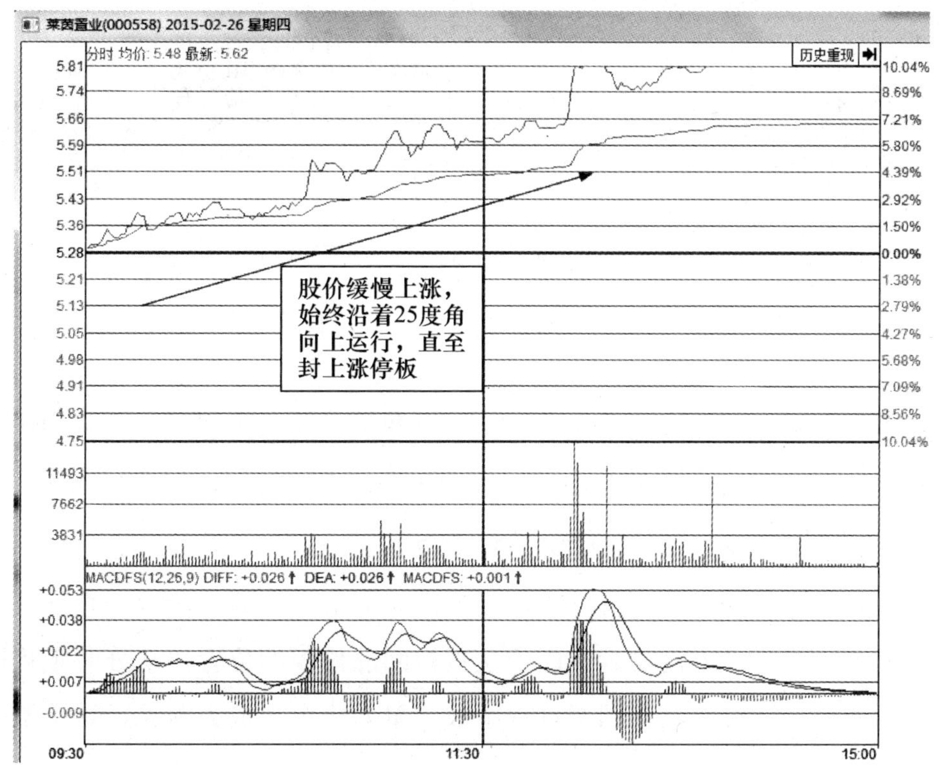

图 15-3 莱茵置业（000558）日分时图

图 15-4 是青岛双星（000599）的日 K 线走势图。其股价一直长时间在 6 元附近横盘震荡整理，成交量也日趋平稳。2015 年 3 月 17 日，该股小幅开盘后一路被急速拉升，迅速封上了涨停板，成交量也出现异常放大，相比前几个交易日放大了 5 倍左右，说明有资金迫不及待地进场，该股股价上涨的概率较大。再结合均线的方向可以发现，该股 5 日、10 日、20 日、30 日均线向上发散，加上 3 月 17 日这根大阳 K 线成功地站在了多条均线之上，说明该股行情已经开始启动，后期出现上涨行情的概率较大。综合以上判断，该股股价后期上涨的可能性非常大，投资者应及时果断买入股票，坐享后市加速上涨的行情。

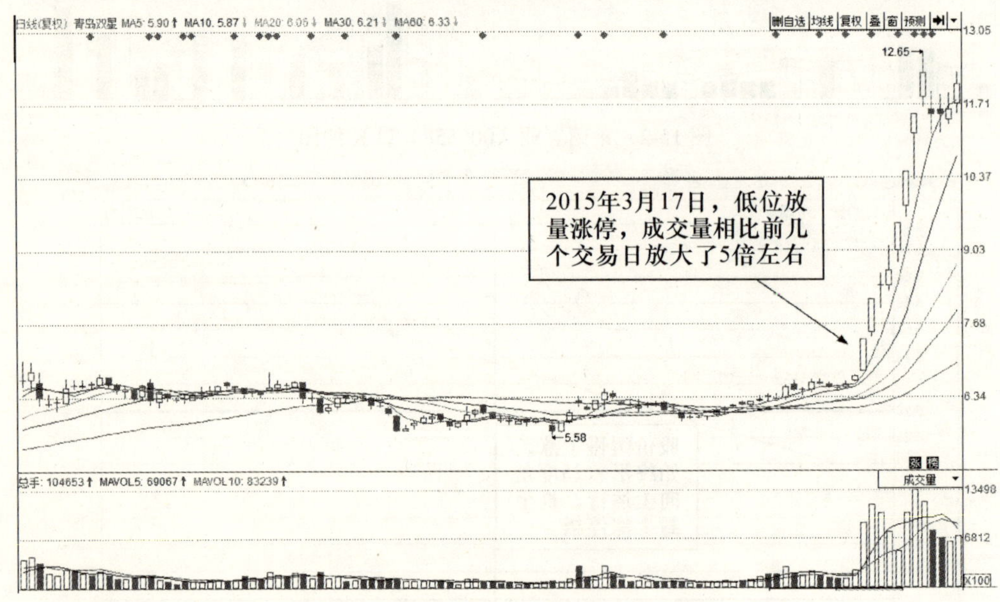

图 15-4　青岛双星（000599）日 K 线图

图 15-5 是青岛双星（000599）3 月 17 日的分时图。该股开盘之后一路冲高并封涨停板，后被抛盘打压，股价出现回落。随后，股价一直维持在高位震荡，下午接近收盘时，股价又被拉回涨停板的位置。从分时走势图中可以看出，该股股价在回调过程中成交量并未出现放大现象，这说明股价还有进一步上涨的可能。

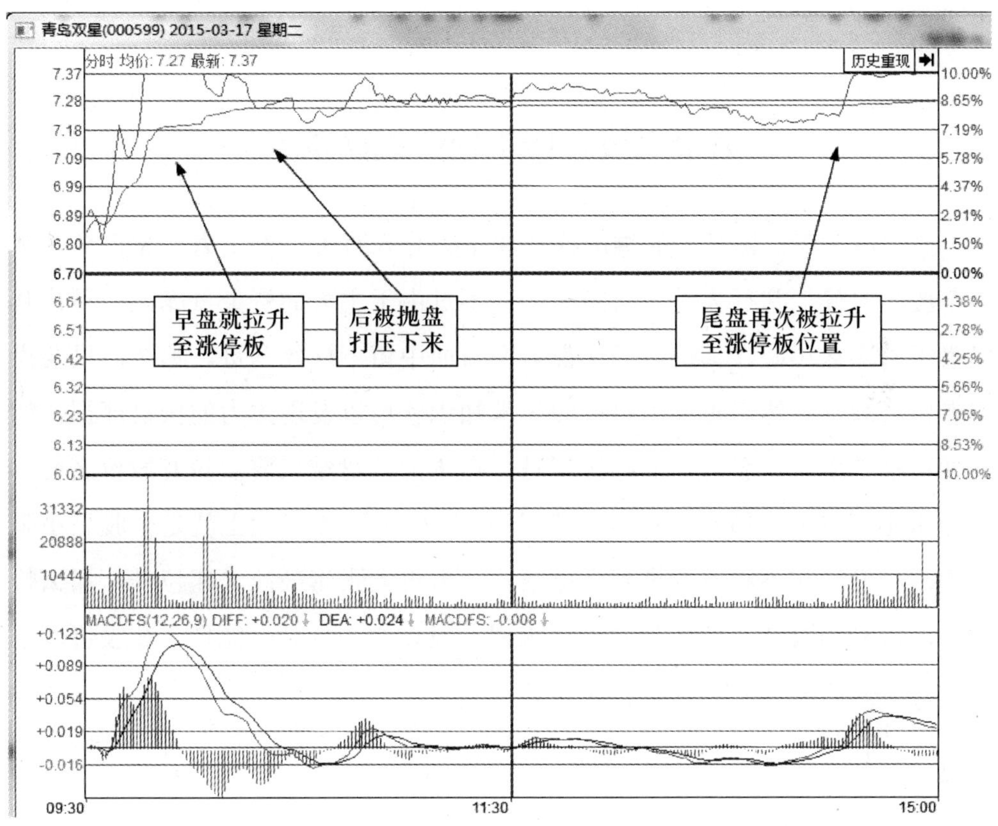

图 15-5　青岛双星（000599）日分时图

第十六技　RSI 趋势线擒杀术

通常情况下，黑马股的崛起往往和主力介入有关。但主力在做盘介入某只个股的时候，其行为是非常隐蔽的。不过由于主力的资金量庞大，不论其操盘手有多么小心，其操盘手法都会在盘面中留下蛛丝马迹。那么，只要投资者留心观察，然后再利用自己的技术知识就可以发现主力的操盘证据，如此便可捕获潜伏在股海中的超级黑马。在主力洗盘结束将要拉升股价之时，是非常不愿意被市场发现其操盘意图的，反映在日 K 线图上就是个股呈小阳线逐步拉升。在不知不觉推到高位后，主力再大张旗鼓地快速拉升，那么投资者可以利用 RSI 指标的趋势线法来提前发现主力的拉升意图，在股价以小阳线拉升之时介入个股，进行建仓。

一、形态描述

相信投资者对趋势线并不陌生，但趋势线不仅可以在 K 线图上运用，其还可以运用在指标图上。在指标图上画出各种支撑线、压力线、上升趋势线、下降趋势线，然后利用这些趋势线来判断个股的走势，其效果也是非常明显的。其具体的使用方法为，连接 RSI 指标连续的两个底部，画出一条由左向右上方倾斜的切线，当 RSI 指标向下跌破这条切线时，表明个股后市走势由强转弱，是卖出信号；连接 RSI 指标连续的两个峰顶，画出一条由左向右下方倾斜的切线，当 RSI 指标向上突破这条切线时，表明个股后市走势由弱转强，是买入信号。我们可以叫这种方法为“RSI 趋势线法”，但投资者在利用 RSI 指标的趋势线来判断个股行情时，应相应地结合个股的其他技术指标或者 K 线组合形态，以增强该形态的买入信号的准确程度。

二、形态解析

1．RSI 指标的趋势线法形态所用的参数一般为 6、12。

2．连接 RSI 指标的“两个峰顶”或“两个谷底”，画出压力线或支撑线。

3．当 RSI 指标上穿压力线之时，发出买入信号，投资者可适当买入；当 RSI 指标跌破支撑线之时，发出卖出信号，投资者可适当减仓，或卖出股票。

三、实战要点

1．投资者在利用 RSI 趋势线法捕捉黑马股之时，应结合个股的其他技术指标进行分析，不可孤立地使用该指标进行交易。

2．在 RSI 指标突破压力线之时，若股价出现放量上涨，则此为投资者的良好买点。否则，投资者应继续观察该股的后市走势，寻找合理的买入时机。

四、案例分析

1．武钢股份（600005）

（1）日 K 线形态分析

如图 16-1 所示，武钢股份（600005）日 K 线图中，该股股价之前处在小幅的下跌趋势之中，其成交量也呈现出逐步递减的走势，表明该股盘中交投萧条。观察该股的 RSI 指标，把其两个高点连接起来就形成一条压力线，RSI 指标上穿压力线表明该股将结束小幅下跌的走势，后市将会出现一波黑马行情。投资者在 RSI 指标的压力线变成支撑线，并且支撑 RSI 指标的反弹之后，投资者可买入股票，进行建仓。股价创出新高之后，其回调压力逐步增强，在股价跌破均线的支撑位后，投资者应卖出股票，规避风险。

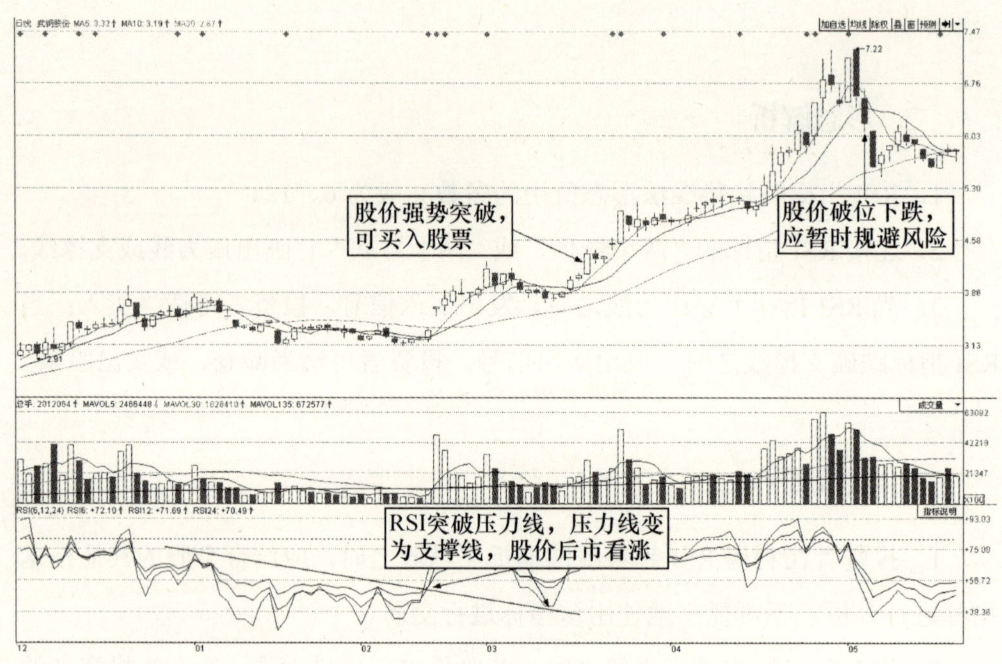

图 16-1　武钢股份（600005）日 K 线图

（2）分时买点把握

如图 16-2 所示，武钢股份（600005）日分时图中，该股股价以小幅高开的方式开盘，之后开始了一波拉升走势。在经过一段时间的横盘之后，股价出现了第二波的拉升，并上穿均价线，直到该股下午收市。结合该股的日 K 线图，在 RSI 指标突破其压力线之后，预示着该股后市将开始一波上升行情。投资者可在股价突破其前期高点时买入股票，在分时图中，股价开盘后的第一波拉升是投资者买入股票的良好时机。不过考虑到这次拉升出现在开盘之时，投资者一般很难把握，那么其在午盘再次拉升时，投资者也可进行建仓。

（3）分时卖出解析

如图 16-3 所示，武钢股份（600005）日分时图中，该股股价开盘之后便开始震荡下行，虽然上午盘股价出现了反弹并突破了均价线，但后市股价并没有延续这一走势。在下午盘，股价再一次跌破了均价线，并震荡下行直到收市。观察该股的日 K 线图，在股价创出新高之后，该股的做多动能开始减退，后市股价有可能出现回调下跌的行情。投资者在股价跌破均线支撑位之时应卖出

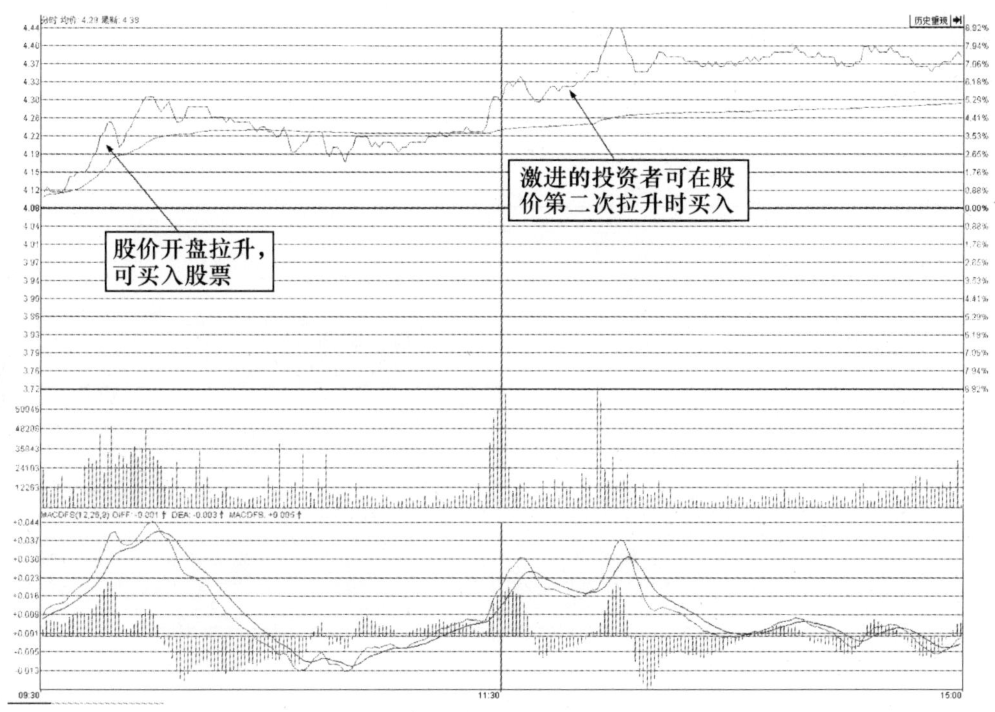

图 16-2　武钢股份（600005）日分时图（I）

股票，在分时图中，股价线再一次下穿均价线之时，投资者应进行减仓或卖出股票，以规避后市的风险，实现收益。

2. 中信证券（600030）

（1）日 K 线形态分析

如图 16-4 所示，在中信证券（600030）日 K 线图中，该股前期一直处于横盘整理的走势之中，其成交量也呈现出地量的状态，表明该股的多空双方实力均衡。但观察该股的 RSI 指标，把其两个高点连接起来形成一条压力线，在股价启动之前，RSI 指标就上穿压力线开始向上运行，表明该股将结束横盘整理的走势，后市将开始一波黑马行情。在股价突破均线系统之时，投资者可买入股票进行建仓。随着股价的上涨，该股的多头力量也逐步减退，股价跌破均线支撑位，成交量出现萎缩之时，投资者应卖出股票，进行避险。

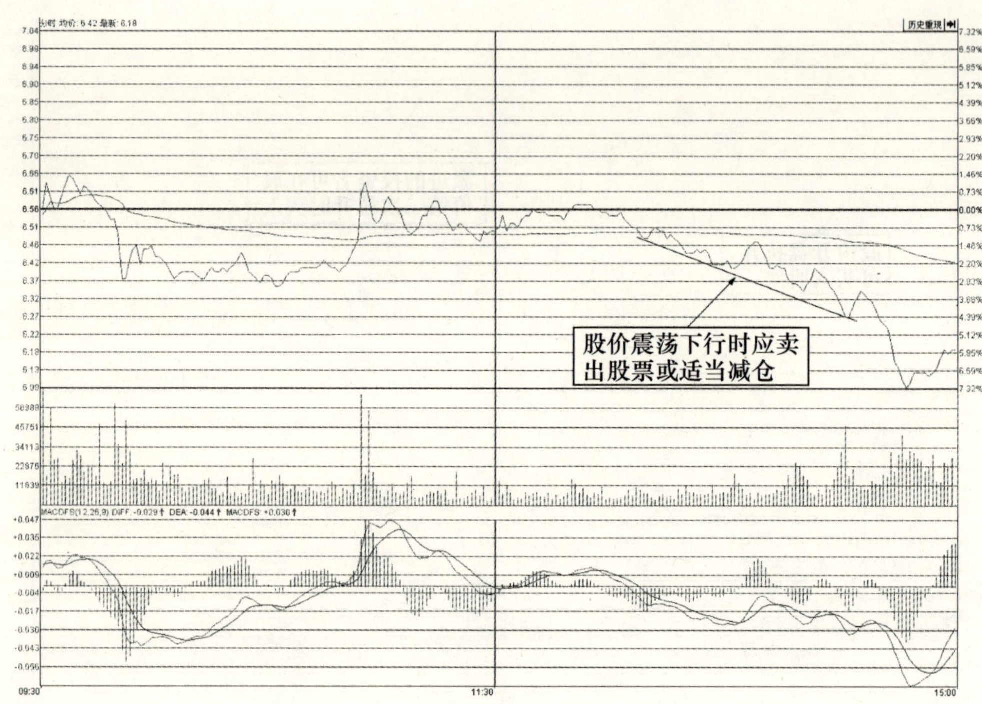

图 16-3　武钢股份（600005）日分时图（II）

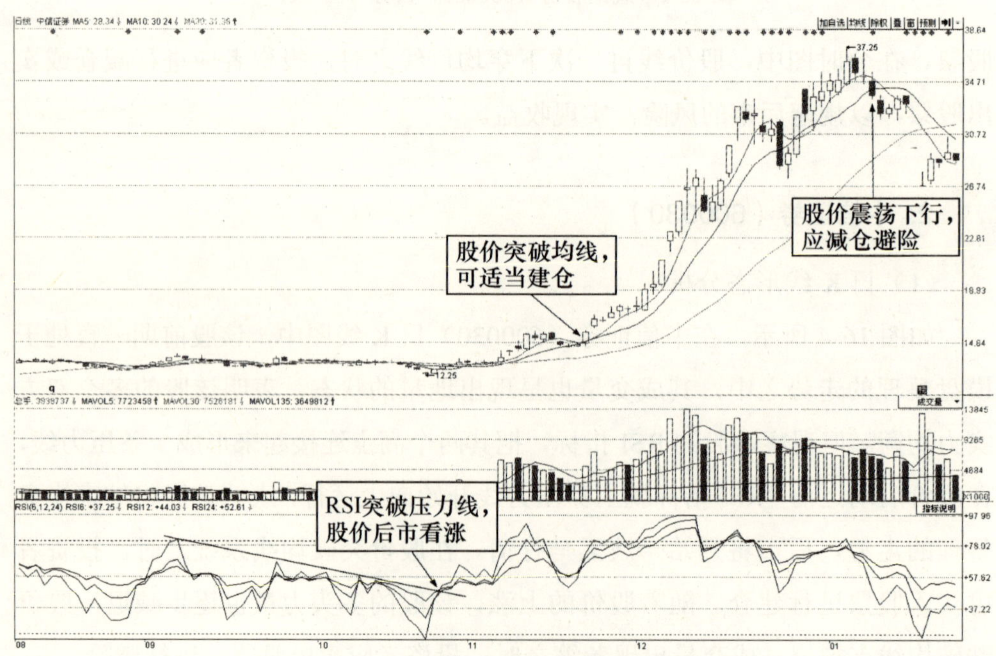

图 16-4　中信证券（600030）日 K 线图

（2）分时买点把握

如图 16-5 所示，中信证券（600030）日分时图中，该股股价以平开的方式开盘，在上午盘股价并没有出现较大的波动。在上午盘结束之前，股价出现了拉升走势，下午开盘之后，股价延续了强势走势，之后其一直处在拉升走势之中，直到下午收市。结合该股的日 K 线图进行分析，RSI 指标突破压力线，表明该股后市将开始一波上升行情。投资者在股价站上均线之后，应买入股票进行建仓。在分时图中，股价开始拉升时，其成交量也出现了放大，投资者可在此时买入股票。

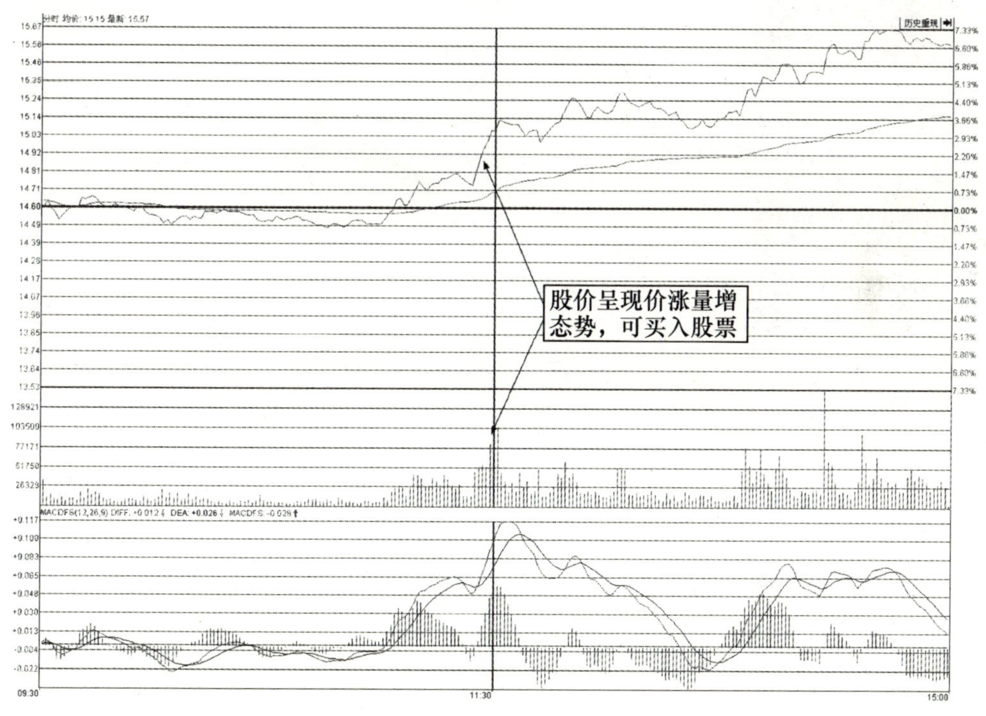

图 16-5 中信证券（600030）日分时图（I）

（3）分时卖出解析

如图 16-6 所示，中信证券（600030）日分时图中，该股股价在低开之后便开始横盘震荡，随后股价线跌破了均价线进入下跌的趋势之中。下午开盘之后股价延续了弱势走势，一直运行在均价线之下直到收市。结合该股的日 K

线图进行分析，在股价创出新高之后，其成交量开始逐步萎缩，表明该股走势有可能出现反转，投资者在股价跌破均线支撑位之时应卖出股票。在分时图中，当股价线下穿均价线，并进入到下跌趋势之时，投资者可进行减仓操作或卖出股票，以规避后市股价下行的风险。

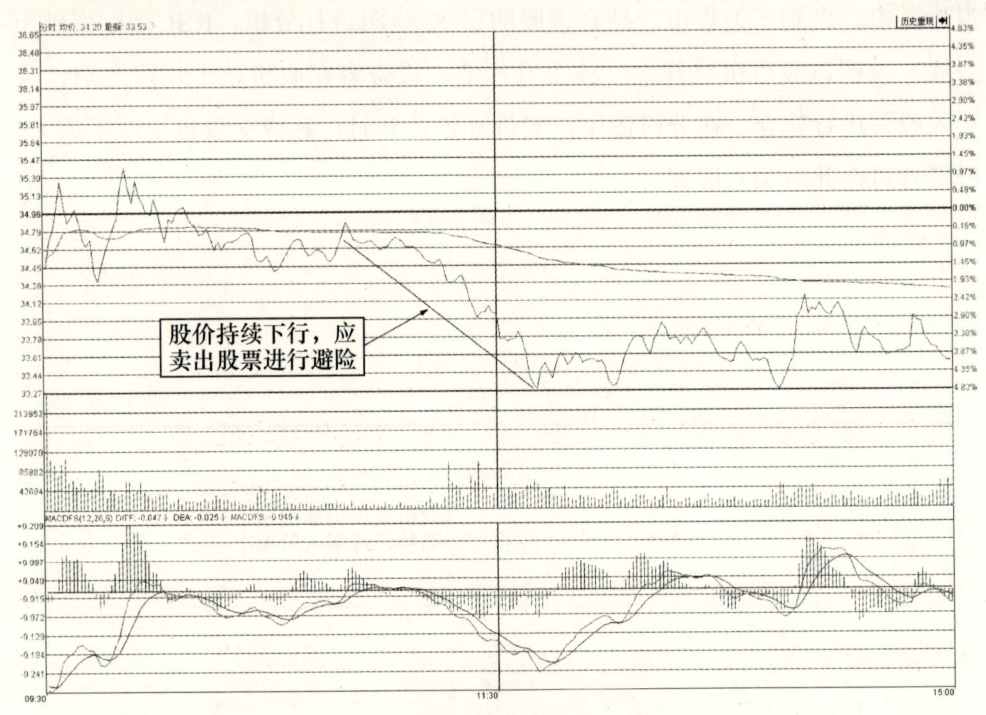

图 16-6　中信证券（600030）日分时图（II）

投资者在利用 RSI 指标的趋势线法来研判行情时，应结合其他技术指标进行分析，以增强该形态买入信号的准确程度。

第十七技　开口突破擒杀术

通常情况下，在股价横盘整理的过程中，投资者最想知道的一定是股价的盘整走势到什么时候结束，个股的上涨行情到什么时候才会启动。因为，如果投资者买入太早，而股票却一直处在横盘整理的状态，其资金的利用率就会非常低，并且其还要承担股价下跌的风险。而 BOLL 指标则可以在个股盘整走势结束之时给予正确的提示，使投资者避免过早买入股票。BOLL 指标对个股行情的研判有非常明显的作用，所以对想要捕捉长期横盘黑马股的投资者来讲，其是非常有用的指标之一。

一、形态描述

投资者利用 BOLL 指标来捕捉长期横盘的黑马，主要是观察 BOLL 指标上下轨开口的大小。对于那些开口逐渐缩小的个股，投资者需要多加留意，因为 BOLL 指标的开口逐渐变小代表了股价的涨跌幅度逐渐变小，表明该股的多空双方力量趋于均势，后市股价将会选择方向进行突破。一般情况下，BOLL 指标的开口越小，其股价的突破力度越大。在这里我们引入 BOLL 指标中的极限宽指标（WIDTH），来测量 BOLL 指标开口的大小。

一般情况下，WIDTH 值小于 10 的个股，其股价走势发生突破的可能性较大。但是，WIDTH 值会随个股的不同而发生改变，所以投资者应结合该股过去一年来的 WIDTH 值进行判断，以确定该股 WIDTH 值的参考值。因为，BOLL 指标只表明个股走势会出现突破，但却没有明确个股的突破方向，所以在选定目标个股之后，投资者不可匆忙买入。投资者在实际交易中应结合目标股的其他指标或其基本面进行研判。

二、形态解析

1. BOLL 指标的开口突破擒杀术所用的参数一般为 20、2。

2. BOLL 指标的开口突破一般多出现在长期横盘整理的个股之中。

3. BOLL 指标的开口越小，其股价的突破力度越大。

三、实战要点

1. 基本面良好的个股，其 BOLL 指标的开口突破多为向上。

2. 在 K 线图上，股价站在 240 日、120 日、60 日、30 日和 10 日均线之上的个股，其 BOLL 指标的开口突破多为向上。

3. 投资者在选择目标股时，应注意当前股价所处的位置。股价在相对底部的个股，其 BOLL 指标的开口容易向上突破。

4. BOLL 指标的 WIDTH 值小于 10 时，个股的最佳买入时机是在股价放量向上突破之时。

四、案例分析

1. 国农科技（000004）

(1) 日 K 线形态分析

如图 17-1 所示，国农科技（000004）日 K 线图中，该股在前期处在缓慢爬升的走势之中，其股价沿着 BOLL 指标的上轨逐渐上涨。在该股出现一根中阴线之后，其股价开始进入横盘整理的趋势之中，其 BOLL 指标的开口也逐步缩小，表明该股盘中的多空双方力量逐步趋于均衡。当股价再一次突破 BOLL 指标的上轨之时，表明该股的多头又重新占据了优势，投资者可在股价出现突破的当日买入股票，进行适当的建仓。在经过一段时间的强势上涨之后，该股的黑马行情出现反转，股价跌破 BOLL 指标中轨时，投资者应考虑卖出股票。

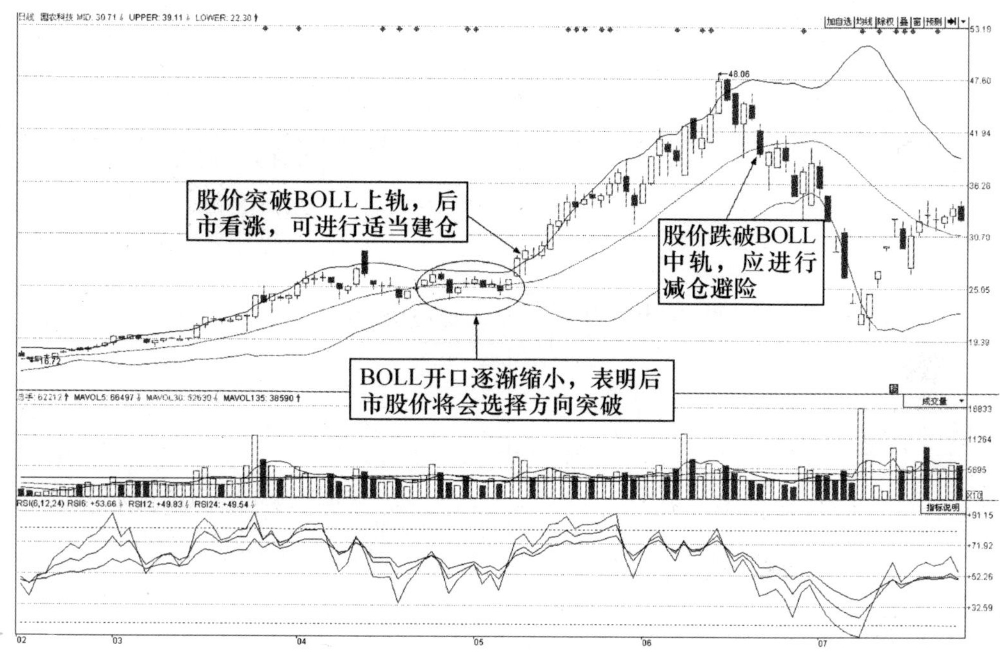

图 17-1　国农科技（000004）日 K 线图

（2）分时买点把握

如图 17-2 所示，国农科技（000004）日分时图中，该股股价以小幅低开的方式开盘，之后开始了一波短暂的下跌走势。在股价跌破均价线之后，其进行了短暂的调整，随后便开始了上涨。下午开盘之后，股价又出现了一波拉升，之后其一直呈现横盘走势，直到下午收盘。结合该股的日 K 线图，当股价向上突破 BOLL 指标上轨之时，投资者应积极买入该股。在分时图中，当股价出现第一次拉升时，是投资者买入股票的最好时机。在第二次拉升之时，激进的投资者也可进行适当的建仓。

（3）分时卖出解析

如图 17-3 所示，国农科技（000004）日分时图中，该股股价在低开之后便开始震荡运行，股价线与均价线相互交织，其成交量也出现了不同程度的放量。尾盘时，当股价再一次跌破均价线之后开始跳水，之后股价低位横盘

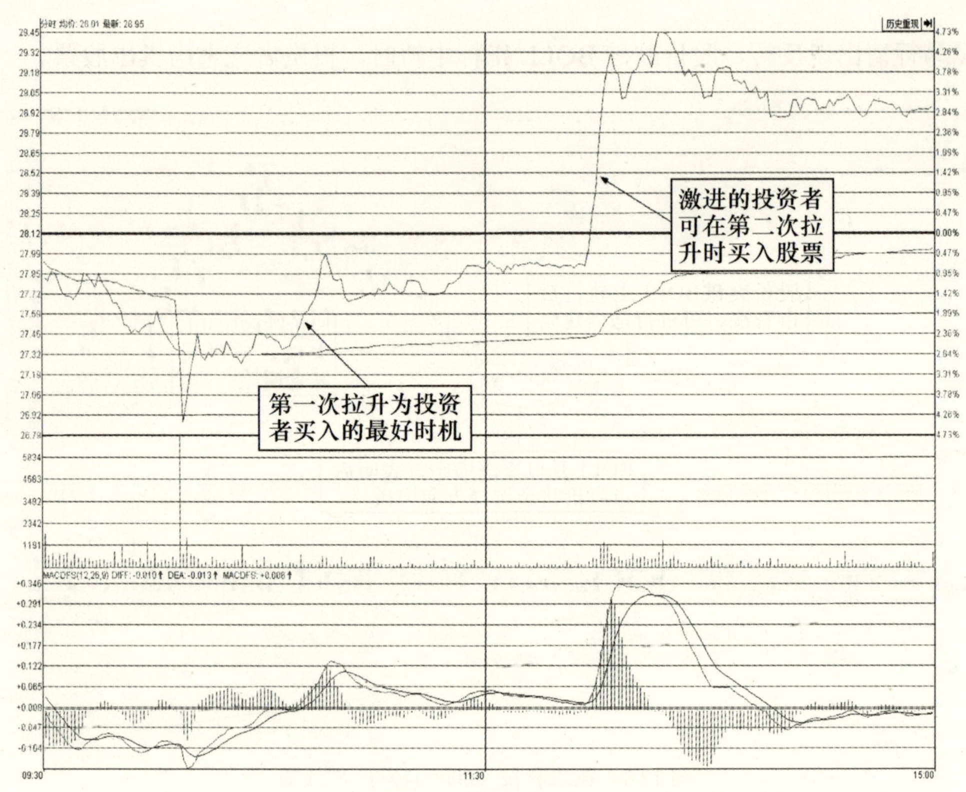

图 17-2　国农科技（000004）日分时图（I）

直到收市。结合该股的日 K 线图进行分析，在个股经过一波强势上涨之后，盘中的多方力量开始减退，股价后市有可能出现回调走势。投资者在股价跌破 BOLL 指标中轨之时，应进行适当的减仓或卖出股票，以规避后市股价下行的风险，同时实现其投资收益。

2. 深深宝 A（000019）

（1）日 K 线形态分析

如图 17-4 所示，深深宝 A（000019）日 K 线图中，该股股价在前期基本上处于横盘整理的走势，其成交量也呈现出地量的状态。同时，该股的 BOLL 指标的开口也逐步缩小，表明该股盘中的多空双方力量逐步趋于均衡。某日，股价出现强势涨停，突破了 BOLL 指标的上轨，并且当日的成交量出现了巨型的放量。在突破当日，投资者可以买入股票进行建仓，以获取该股后市上涨行情所形成的收益。在股价创出新高之后，该股出现回调行情，投资者在股价跌破 BOLL 指标的中轨之时应卖出股票，进行避险。

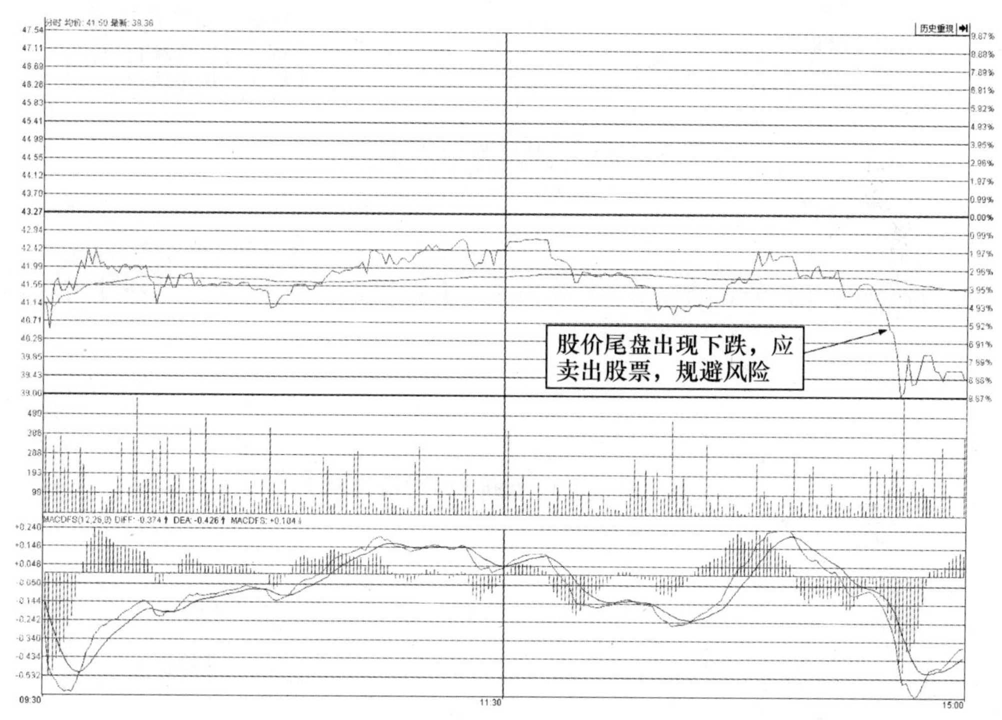

图 17-3　国农科技（000004）日分时图（II）

（2）分时买点把握

如图 17-5 所示，深深宝 A（000019）日分时图中，该股股价在小幅高开之后，开始了一波拉升走势，并且上封了涨停板。不过涨停板没有多久便被打开，股价之后一直高位横盘。在尾盘，股价出现了第二次的拉升，并再一次上封了涨停板，直到收市。同时，其成交量也出现了密集的放大。结合该股的日 K 线图进行分析，在股价强势突破 BOLL 指标的上轨之时，投资者应买入股票，积极入场。在分时图中，股价开盘后的第一次拉升是投资者的最佳买点，股价在尾盘再一次拉升之时，投资者也可买入股票。

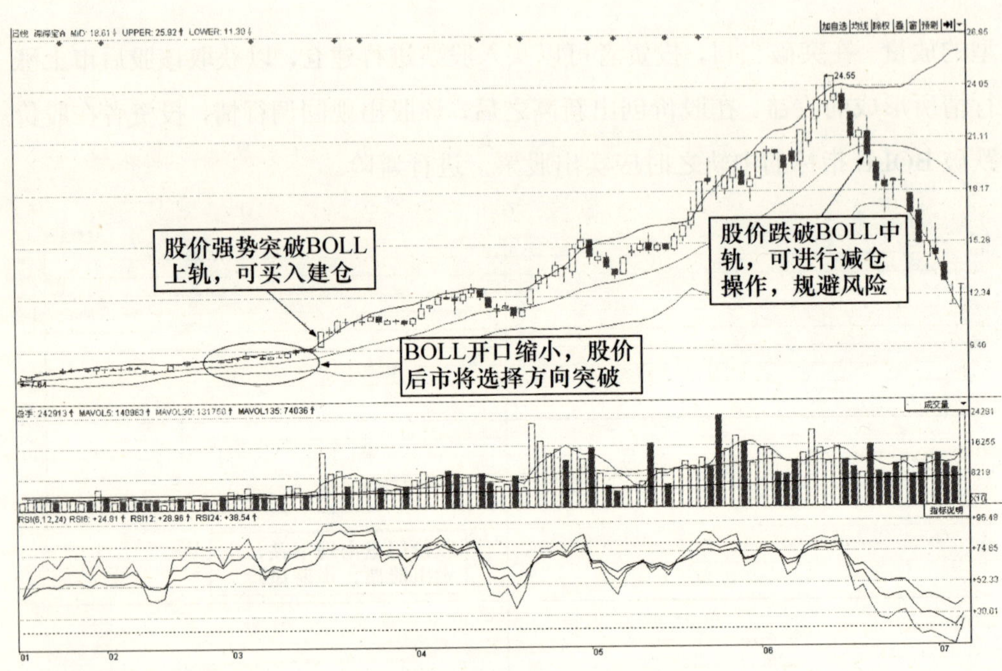

图 17-4　深深宝 A（000019）日 K 线图（I）

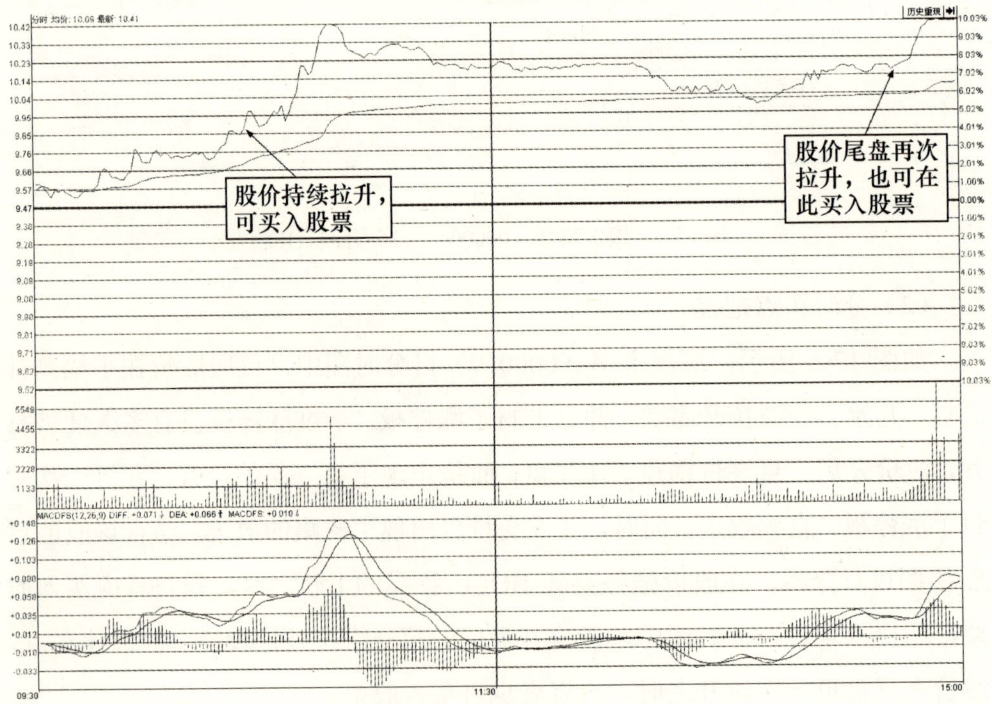

图 17-5　深深宝 A（000019）日分时图（I）

（3）分时卖出解析

如图 17-6 所示，深深宝 A（000019）日分时图中，该股股价小幅低开之后，开始了一波缓慢的爬升。不过该爬升趋势并没有得到延续，随后股价进入横盘整理的走势。下午开盘之后，股价跌破了均价线，开始震荡下行，直到收市。结合该股的日 K 线图进行分析，在股价经过强势上涨的行情之后，盘中的多方力量逐步衰退。该股后市可能开始回调下跌，投资者在股价跌破 BOLL 指标的中轨之时，卖出股票进行避险。在分时图中，在股价跌破均价线开始下行时，投资者应卖出股票，规避风险。

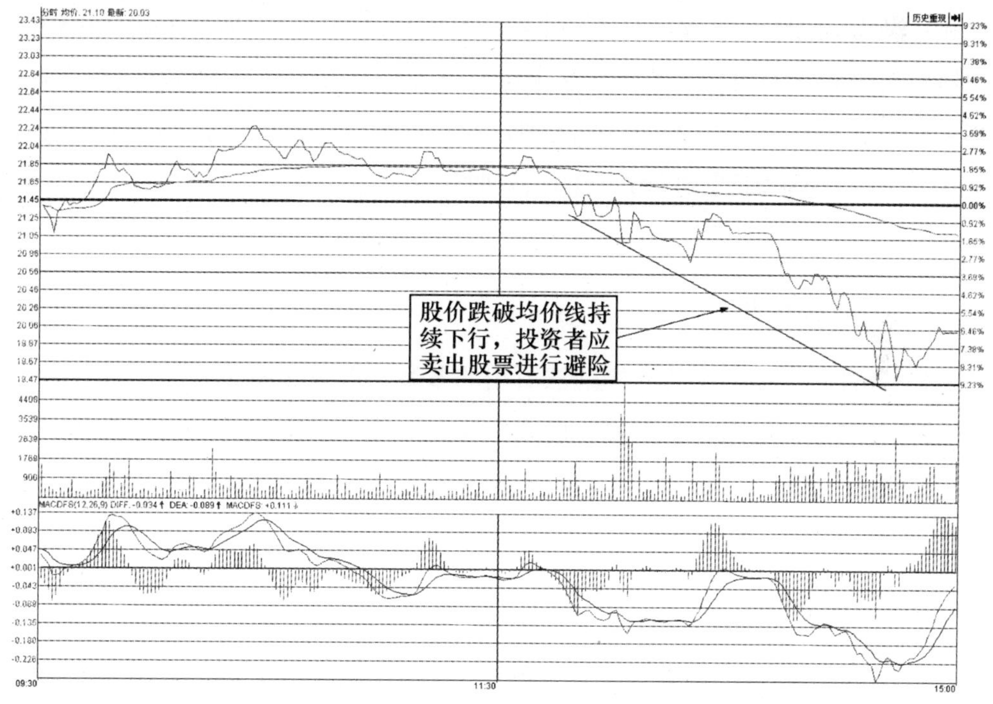

图 17-6　深深宝 A（000019）日分时图（II）

当 WIDTH 值小于 10 时，同时个股出现放量向上突破，此时正是 BOLL 指标开口扩大之时，投资者应抓住时机买入股票。

第十八技　中轨支撑擒杀术

在传统理论中，BOLL 指标的轨线所形成的通道一般作为研判股价走势的辅助指标，即通过股价所处在 BOLL 指标通道内的位置来评估股票走势的强弱，当股价位于 BOLL 指标上轨与中轨之间时，则表明该股处在上升行情之中，投资者可继续持股或买入股票；而当股价位于 BOLL 指标中轨与下轨之间时，则表明该股处在下跌行情之中，投资者应卖出股票或进行减仓。由此可见，BOLL 指标的两极为上轨和下轨，表示极强和极弱，那么现在该指标的中轨就有了较大的意义。若股价在出现回调走势之后，能在中轨线获得支撑，那么就表明该股仍处在多头行情之中，而在中轨线的反弹位置则成了投资者捕捉黑马股，买入股票进行建仓的良好时机。

一、形态解析

1．BOLL 指标的中轨支撑战法所用的参数一般为 20、2。

2．BOLL 指标的中轨支撑一般多出现在个股上涨走势的回调行情之中。

3．股价回踩 BOLL 指标中轨的时间越短，其后市反弹的高度或幅度越大。

二、实战要点

1．BOLL 指标的中轨经长期下跌之后开始走平，开始出现抬头的迹象，并且股价在两三日内均在中轨线之上。此时，若股价出现回调，其回调低点往往是投资者进行建仓的买入点。若此时成交量出现明显放大，则投资者可积极进场，如此往往能捕捉到黑马股的暴涨波段。

2．在股价回踩 BOLL 指标的中轨过程中，若 K 线组合的阳线多于阴线，阳线实体大于阴线，或者股价呈现圆弧底、双底、头肩底等形态时，则表明中轨支撑的看涨信号更强。

3．对于运行在 BOLL 指标的中轨与上轨之间的强势股，其回踩中轨的支撑点不仅是投资者的买入点，同时，其中轨线也可以作为投资者重要的止赢、止损线。

4．若股价回踩 BOLL 指标的中轨之后，连续多日进行横盘整理没有调头向上，而该股的成交量也没有出现连续放大，则投资者应注意下跌风险。

三、案例分析

1．深深宝 A（000019）

（1）日 K 线形态分析

如图 18-1 所示，深深宝 A（000019）日 K 线图中，该股股价经过缓慢的爬升之后，开始出现小幅的回调，同时，其成交量也出现了一定程度的萎缩。在回调的过程中，股价回落到 BOLL 指标的中轨线时，该股的多头又开始积极拉升，使股价重新回到上升趋势之中，表明股价的强势上涨行情并没有结束。随后股价开始强势反弹，投资者在 K 线出现涨停阳线的当日，应买入股票进行建仓。经过一段时间的上涨之后，股价开始反转下跌，在跌破 BOLL 指标的中轨线时，投资者应卖出股票，进行避险。

（2）分时买点把握

如图 18-2 所示，深深宝 A（000019）日分时图中，该股小幅高开之后，股价开始横盘震荡。上午盘中，股价上穿了均价线，出现了一波拉升走势，同时，其成交量也出现了密集的放大。之后，股价又进入横盘整理的走势。下午开盘之后，股价被再一次拉升，并且上封了涨停板，直到收市。结合该股的日 K 线进行分析，股价在 BOLL 指标的中轨线获得支撑开始反弹之后，投资者可买入股票，进行建仓。在分时图中，股价第一次拉升时是投资者买入股票的最佳时机，不过股价涨停前的拉升，投资者也可以考虑买入。

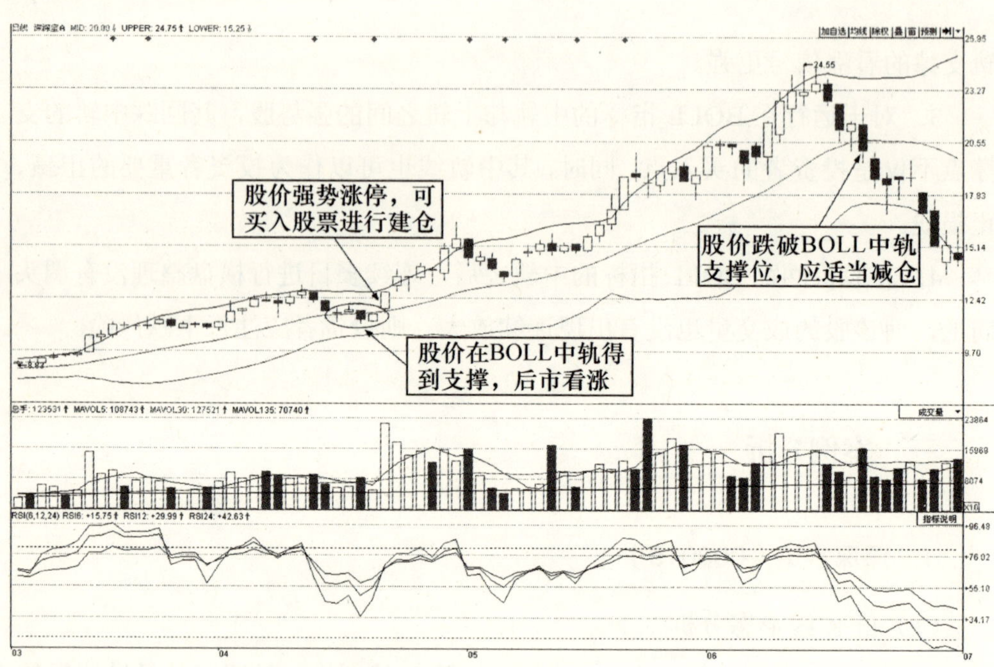

图 18-1　深深宝 A（000019）日 K 线图（II）

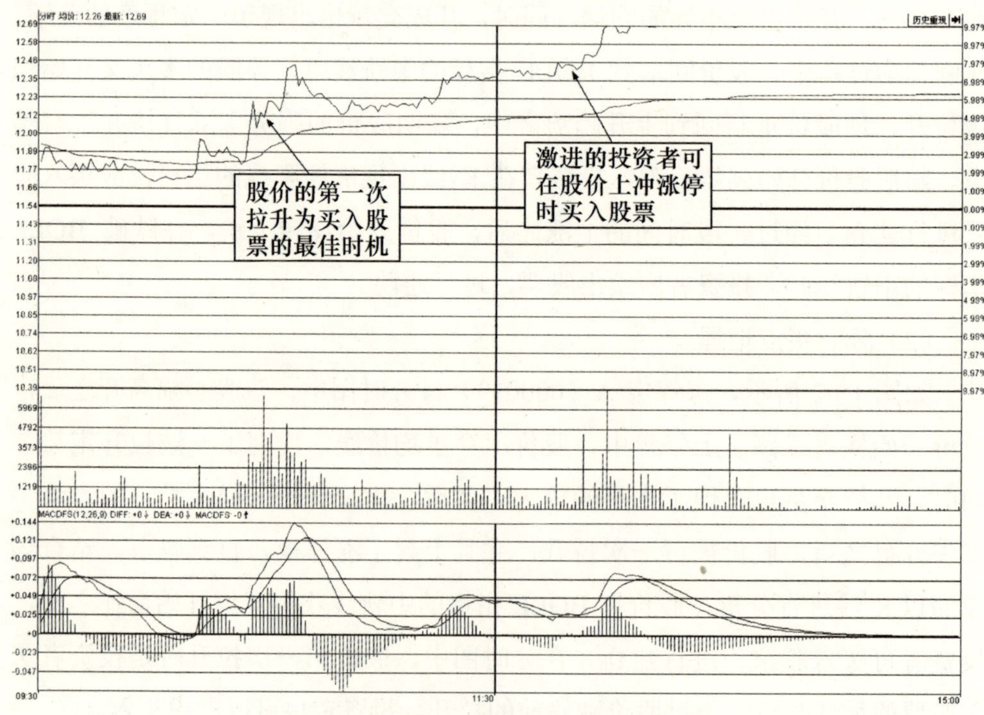

图 18-2　深深宝 A（000019）日分时图（III）

（3）分时卖出解析

如图 18-3 所示，深深宝 A（000019）日分时图中，该股股价开盘之后，出现了一次小幅的拉升走势，其成交量也出现了放大。但随后，股价并没有延续这一上升趋势，在下午开盘之后，跌破了均价线，开始震荡下行，直到该股下午收盘。结合该股的日 K 线图进行分析，在股价创出新高之后，其回调的压力也开始增强，股价后市可能将出现反转下跌的行情。投资者在股价跌破 BOLL 指标的中轨线时，应卖出股票规避风险。在分时图中，在股价下穿均价线开始震荡下行时，投资者应卖出股票或进行减仓。

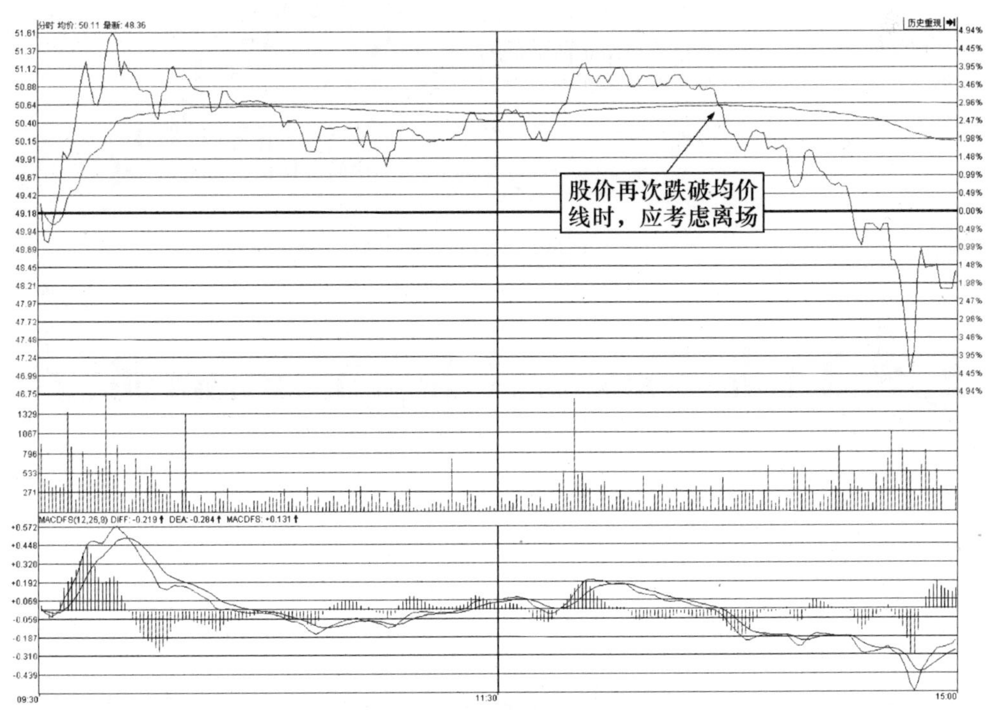

图 18-3　深深宝 A（000019）日分时图（IV）

2. 北方国际（000065）

（1）日 K 线形态分析

如图 18-4 所示，北方国际（000065）日 K 线图中，该股之前一直处于上升趋势之中，在突破 BOLL 指标的上轨线时，股价开始进入回调走势。同时，其成交量也出现了逐步的萎缩。该股在下跌到 BOLL 指标的中轨线时获得了支撑，随后开始向上反弹。这一走势表明，该股的上升行情还没有结束，股价后市仍有一定的上涨空间。投资者在股价出现强势涨停的当日可买入股票，进行适当的建仓。在股价创出新高之后，该股出现回调走势的可能性增强。投资者应在股价跌破 BOLL 指标的中轨线时卖出股票，规避风险。

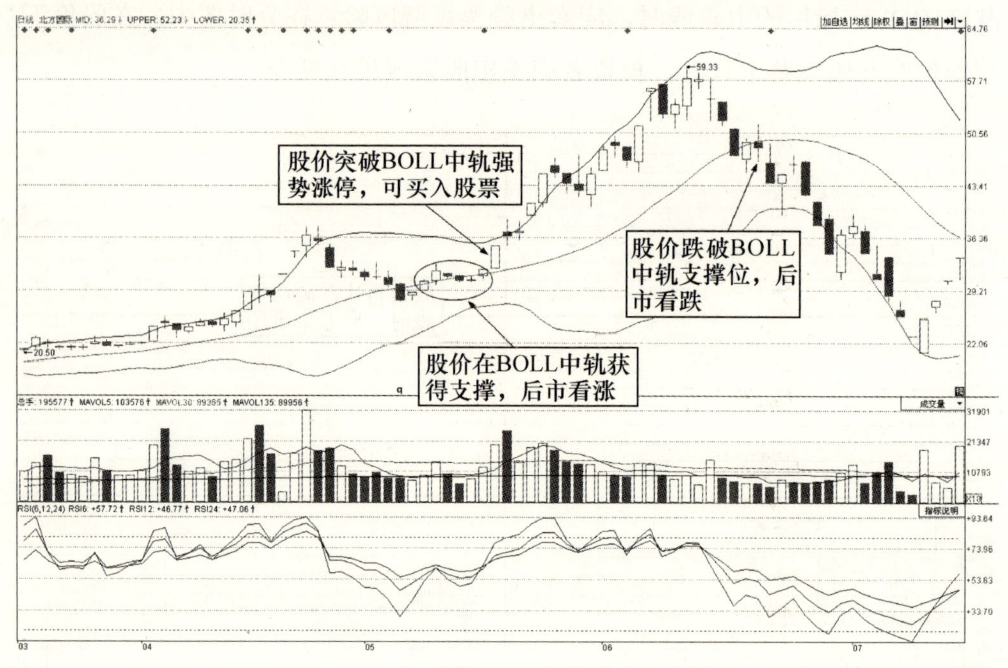

图 18-4　北方国际（000065）日 K 线图

（2）分时买点把握

如图 10-5 所示，北方国际（000065）日分时图中，该股股价以小幅高开的方式开盘。之后，其开始了一波拉升走势，成交量也出现了一定程度的放大。不过，股价后期并没有延续之前的强势走势，在拉升之后，股价便开始出现回调。在短暂高位横盘之后，股价出现了第二次的拉升，在下午收市之前股价上封了涨停板。结合该股的日 K 线图，在股价强势涨停之时，投资者应买入股票，进行建仓。在分时图中，投资者可在股价的第一次拉升时买入股票。同时，股价第二次拉升涨停时，亦可进行建仓。

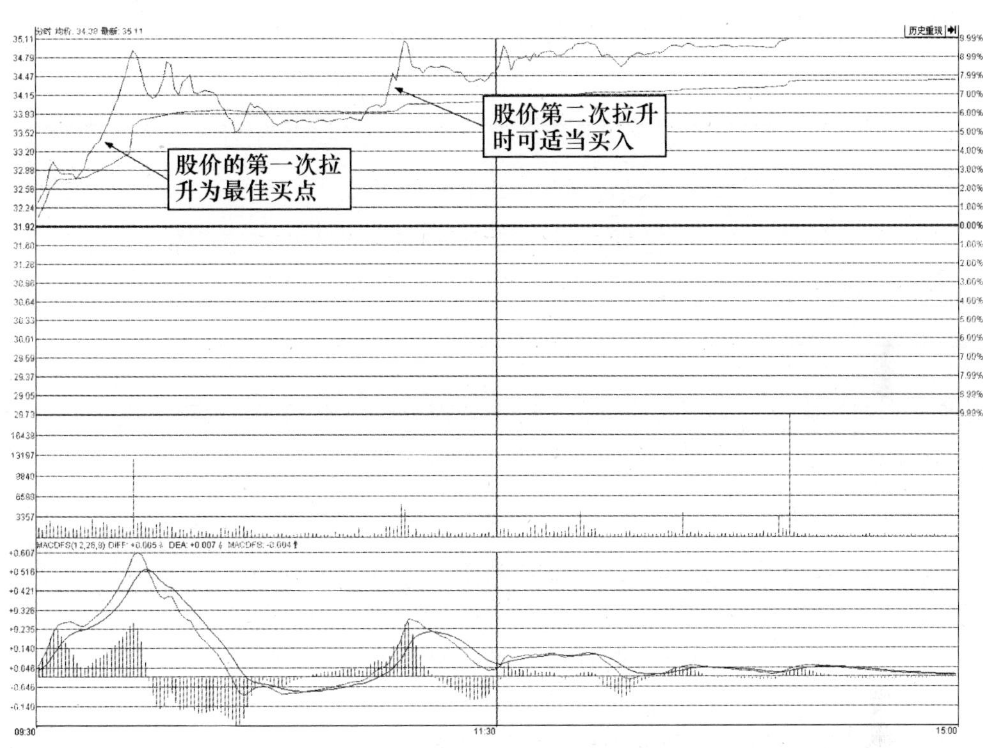

图 18-5 北方国际（000065）日分时图（I）

（3）分时卖出解析

如图 18-6 所示，北方国际（000065）日分时图中，该股股价在开盘之后便出现了一波急速的拉升，同时，其成交量也出现了密集的放大。随后，股价没有延续之前的走势，在拉升之后便开始进入到震荡下行的走势之中。在下午开盘之后，股价又出现一波拉升行情，但很快就跌破了均价线，进入下跌走势之中，直到收市。结合该股的日 K 线图进行分析，股价跌破 BOLL 指标的中轨线，表明该股后期将会出现反转下跌，投资者应卖出股票。在分时图中，在股价尾盘震荡下行时，投资者应卖出股票，以规避风险。

投资者在利用 BOLL 指标的中轨线捕捉黑马股时，应注意结合该股的技术指标或 K 线组合进行分析，以增强其信号的准确性。

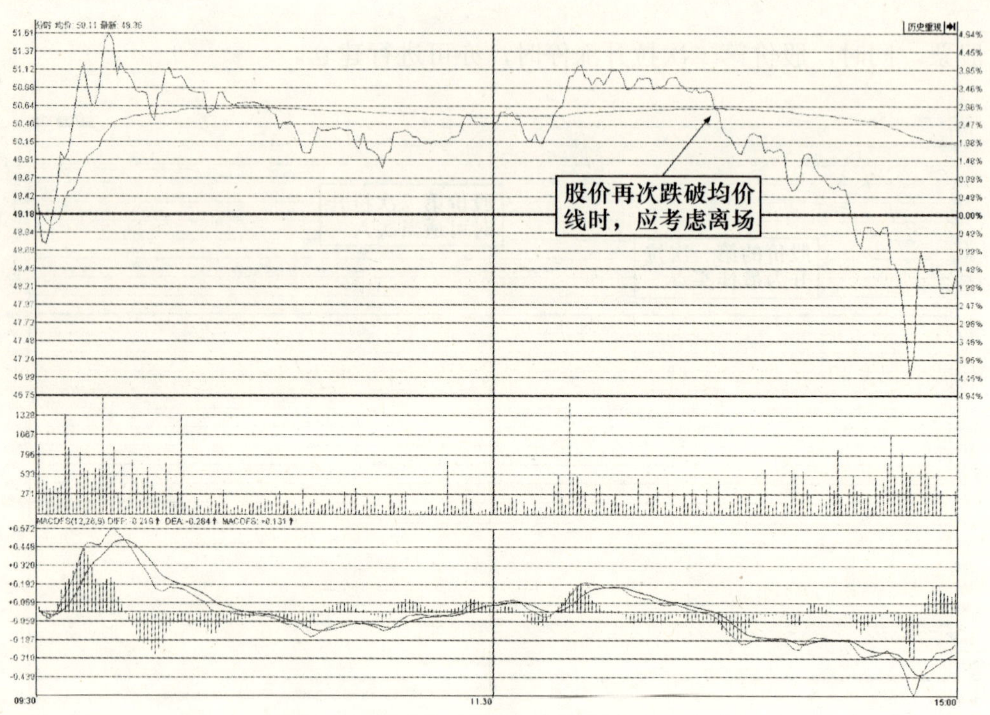

图 18-6　北方国际（000065）日分时图（II）

第十九技　芝麻开花擒杀术

实战中，我们常常利用不同的 K 线组合形态来审时度势，捕捉黑马。而在利用 K 线组合形态捕捉黑马时，芝麻开花这种形态是非常有效的一种 K 线组合形态。由于其表示的多空双方博弈力量对比悬殊，在这种走势中，股价后市被大幅拉升的概率很高。在多方的强势逼空中，股价走出连续涨停板也是非常有可能的。

因此，投资者在进行狙杀黑马的操作时，应把更多的注意力放在这种形态上。同时，结合个股 60 分钟、15 分钟的 K 线图，选择合理的买入时段。在分时图中把握恰当的买入时机，便可轻松获得追涨收益。

下面，笔者就如何利用这种芝麻开花形态分几个步骤来详细讲述。

一、形态描述

芝麻开花 K 线组合形态取意自“芝麻开花节节高”，顾名思义，它是指股价逐级走高，每日最高价一天高过一天。该种形态一般表现为股价跳空而上，形成阳线。下一个交易日股价再次跳高开盘，且高走高收。此形态为多方走势占据优势，一般预示着空头的溃败。在短时期内，股价可能会快速上行，连拉阳线。后市股价会走出一波上升的行情（见图 19-1）。

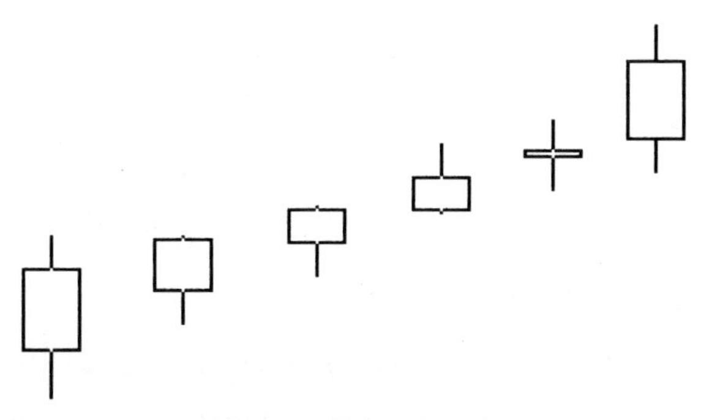

图 19-1　芝麻开花形态

在这种形态中，投资者应认真观察股价第二天高开后的走势，若股价在成交量的配合下顺势高走，便可顺势买入操作，以获取丰厚收益。

二、形态解析

其技术特征如下：

1．个股或指数经过了长时间的下跌，股价与成交量必须双双创下新低。

2．在创新低后不久，股价随即逐级走高，以每日最高价为标准，连续 5 天（或 5 天以上）走高，即每天的最高价均高于前一交易日的最高价。

3．最高价虽然连创新高，但实际涨幅并不大，如同连续的“芝麻点”，而且成交量也不是急剧放量，只是温和放量。

下面笔者将结合实例，对如何利用这种形态捕捉黑马进行分析。

三、案例分析

1．久其软件（002279）

（1）日 K 线位置分析

如图 19-2 所示，在久其软件（002279）日 K 线图中，该股股价处在一波上升行情中。经历了短暂的回调之后，在一根光头光脚涨停阳线的提振下，股价又被迅速拉升。T 形线为下一个交易日的涨停埋下了伏笔，同时也形成了“芝麻开花”形态的雏形。均线呈现出多头排列的态势，为股价的继续上涨提供了支撑。此形态往往预示着后市股价会加速上涨，且可能走出涨停板。在股价上涨的途中如果出现这种形态，常常是投资者买入的时机。

（2）15 分钟 K 线组合分析

如图 19-3 所示，在久其软件（002279）15 分钟 K 线图中，股价所表现出的 K 线走势一直处于上升态势中。在这一过程中，有时候股价会处于一字形态，而在该种形态下，投资者买入获得筹码的可能性是非常低的。因此，投资者应密切关注其他 K 线走势，以寻求买点。我们看到，该股股价出现了“十字星”形态，若结合其所处的位置进行分析，则可以得出此时为买入的好时机。

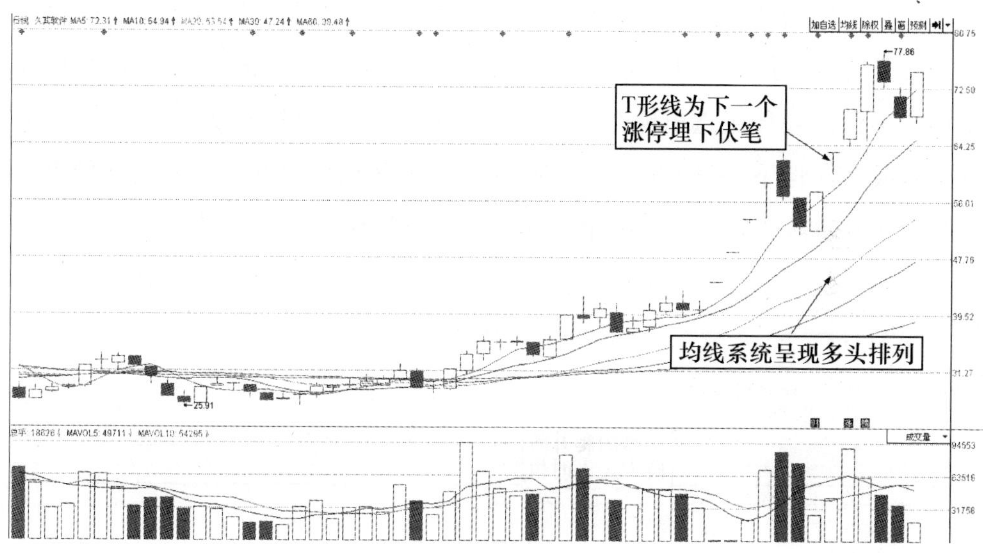

图 19-2　久其软件（002279）日 K 线图

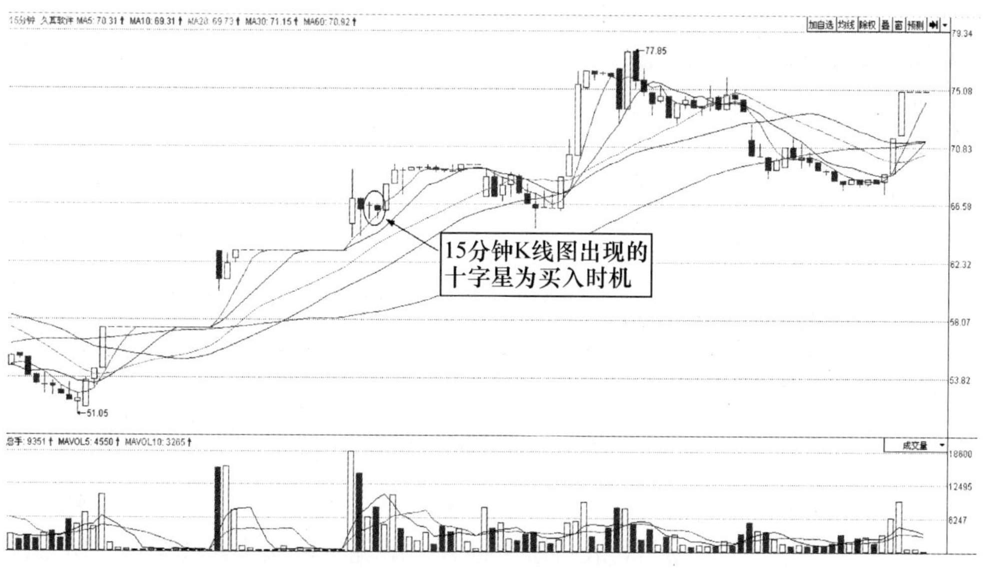

图 19-3　久其软件（002279）15 分钟 K 线图

（3）买入时点分析

如图 19-4 所示，在久其软件（002279）日分时图中，该股股价高开后开始冲击涨停，但在涨停价区域开始回调，之后进入缓慢的爬升阶段。因为开盘后，股价冲击涨停的过程非常之快，很难把握并买入。所以，之后的缓慢爬升阶段就成了投资者买入股票的最主要买入时点。结合该股的 15 分钟 K 线图形，可得出最佳买点出现在上午盘。虽然，在尾盘封涨之前，投资者都可以买入股票，但下午盘股价基本运行在涨停价区域，追涨成本太高。投资者在股价爬升阶段买入后，下一个交易日可做空获利。

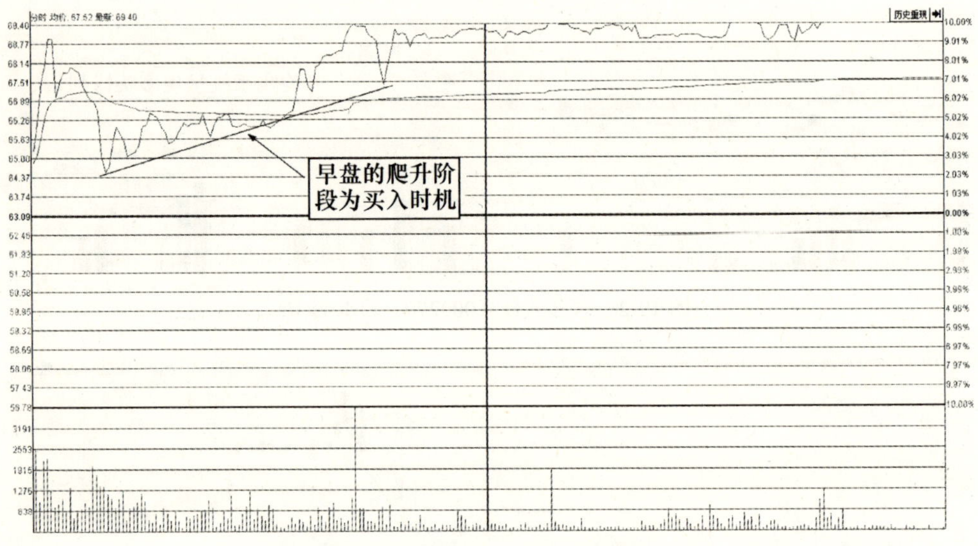

图 19-4　久其软件（002279）日分时图

2. 云维股份（600725）

（1）日 K 线位置分析

如图 19-5 所示，在云维股份（600725）日 K 线图中，该股股价前期一直处于横盘整理状态。之后出现了的光头阳线打破了这一走势，股价开始进入小幅上扬阶段。下一个交易日，股价跳空高开，出现一根光头光脚阳线，组合成为一个比较标准的“芝麻开花”形态。这表明多头实力强悍，以逼空的态势推动股价的上扬。预示着股价后市上涨的动力十足，投资者可在此买入追涨。

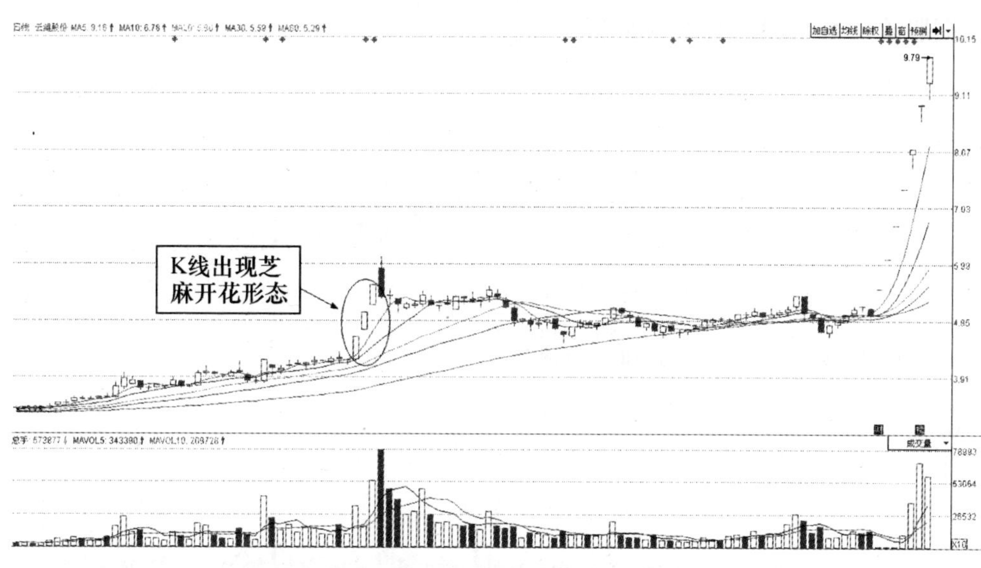

图 19-5　云维股份（600725）日 K 线图

（2）15 分钟 K 线组合分析

如图 19-6 所示，在云维股份（600725）15 分钟 K 线图中，股价在第一个 15 分钟阶段走出一根光头光脚阳线。之后，股价都以一字形态上封涨停板，直到下午收市。由此可见，投资者追涨的机会主要集中在开盘阶段。若是能够成功买入，可在股价下一个交易日冲高时做空，以获得追涨的短期收益。

（3）买入时点分析

如图 19-7 所示，在云维股份（600725）日分时图中，股价在开盘后就冲击涨停价，并牢牢封住涨停板，直到收市。考虑到该股股价在上一个交易日已出现涨停，当日开盘必然会成为市场所关注的对象。投资者若想买入获得筹码，必须在集合竞价阶段就开始进行操作，并以涨停价挂单买入。在获得筹码之后，可在下一个交易日做空，以此来兑现追涨收益。

以上便是在芝麻开花这种 K 线组合形态中实时观察、谨慎分析、果断决策来捕捉黑马的方法。通过实例我们看到，这种形态是实战中擒杀涨停的一种非常有效的 K 线组合形态。但是，需要注意的是，切勿单独依赖此种形态。

操作中要多方面观察、全方位思考，分析这种形态是出现在早盘还是午盘，根据股价所处阶段进行综合分析。

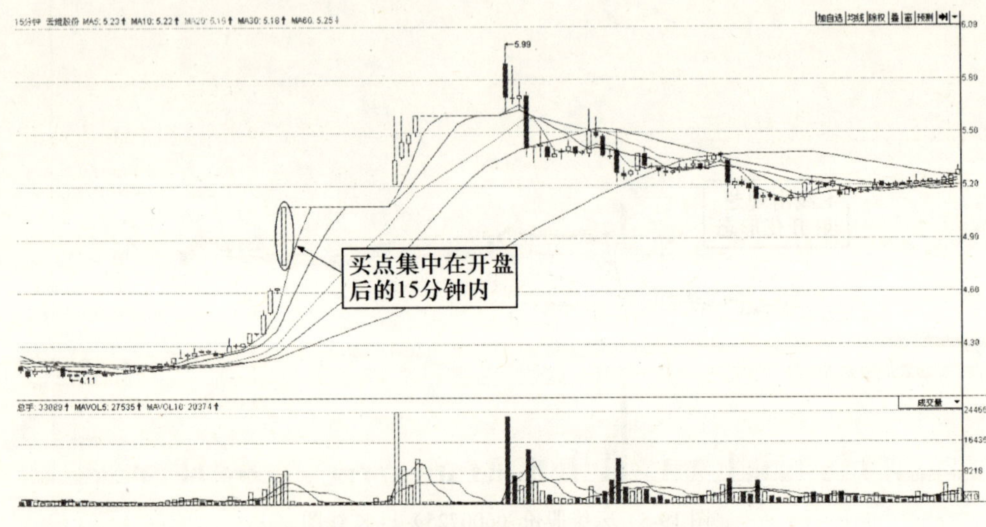

图 19-6　云维股份（600725）15 分钟 K 线图

图 19-7　云维股份（600725）日分时图

第二十技　春鸭戏水擒杀术

在捕捉黑马股的众多方法当中，利用多个技术指标相互配合确定黑马股的启动点是非常有用的一种方法。在实际的交易过程中，利用 MACD 指标和 MA 指标的买入信号进行相互验证，可更加准确地判断黑马股的买入时机。

一、形态描述

当个股经过一段时间的下跌之后，其股价一般会处在低位。此时，该股的 MACD 指标线也会运行在 0 轴线以下。经过横盘整理之后，盘中的多头积蓄力量再次发力拉升股价，这时 MACD 指标的 DIF 线与 DEA 线就会在 0 轴线下形成金叉。但此时空方的力量尚未完全消耗，在股价短暂上扬之后，有可能出现回调走势。而其 MACD 指标的 DIF 线与 DEA 线就会在穿越 0 轴线之后又形成死叉。若 MACD 指标的这一死叉没有持续多久就被另一金叉所代替，同时，该股的 MA 指标的 5 日线与 10 日线也形成金叉，那么表明该股盘中的空方抛压已被市场所消化。此时，多方完全占据了优势，股价在后期将会出现一波较强的上升行情。投资者在遇到这一走势时，便可寻找合理的时机大胆买入，进行建仓。

这一形态如同在春江上戏水的春鸭，时而一头扎进水里，片刻之后又露出水面。预示着寒冷的冬季即将过去，温暖的春天即将来临，所以我们称这种形态为“春鸭戏水”。一般情况下，这种形态的形成主要是因为主力拉升股价前的试探行为，其目的是为了清洗浮筹，进一步夯实该股的底部。投资者在遇到这一形态时，也可结合该股的成交量情况来进一步判断，以增强该形态买入信号的准确度。

二、形态解析

1．个股经过一轮下跌行情之后，股价已处在较低的位置。

2. 个股的MACD指标形成金叉之后向上穿越0轴线，在股价出现回调反弹之后，在0轴线上方再次形成金叉。

3. 在个股的MACD指标在0轴线上方形成金叉之后，其5日均线与10日均线也形成金叉。

三、实战要点

1. 在股价出现回调走势后，该股MA指标的5日均线与10日均线形成死叉，但在30日均线处获得支撑，则这一形态的买入信号更加强烈。

2. 个股的成交量萎缩后再度放大，5日均量大于10日均量，说明股价的上涨有成交量积极放大的配合，呈现典型的价升量增形态，则表明后市该股可能会产生一波较强的上涨行情。

四、案例分析

1. 光电股份（600184）

（1）日K线形态分析

如图20-1所示，光电股份（600184）日K线图中，该股股价前期处在小幅的下跌走势之中，其成交量也基本上处在地量的状态。在股价创出新低开始反弹之时，该股的MACD指标的DIF线与DEA线在0轴线下形成金叉，同时向上穿越了0轴线。在股价横盘整理走势的末期，该股的MACD指标在0轴线上方再次形成金叉，同时，其MA指标的5日均线与10日均线也形成金叉。这一形态表明该股后期将会出现黑马行情，投资者可在股价站上均线之后买入股票，进行建仓。在股价跌破30日均线时，应减仓避险。

（2）分时买点把握

如图20-2所示，光电股份（600184）日分时图中，该股股价以平开的方式开盘，随后出现了小幅的拉升，其成交量也出现了放量。之后股价进入横盘

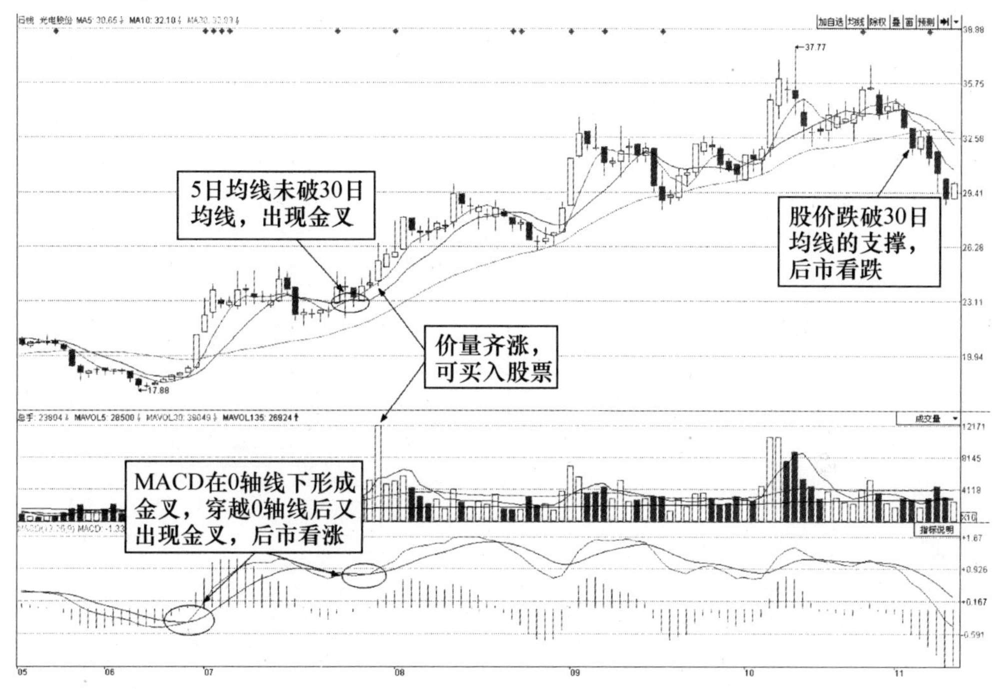

图 20-1 光电股份（600184）日 K 线图

整理的走势，在上午收盘之前，股价被迅速拉升到高位，但后期走势并没有保持这一强势上涨行情，随后开始一段缓慢的下跌走势，直到收市。结合该股的日 K 线图，在股价站上该股的均线系统之后，投资者可以进行适当的建仓。在分时图中，在盘中股价被迅速拉升之后，投资者应积极买入该股、吸取筹码，以获取该股后市的投资收益。

（2）分时卖出解析

如图 20-3 所示，光电股份（600184）日分时图中，该股在小幅低开之后就开始下跌走势，但很快股价横盘企稳，并向上穿越了均价线。但这一走势没有成交量的支撑很难延续，所以之后股价与均价线相互黏合横盘运行。在下午开盘之后，股价线再一次跌破了均价线进入下跌走势，同时，其成交量出现了较大的放量，直到下午收市。结合该股的 K 线图，在股价跌破均线的支撑位之后，投资者应卖出股票，规避风险。表现在分时图中，股价跌破均价线时，是投资者卖出股票的良好时机。

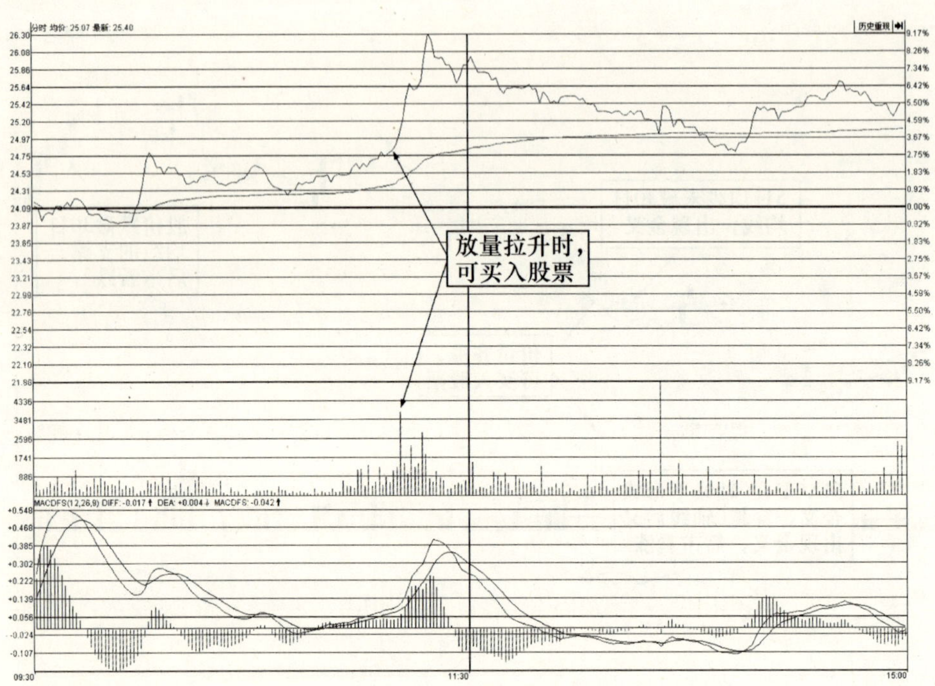

图 20-2　光电股份（600184）日分时图（I）

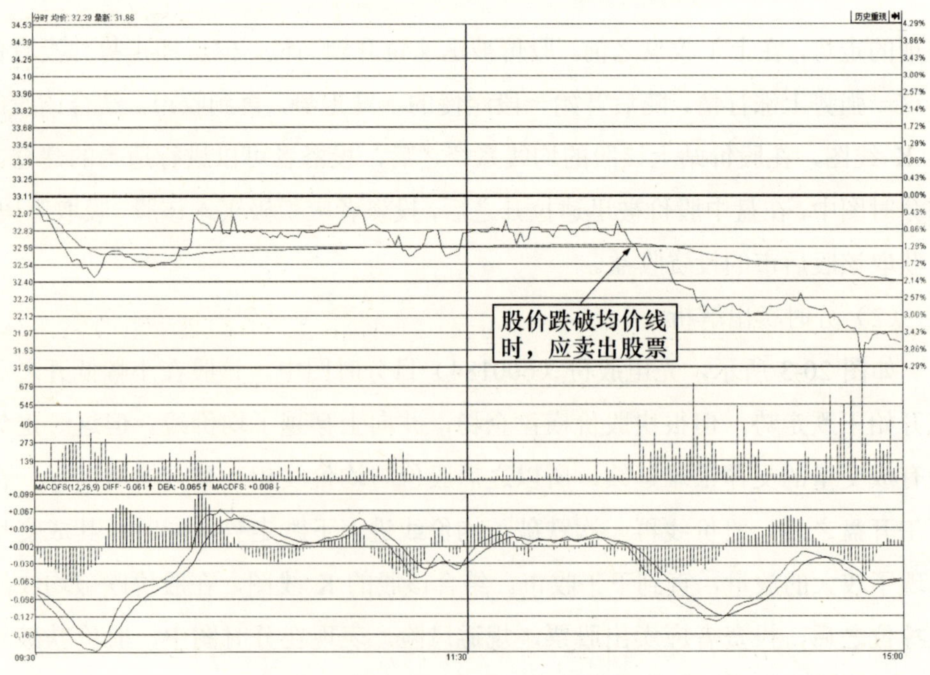

图 20-3　光电股份（600184）日分时图（II）

2. 长城电脑（000066）

（1）日K线形态分析

如图12-4所示，长城电脑（000066）日K线图中，该股前期基本上处在横盘整理的走势之中，MACD指标在0轴线下形成金叉后，股价出现了小幅的爬升，同时，其成交量也出现了一定程度的放大。在股价再次横盘整理的末期，该股的MACD指标在0轴线上方形成金叉的同时，其MA指标也形成了金叉。这一走势表明该股具备了出现黑马行情的条件，投资者在股价强势上涨之时，应积极买入股票，进行建仓，以期获取投资收益。在股价创出新高后，该股后市的回调压力增强，在均线出现死叉之时，投资者应卖出股票。

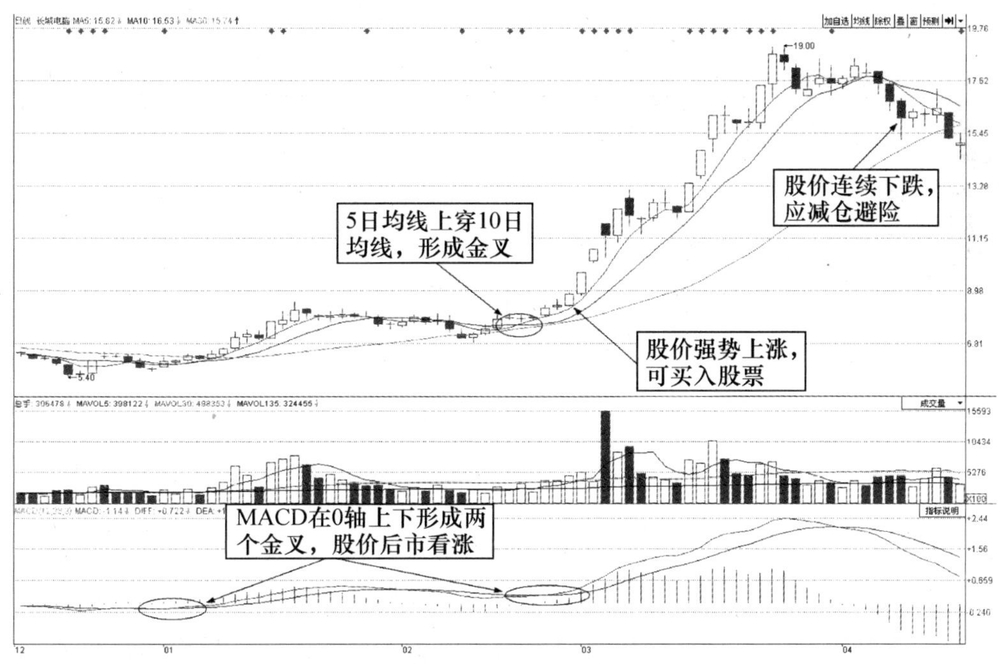

图20-4 长城电脑（000066）日K线图

（2）分时买点把握

如图20-5所示，长城电脑（000066）日分时图中，该股股价在开盘之后就开始了一波拉升行情，同时，其成交量也出现了密集的放大。之后，股价进入横盘整理的走势之中，但整体上股价运行在均价线之上。结合该股的日K线图进行分析，在该股的MACD指标与MA指标同时形成金叉之后，表明该股后市将会出现一波上涨行情。投资者在股价出现强势上涨的走势之后，应买入股票进行建仓。在分时图中，股价开盘后的拉升是买入股票的良好时机，投资者应积极进场，吸取筹码。

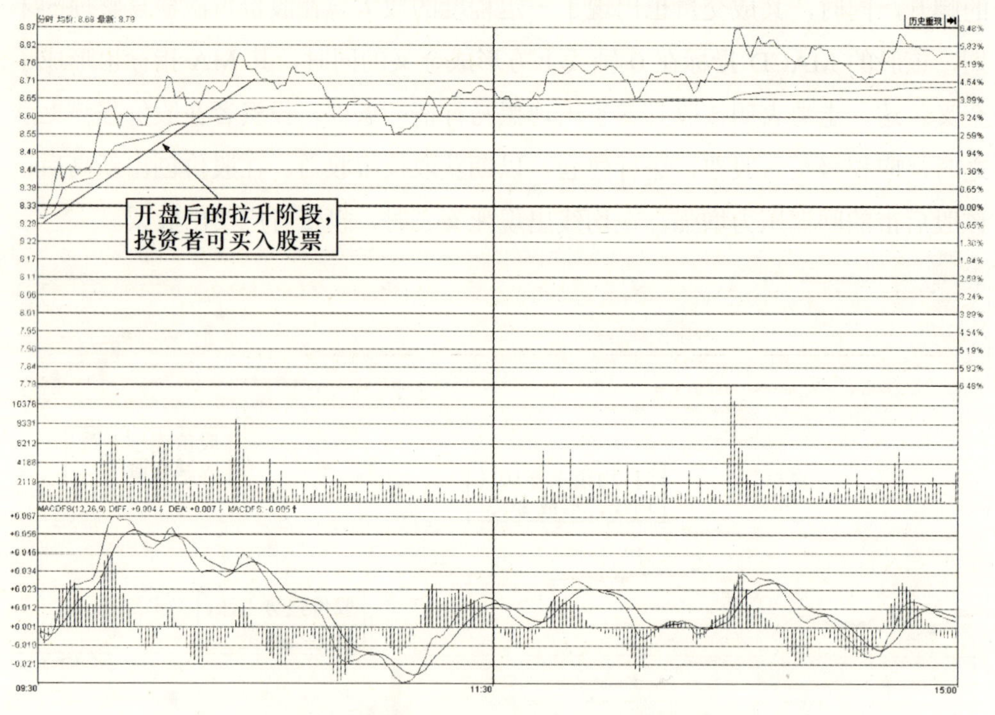

图 20-5　长城电脑（000066）日分时图（I）

（3）分时卖出解析

如图 20-6 所示，长城电脑（000066）日分时图中，该股股价在开盘之后就进入下跌走势中，同时，其成交量也出现了密集的放大，呈现出价量齐跌的走势。虽然股价在下午开盘之后向上穿越了均价线，但并没有出现较大的涨幅，保持横盘整理的走势直到收盘。结合该股的日K线图进行分析，在该股创出新高之后，其股价走势有可能出现回调，投资者在股价破位下跌之时，应卖出股票，规避风险。在分时图中，在股价开盘持续下跌的走势中，投资

者应考虑卖出股票，实现收益。

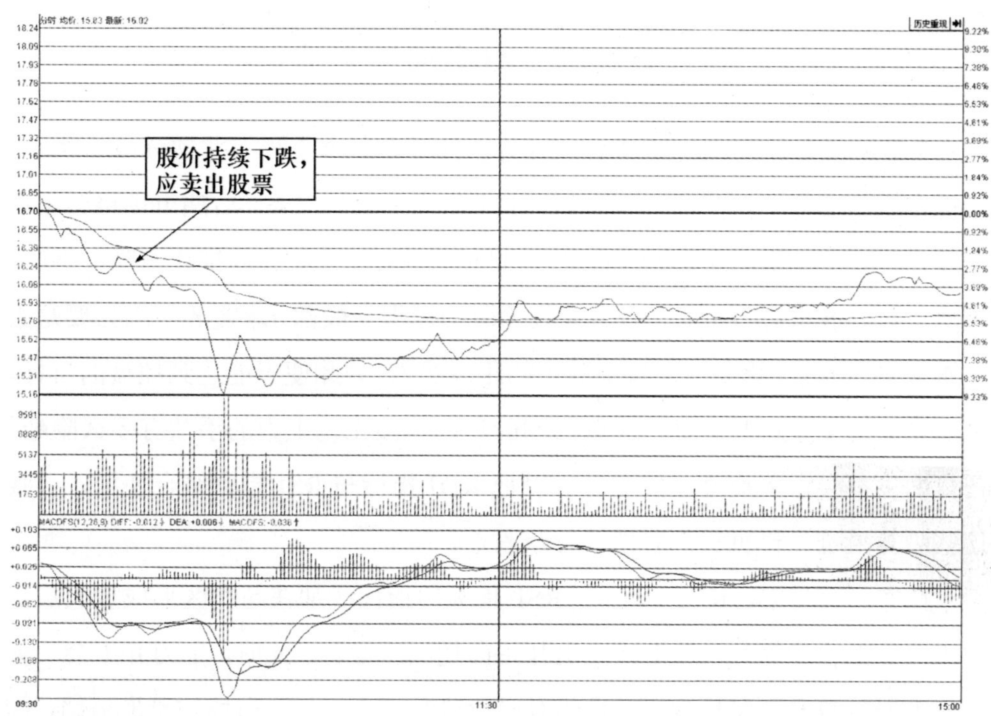

图 20-6　长城电脑（000066）日分时图（II）

需要注意的是，该形态中个股的 5 日均线与 10 日均线形成死叉，又下穿 30 日均线，那么这一形态就很难成立。

第二十一技　空中加油擒杀术

个股经过一轮下跌行情之后，其筹码的分布基本上处在非常分散的状态。股价在底部横盘整理一段时间之后，由于供求之间的关系，后期市场将会出现回暖，而股价也形成向上突破的需求。此时，主力便开始在底部逐渐吸取筹码，为后市拉升股价进行准备。主力吸收筹码的过程一般都比较隐蔽，因为要是大张旗鼓买入股票，就会引来盘中散户的跟风买入，如此便不能达到控盘的目标，进而也无法实现拉升出货，获取利润的目的。但无论主力的手法有多么隐蔽，在盘面上都会留下痕迹。投资者可以把 KDJ 指标与 RSI 指标结合使用，寻找这些吸筹痕迹，择机买入股票，分享收益。

在实际交易中，KDJ 指标与 RSI 指标的指标线都在超卖区形成金叉后，由于股价的逐步攀升，其指标线也开始向超买区运行。此时，主力并不会一鼓作气把股价拉升到目标位，而是要对股价进行打压，营造市场的恐慌情绪。如此便可将跟风买入的散户剔除出局，以获取更多的低价筹码，随后，主力便会稳步地拉升股价。表现在 KDJ 指标与 RSI 指标上为指标线运行到超买区后，会呈现出不完全死叉形态，或在短暂形成死叉后又迅速形成金叉，之后继续向超买区运行。这时若个股的成交量也呈现出逐步递增的态势，投资者则可选择时机买入股票，进行适当的建仓。由于这一形态是股价在上涨途中进行回踩的走势，所以我们可以把这种形态称为“空中加油”形态。投资者在交易中应仔细辨别，加以利用。

一、形态解析

1．个股经过一轮下跌行情之后，股价处在相对的历史低位，呈现出价平量缩的形态。

2. 个股的 KDJ 指标与 RSI 指标在超卖区形成金叉，并且呈现向超买区运行的走势。

3. 个股的 KDJ 指标与 RSI 指标的指标线运行到超买区后，在超买区形成不完全死叉，或形成短暂的死叉后，继续向上运行。如此则该股后市看涨，投资者可适当买入。

二、实战要点

1. 该形态一般出现在个股下跌行情的末期、上涨行情的初期。

2. 个股的 KDJ 指标与 RSI 指标形成不完全死叉，或短暂形成死叉后，继续向上运行时，若该股的成交量出现持续性的放大，则这一形态的看涨信号更加可靠。

三、案例分析

1. 沙河股份（000014）

（1）日 K 线形态分析

如图21-1所示，沙河股份（000014）日 K 线图中，该股股价经过前期的下跌走势之后，逐渐进入横盘整理的阶段。其成交量也萎缩到了地量状态，表明该股盘中交易清淡。观察该股的 KDJ 指标与 RSI 指标，两指标在低位形成金叉之后，开始逐步向上运行。在运行到高位后又都形成了不完全的死叉，说明该股盘中有主力介入吸筹，后市股价将会结束横盘整理的走势，开始一波上涨行情。在股价突破均线系统之时，投资者可买入股票，进行建仓。股价创出新高之后，其回调压力增加，均线形成死叉后，投资者应卖出股票。

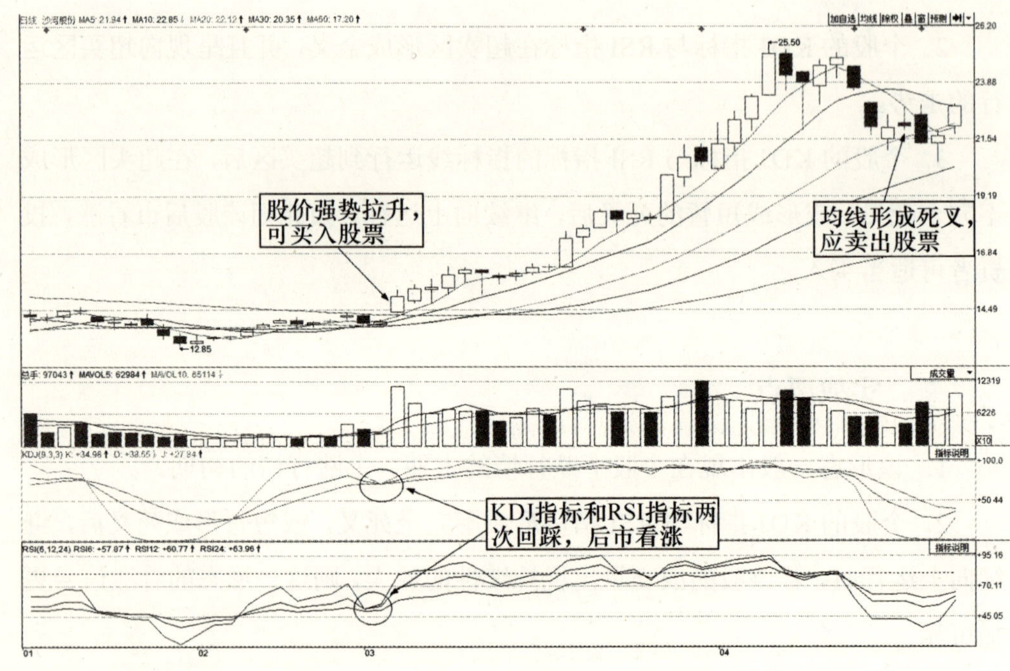

图 21-1　沙河股份（000014）日 K 线图

（2）分时买点把握

如图21-2所示，沙河股份（000014）日分时图中，该股股价在高开之后，并没有出现较大的波动，而是与均价线相互缠绕开始了横盘整理的走势。在上午盘的尾盘，股价出现了一波拉升，同时，其成交量也出现了较为密集的放大。下午盘延续了拉升的走势，在被拉升到一定高位之后，股价又出现横盘整理的走势，直到收市。结合该股的日 K 线图进行分析，在股价出现突破之时，投资者可买入股票，进行建仓。具体表现在分时图中，股价放量拉升之时是投资者买入股票的最佳时机，应积极跟进。

（3）分时卖出解析

如图21-3所示，沙河股份（000014）日分时图中，该股在高开之后出现了急剧的拉升走势，在被拉升到高位之后，股价开始出现回落，并进入到较长的下跌走势之中。虽然盘中股价有向上突破的走势，但由于成交量没有出现合理的配合，之后股价又跌破了均价线。随后股价一直运行在均价线下方，直到下

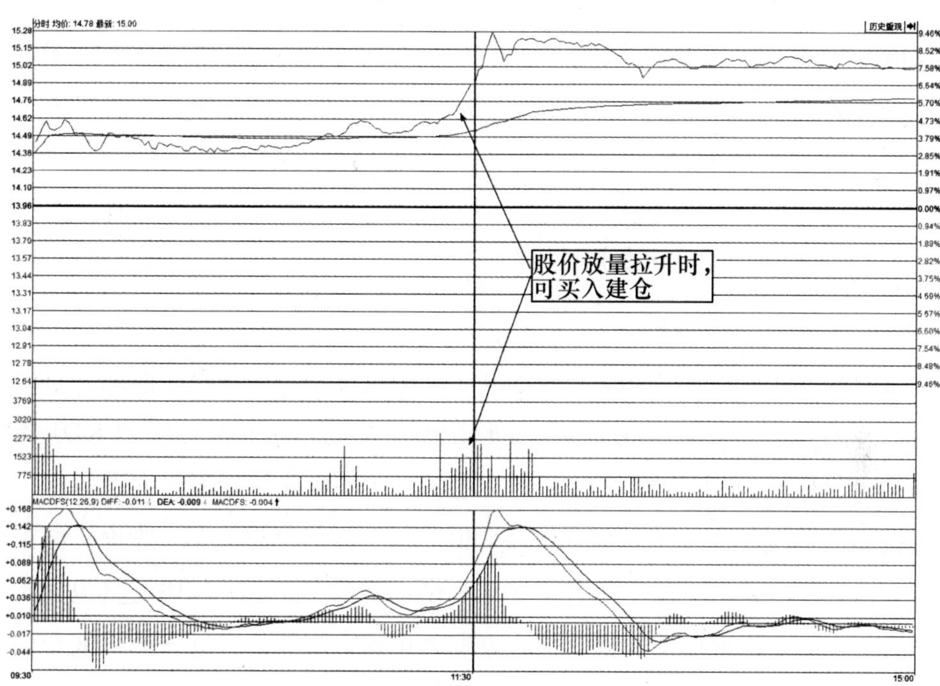

图 21-2　沙河股份（000014）日分时图（I）

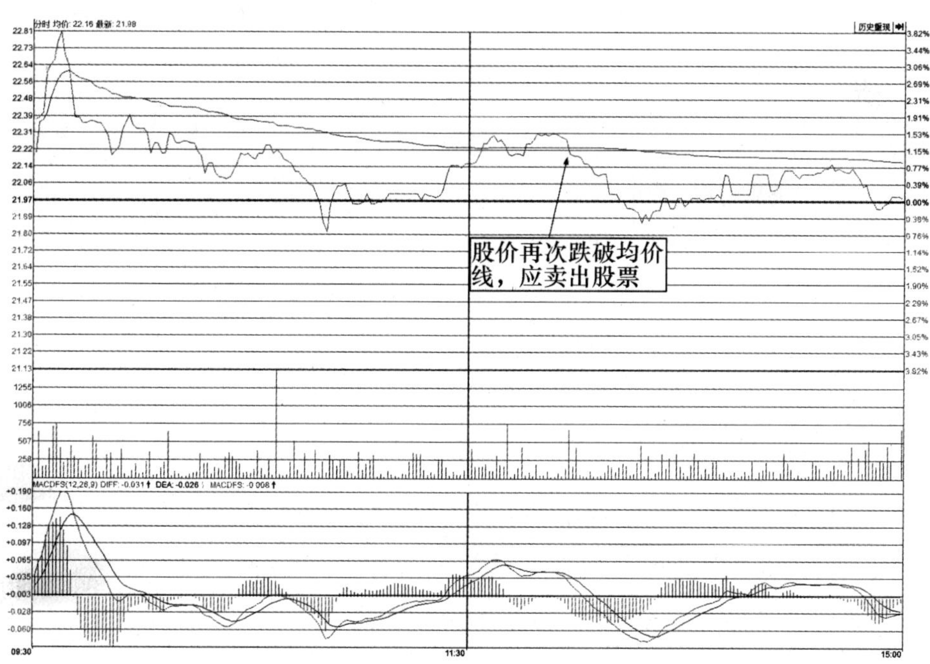

图 21-3　沙河股份（000014）日分时图（II）

午收市。结合该股的日 K 线图，在股价创出新高之后，其回调压力增加。均线形成死叉之后，投资者应卖出股票，规避风险。在分时图中，在股价再一次跌破均价线之时，投资者应卖出股票，或进行减仓。

2. 华塑控股（000509）

（1）日 K 线形态分析

如图21-4所示，华塑控股（000509）日 K 线图中，该股股价前期一直处在横盘整理的走势之中，其成交量也呈现出地量的状态。观察该股的 KDJ 指标与 RSI 指标，两指标在低位形成金叉之后，其指标线开始逐步向上运行。在运行到高位后又都形成了短暂的死叉，说明该股经过回踩之后，股价会结束横盘整理的走势，开始一波上涨行情。在股价小幅攀升之时，其成交量也同步出现了放大。股价出现向上突破之时，投资者可买入股票。经过一波上涨行情之后，股价的回调压力增加。股价破位下跌之时，投资者应卖出股票。

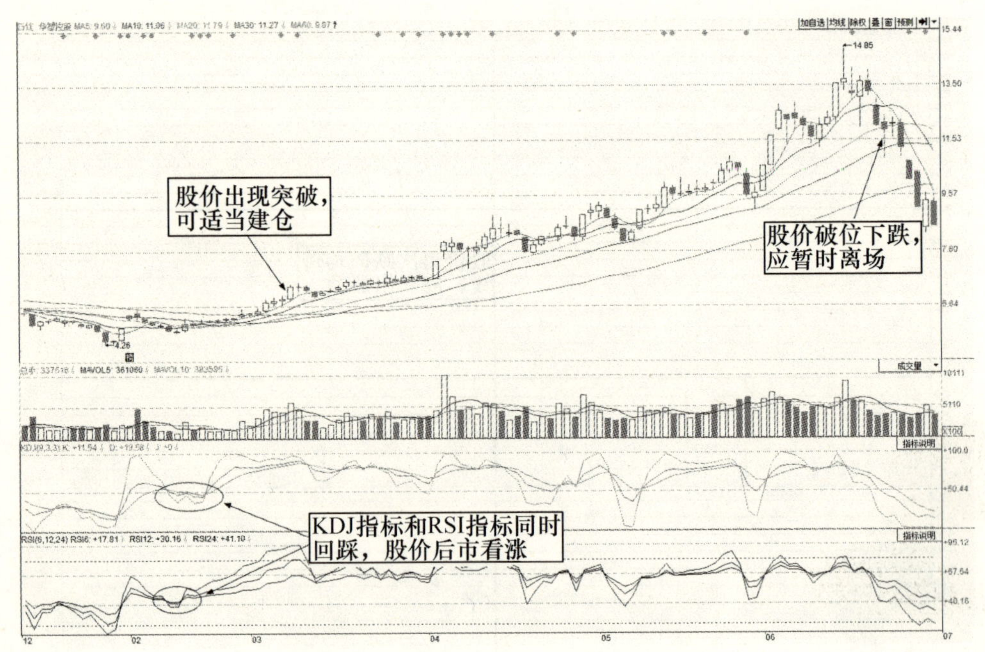

图 21-4　华塑控股（000509）日 K 线图

（2）分时买点把握

如图21-5所示，华塑控股（000509）日分时图中，该股股价在开盘之后出现了小幅爬升的情况，随后股价进入了横盘整理的走势。下午开盘之后，股价出现了一波急剧的拉升行情，之后股价又进入横盘整理的状态，直到下午收市。结合该股的日K线图，在股价向上突破均线的压力位之后，投资者可适当买入股票，吸取筹码进行建仓。在分时图中，投资者可在开盘后股价小幅爬升的阶段买入股票，同时，下午盘的放量拉升走势也是投资者买入股票的良好时机。

（3）分时卖出解析

如图21-6所示，华塑控股（000509）日分时图中，该股股价在高开之后就开始了一波持续的下跌行情。在上午盘的尾盘，股价虽然出现了反弹，但由于缺少成交量的配合，股价在下午盘并没有延续这一反弹走势，而是进入横盘整理的走势之中，直到下午收市。结合该股的日K线图进行分析，股价

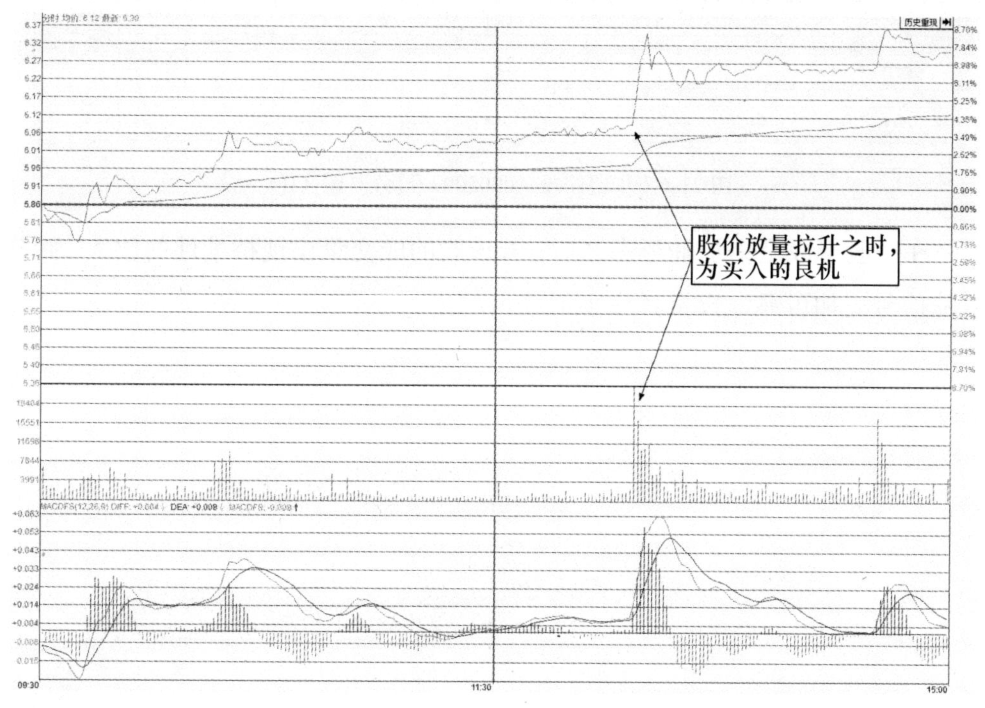

图21-5　华塑控股（000509）日分时图（I）

经过一波上涨行情之后，盘中的多方实力已基本上消耗完毕，所以其后市将会出现回调的走势。在股价跌破支撑位时，投资者应卖出股票。在分时图中，股价开盘后持续放量下跌，投资者应择机卖出股票，规避风险。

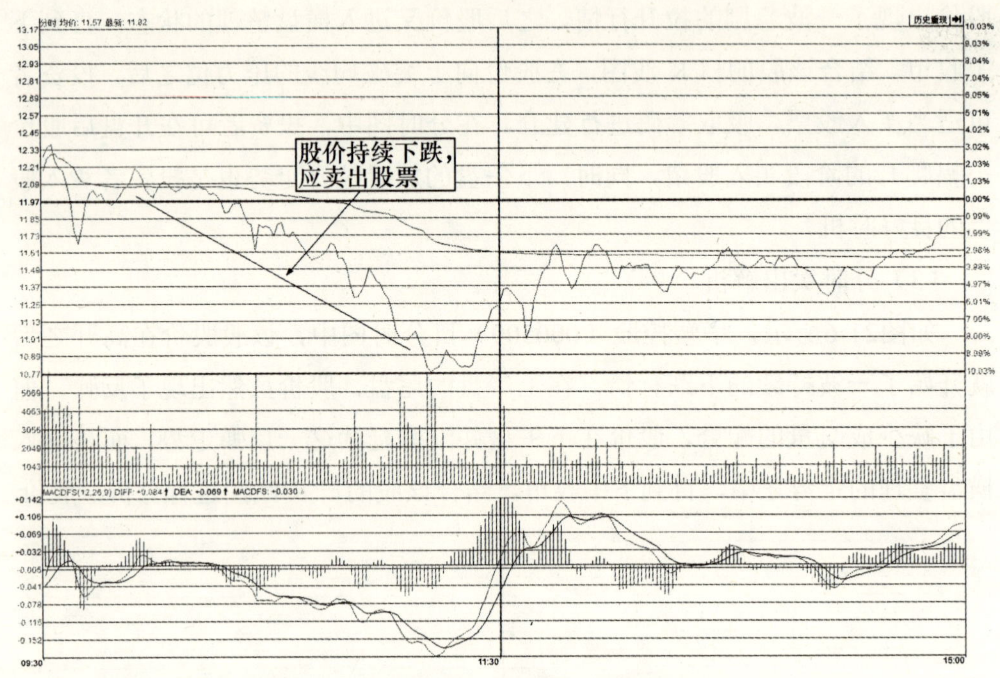

图 21-6 华塑控股（000509）日分时图（II）

在个股形成空中加油形态之后，若该股的成交量出现持续性的放大，则其看涨信号更加可靠，投资者应牢记这点。

第二十二技　双剑合璧擒杀术

在股票市场的投资中，由于个股行情的变化情况会反映在技术指标上，所以投资者可以凭借技术指标的变化情况和发出的买卖信号来做出投资决策。但每一种技术指标都有局限性，所以反映出的市场信息也具有片面性。因此，投资者在利用技术指标捕捉黑马股时，应按照各个技术指标的不同特点来结合使用，以增强对市场的判断准确度。KDJ 指标是一项重要的短线技术指标，是投资者进行短线交易的重要工具。而 MACD 指标则是一项中长线技术指标，它利用短期移动平均线和长期移动平均线之间的聚合与分离的征兆，来研判股市的未来变化趋势，以确定股票的最佳买卖时机。我们可以将 KDJ 指标与 MACD 指标结合起来使用，这样可以剔除 KDJ 指标过于频繁的超买超卖信号，使发出的信号更具准确性，又可以捕捉到被 MACD 指标忽略的买卖信号。

一、形态描述

个股在经过一段下跌行情之后，KDJ 指标线从高位下跌到超卖区附近，同时 MACD 指标的指标线也呈现出走平的状态。在筑底完成之后，该股盘中的多头开始聚集力量发力上攻。此时，若 KDJ 指标的 J 线向上穿越 D 线、K 线形成金叉，同时 MACD 指标的 DIF 线也向上穿越 DEA 线形成金叉，表明该股后市将会出现上涨行情，投资者应选择合理时机买入。将 KDJ 指标与 MACD 指标结合使用的最大优点是可以最大限度发挥两个指标的优点，使投资者做出更加准确的判断，所以这一形态称为“双剑合璧”。

二、形态解析

1．个股股价经过一轮下跌行情之后，开始逐渐走平，其成交量呈现出地量的形态。

2. 个股 KDJ 指标的 J 线向上穿越 D 线、K 线在低位区形成金叉，同时指标线向高位区运行。

3. 个股 MACD 指标的 DIF 线与 DEA 线逐渐走平，或形成金叉；其 MACD 柱由绿转红，或红柱呈现逐渐放大的趋势。

三、实战要点

1. 该形态多出现在个股横盘整理行情的末期，有时候也出现在反转行情的初期。

2. 个股的 MACD 指标所形成的金叉一般要慢于 KDJ 指标所形成的金叉；投资者应在两个金叉形成之后再寻找合理的买入时机，不可贸然买入。

四、案例分析

1. 皖维高新（600063）

（1）日 K 线形态分析

如图22-1所示，皖维高新（600063）日 K 线图中，该股股价在经过一段小幅爬升之后，股价出现了短暂的回调，其成交量也呈现了逐步萎缩的态势。观察该股的 KDJ 指标，在股价回调的过程中，K 线、D 线、J 线运行到了低位区，随后在超卖区形成金叉，表明该股有反转上涨的要求。同时，其 MACD 指标的 DIF 线上穿 DEA 线形成金叉，MACD 柱由绿转红，验证了 KDJ 指标的买入信号，预示着该股后市将会出现上涨行情。在股价突破均线的阻力位之后，投资者可买入股票。股价出现回调行情时，投资者应暂时离场避险。

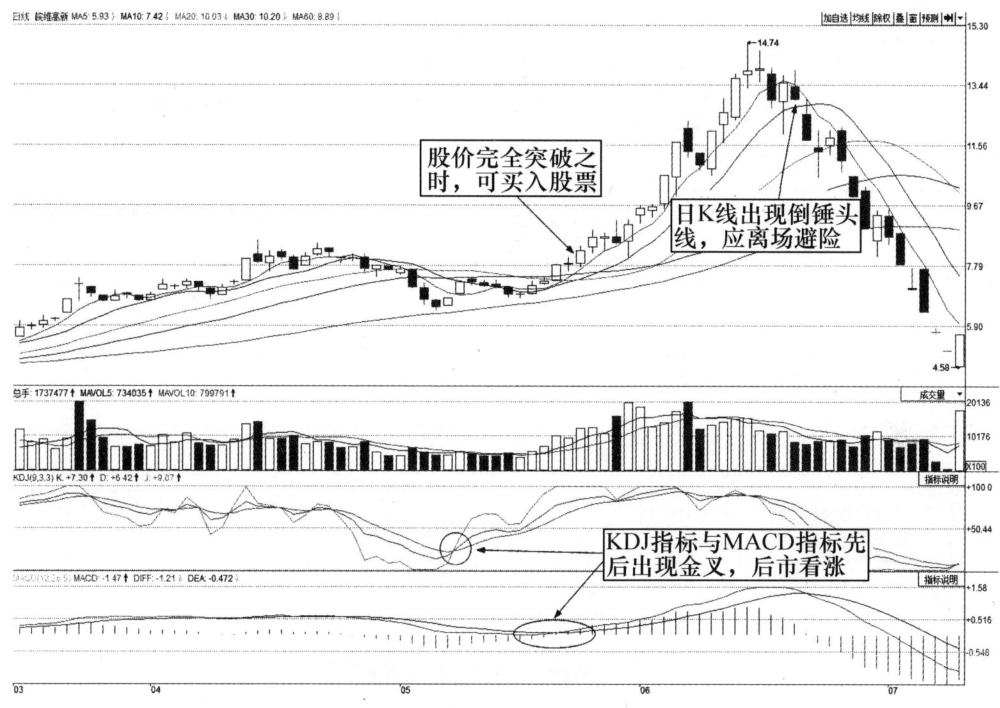

图 22-1　皖维高新（600063）日 K 线图（Ⅰ）

（2）分时买点把握

如图22-2所示，皖维高新（600063）日分时图中，该股股价在开盘之后出现了小幅的拉升走势，随后股价开始横盘整理。在盘中，随着成交量出现密集的放大，股价又出现了一波拉升走势。之后，股价一直在高位运行，直到下午收市。结合该股的日 K 线图进行分析，KDJ 指标与 MACD 指标都出现金叉，表明该股后市将会出现强势上涨的行情。投资者在股价突破均线压力位的时候，可买入股票，进行建仓。在分时走势图中，投资者可在盘中股价的放量拉升阶段买入股票。

（3）分时卖出解析

如图22-3所示，皖维高新（600063）日分时图中，该股股价在低开之后，出现了急剧的拉升走势，同时，其成交量也出现了密集的放大。但后市并没有延续这一强势走势，股价开始震荡下行。在下午开盘之后，股价跌破了均价

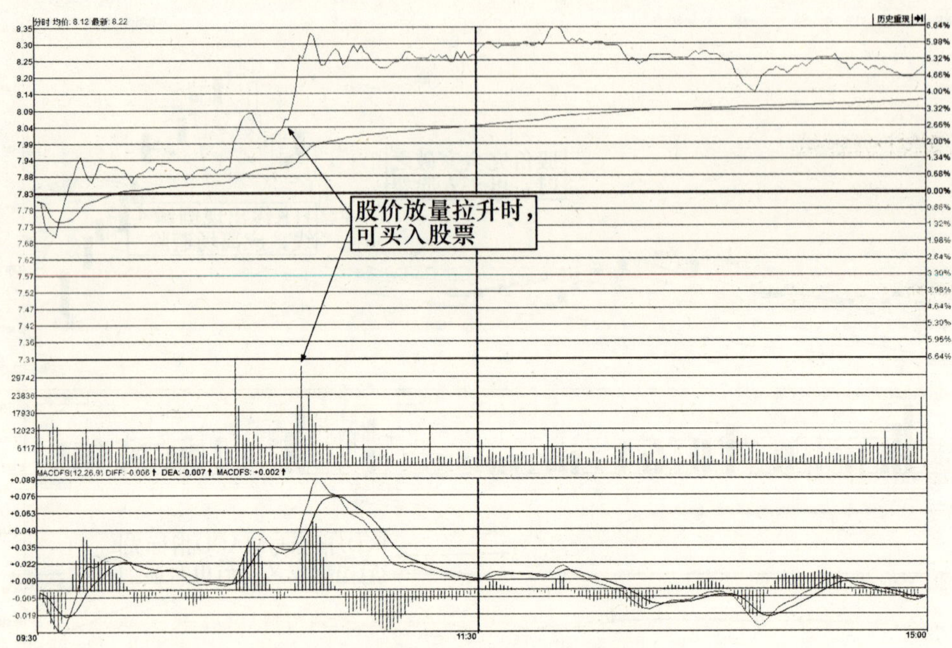

图 22-2　皖维高新（600063）日分时图（I）

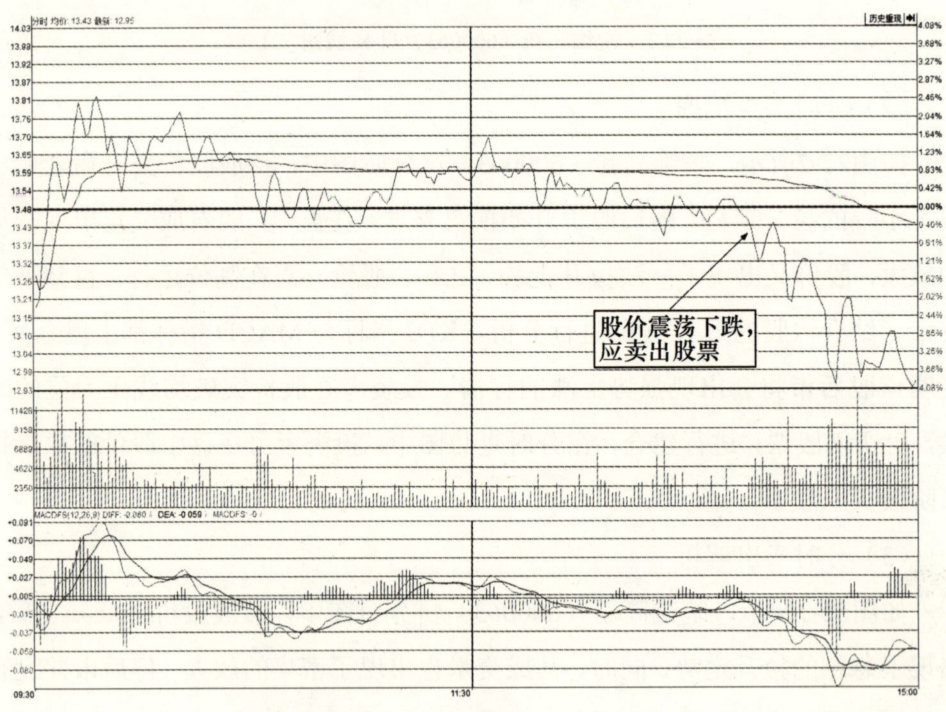

图 22-3　皖维高新（600063）日分时图（II）

线开始了一波下跌走势，直到下午收市。结合该股的日 K 线图进行分析，股价创出新高之后，日 K 线出现了倒锤头线，表明股价后市有回调的压力。投资者应选择时机，卖出股票。在分时图中，在股价跌破均价线开始下跌行情之时，投资者应卖出股票，以规避风险。

2. 宝安地产（000040）

（1）日 K 线形态分析

如图22-4所示，宝安地产（000040）日 K 线图中，该股股价经过小幅的上涨之后，进入到横盘整理的走势，其成交量也基本上呈现出地量的状态。观察该股的 KDJ 指标，J 线在超卖区上穿 D 线、K 线形成金叉，之后向上运行，表明该股将要结束横盘整理的走势，开始一波上涨行情。随后，MACD 指标的 DIF 线与 DEA 线也形成金叉，并且 MACD 指标的红柱出现逐步放大的趋势，验证了 KDJ 指标的买入信号。投资者可在股价强势涨停之时买入股票，进行建仓。在均线出现死叉之后，投资者应卖出股票，规避回调风险。

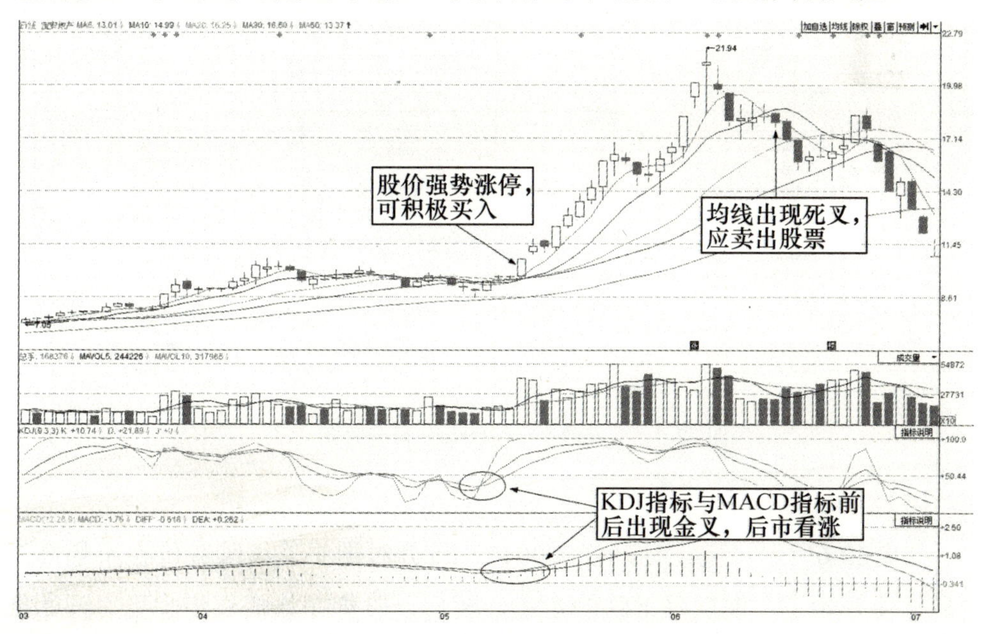

图 22-4 宝安地产（000040）日 K 线图

（2）分时买点把握

如图22-5所示，宝安地产（000040）日分时图中，该股股价在平开之后出现了迅速拉升的走势，并且在开盘后30分钟内上封了涨停板。但在封板之后，涨停板被短暂打开，随后股价又出现拉升，再次上封了涨停板。结合该股的日K线图进行分析，在该股的KDJ指标与MACD指标都出现金叉之后，投资者应买入股票，以获取该股后市的上涨收益。具体表现在分时图中，股价在开盘后的拉升阶段，是投资者买入股票进行建仓的良好时机。激进的投资者也可在涨停板打开时买入股票。

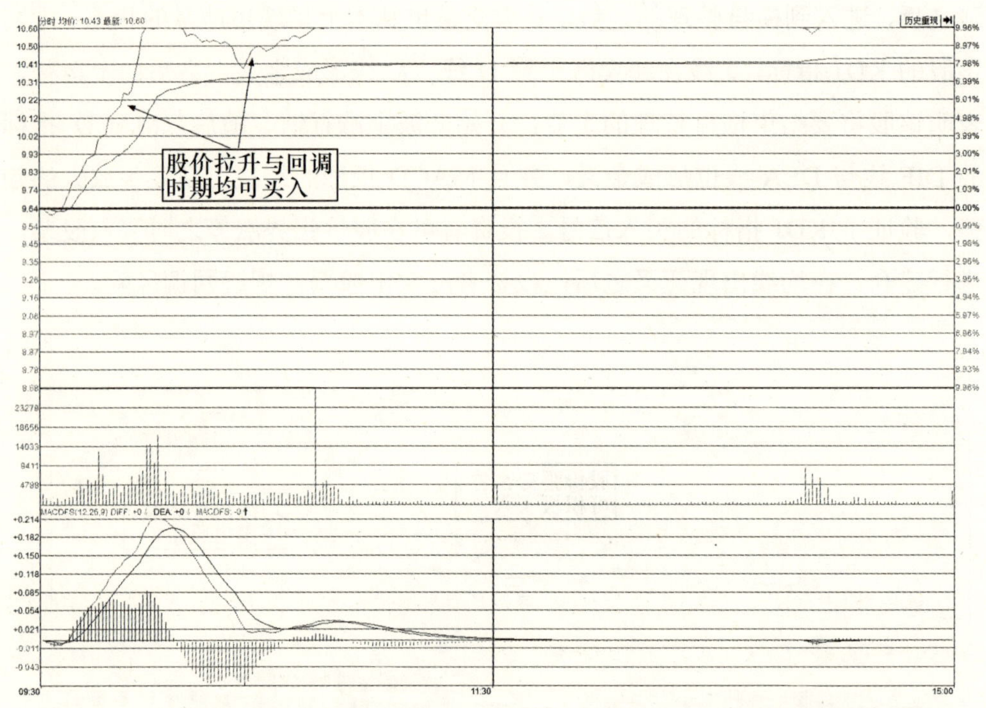

图22-5　宝安地产（000040）日分时图（I）

（3）分时卖出解析

如图22-6所示，宝安地产（000040）日分时图中，该股股价在小幅高开之后，便开始了一波震荡下跌的走势。随后，股价在低位逐步企稳，开始横盘整理。下午盘中，股价出现一波拉升，并上穿了均价线。但股价在后期并没有延续这一走势，在拉升之后便开始出现回调，直到下午收市。结合该股的日 K 线图进行分析，在均线形成死叉之后，投资者应卖出股票，规避下跌风险。表现在分时图中，股价开盘后的放量下跌是卖出股票或进行减仓的良好时机。

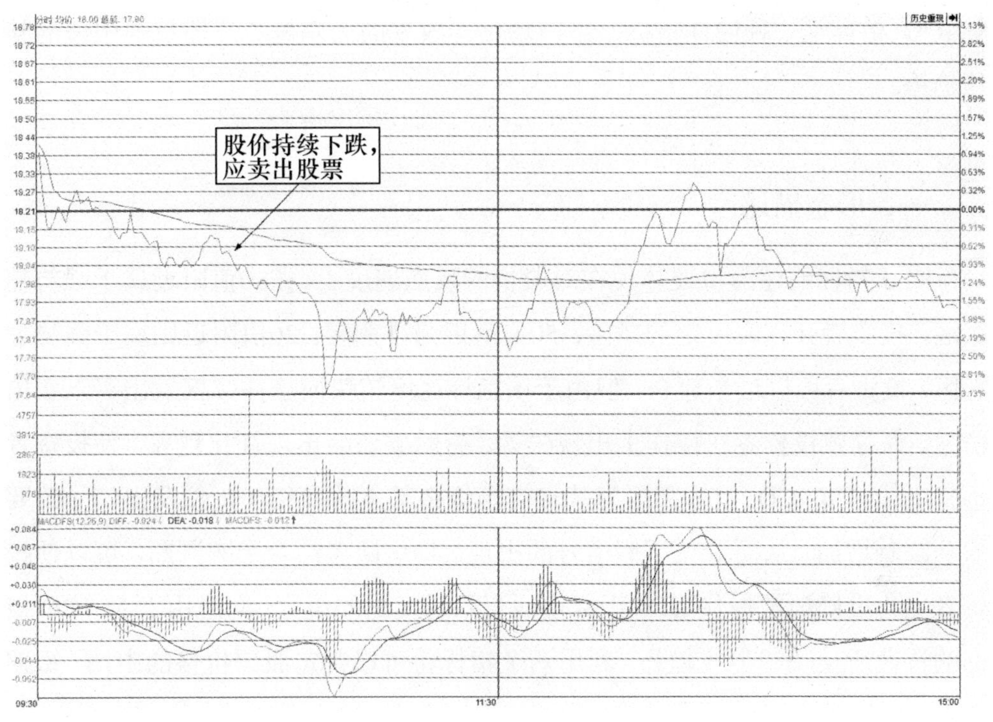

图 22-6　宝安地产（000040）日分时图（II）

MACD 指标的买入信号要慢于 KDJ 指标的买入信号出现，投资者应在两个信号都确定之后，再寻找合理的买入时机。

第二十三技　浪子回头擒杀术

一般情况下，KDJ 指标是一种超前指标，运用上多以短线操作为主；而 MACD 指标是一种慢性指标，是市场平均成本的离差值，一般反映中线的整体趋势。

一、形态描述

KDJ 指标的超前主要体现在对股价的反应速度上，在80值附近属于强势超买区，投资者介入有一定的风险；50值附近为徘徊区；20值附近则属于强势超卖区，投资者可以适当建仓。但由于该指标速度较快而往往频繁发出买入卖出信号，而导致投资者在操作上出现失误。有时候还会出现钝化现象，使投资者不知所措。MACD 指标则因为其与市场价格基本同步移动，使发出信号的要求和限制增加，从而避免了假信号的出现。将这两者结合起来判断，可以使投资者更为准确地把握住 KDJ 指标短线买入与卖出的信号。同时由于 MACD 指标的特性所反映的中线趋势，利用两个指标将可以判定股票价格的中期、短期波动。

因为 KDJ 指标是一项短线指标，会频繁发出买卖信号和出现钝化现象，所以主力根据这一特性常常制造虚假信号，以达到目的。股价经过一轮下跌行情之后，KDJ 指标也会随着股价的下跌而进入到超卖区，但此时若股价继续下探的话，指标线就会在超卖区开始徘徊，出现钝化的现象。若投资者据此而买入股票往往会出现被套的结局。这时投资者就应观察 MACD 指标的变化情况，在 MACD 指标的 DIF 线向上穿越 DEA 线形成金叉，其 MACD 柱由绿变红并逐步递增的时候，投资者才可适当地买入建仓。由于这种形态是由 KDJ 指标的钝化现象与 MACD 指标结合所形成的，所以我们可以把该形态称为“浪子回头”。投资者可以利用该指标捕捉经过一段时间下跌之后将会出现突破上涨的黑马股。

二、形态解析

1．个股处在下跌行情或横盘整理走势之中，股价处在相对较低的位置。

2．KDJ 指标的 J 线、D 线、K 线随着股价的下跌进入到超卖区，但由于股价的继续下探使该指标出现钝化的现象。

3．个股 MACD 指标的 DIF 线与 DEA 线逐渐向上移动，或形成金叉；其 MACD 柱由绿转红，或红柱呈现逐渐放大的趋势。

三、实战要点

1．KDJ 指标的钝化多出现在下跌行情的中期。

2．在个股的 KDJ 指标出现钝化之后，投资者应等 MACD 指标发出看涨信号之后再做投资决定，以规避被套的风险。

四、案例分析

1．广州发展（600098）

（1）日 K 线形态分析

如图23-1所示，广州发展（600098）日 K 线图中，该股股价前期经过小幅的回落之后逐步走平，其成交量也呈现出地量的态势。表明此时该股盘中交投比较平淡，股价已到阶段性的底部。观察该股的 KDJ 指标，随着股价的回调，K 线、D 线、J 线已运行到超卖区，同时出现了钝化的现象。再观察该股的 MACD 指标，在 KDJ 指标出现钝化之后，MACD 指标在0轴线附近出现金叉，其红柱也逐渐放大，表明该股后市将会出现上涨行情。

投资者在股价实现突破之时，应买入股票。均线出现死叉之后，投资者应离场避险。

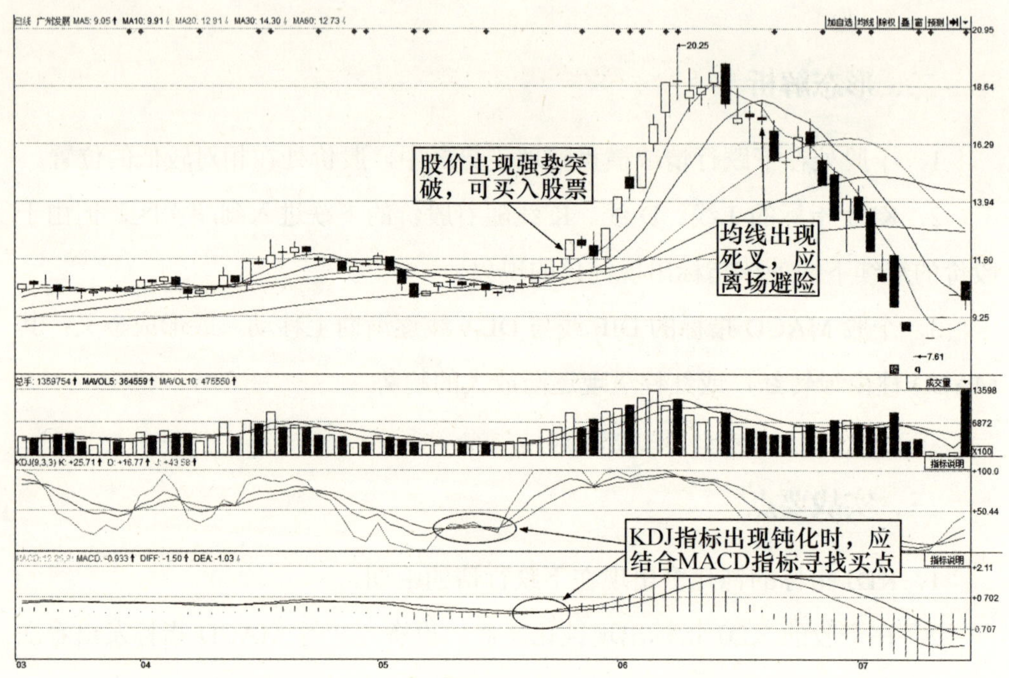

图 23-1 广州发展（600098）日 K 线图

（2）分时买点把握

如图23-2所示，广州发展（600098）日分时图中，该股股价小幅高开之后就开始逐步下行，同时成交量也出现了一定程度的放大。但这种弱势格局并没有持续多久，上午盘中股价向上穿越了均价线开始向上运行。下午盘延续了这一强势走势，伴随着股价的上涨，其成交量也出现了密集的放大，直到下午收市。结合该股的日 K 线图进行分析，在该股 MACD 指标出现看涨的信号之后，投资者可买入股票进行建仓。具体表现在分时图中，当股价上穿均价线进入上升走势时，投资者可买入股票。

（3）分时卖出解析

如图16-3所示，广州发展（600098）日分时图中，该股股价开盘之后开始

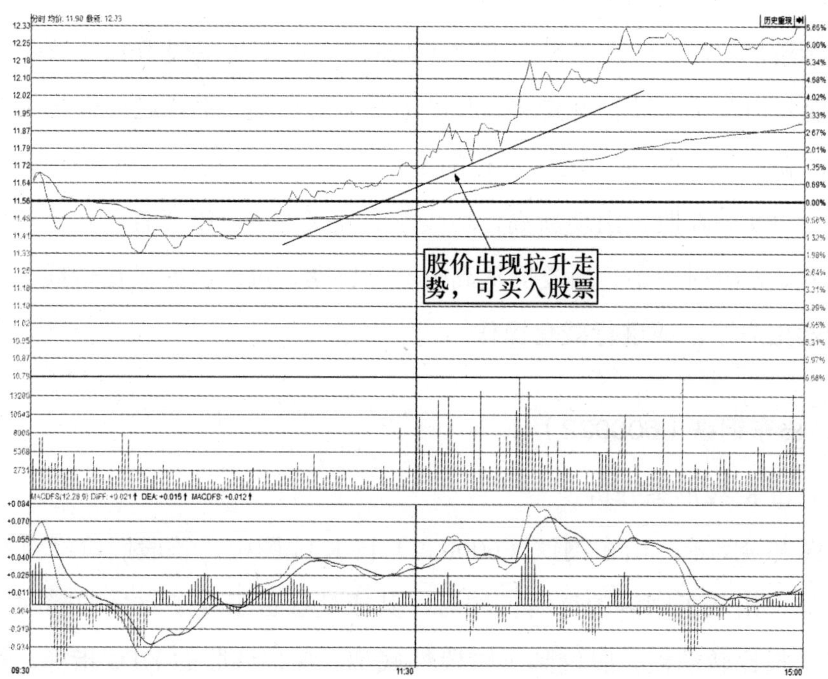

图 23-2 广州发展（600098）日分时图（I）

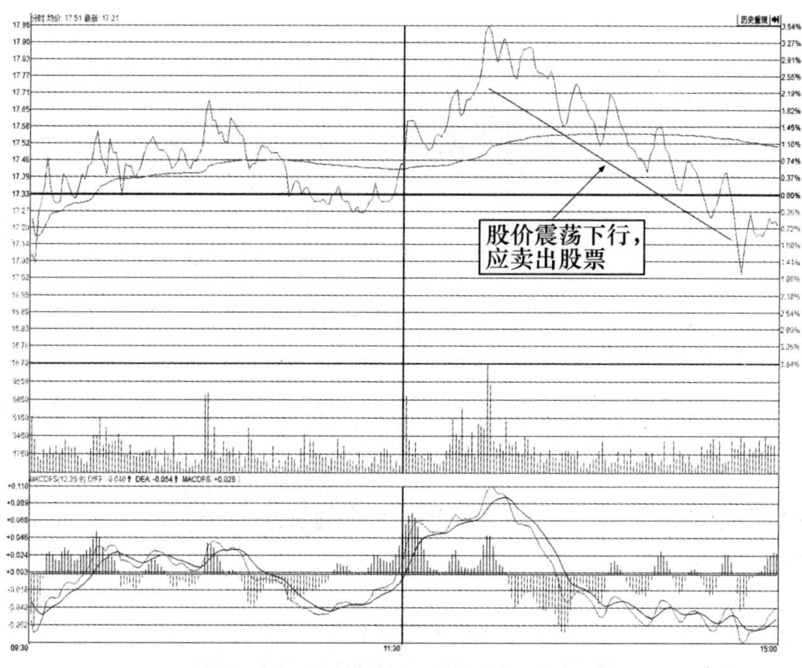

图 23-3 广州发展（600098）日分时图（II）

了震荡上涨的行情，但上午盘中出现了回调走势。下午盘没有延续该股的回调行情，而是出现了一波拉升走势，并且上穿了均价线。不过这一强势走势也没有持续，随后股价出现了震荡下行的走势，直到下午收市。结合该股的日K线图进行分析，在股价出现新高，均线形成死叉之后，投资者应卖出股票，以规避风险。在分时图中，当股价从高位开始回落，再一次跌破均价线之时，投资者应卖出股票，或进行减仓操作。

2. 山东钢铁（600022）

（1）日K线形态分析

如图23-4所示，山东钢铁（600022）日K线图中，该股股价经过小幅的爬升之后，出现了回调的行情。同时，其成交量也出现了逐步的萎缩，表明该股的交投比较清淡，股价到了阶段性底部。观察该股的KDJ指标，随着股价的回调，指标线已运行到超卖区，同时出现了钝化的现象。在KDJ指标出

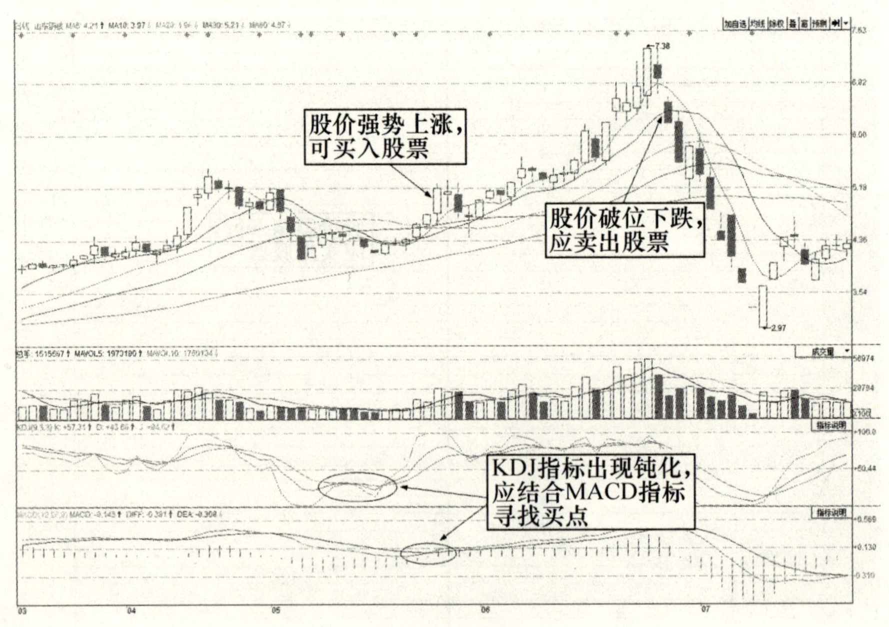

图23-4　山东钢铁（600022）日K线图

现金叉之后，投资者应结合该股的MACD指标进行判断，在MACD指标也出现看涨信号后，表明该股后市将会出现上涨走势。股价强势突破之时，投资者可买入股票。股价创出新高破位下跌之时，投资者应卖出股票，以规避风险。

（2）分时买点把握

如图23-5所示，山东钢铁（600022）日分时图中，该股股价在开盘之后基本上处在横盘整理的走势之中，在上午盘的尾盘股价出现了小幅的拉升。下午开盘之后，股价延续了这一强势走势。在经过一段时间的横盘整理，在尾盘出现了一波迅速拉升的走势，同时其成交量也出现了较大程度的放大。结合该股的日K线图进行分析，在股价出现强势突破之时，投资者可买入股票，吸取筹码。在分时图中，股价放量拉升之时是投资者买入股票的良好时机，投资者可在这一阶段入场。

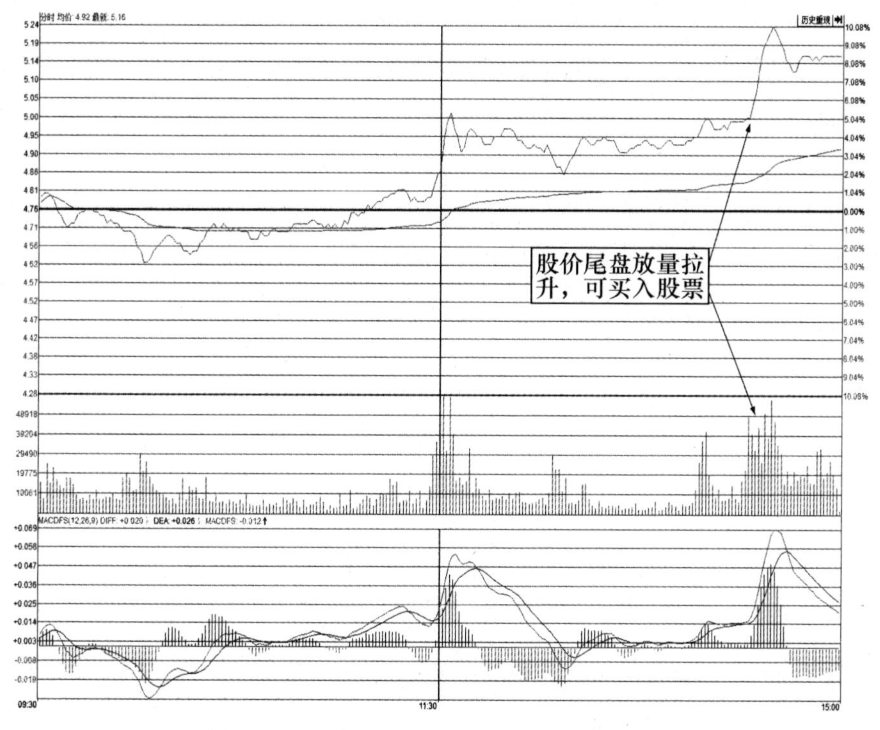

图23-5　山东钢铁（600022）日分时图（I）

（3）分时卖出解析

如图23-6所示，山东钢铁（600022）日分时图中，该股股价在大幅低开之后，开始了震荡横盘的走势，同时其成交量也出现了一定程度的放大。在股价跌破均价线之后，该股的弱势走势逐步加剧，在下午开盘之后股价下探到跌停板。结合该股的日 K 线图进行分析，在股价出现新高之后，该股盘中的回调压力开始增加。投资者在股价出现破位下跌之时，应卖出股票或进行减仓，以规避风险。在分时图中，在股价跌破均价线开始加速下探时，投资者应卖出其所持有的股票。

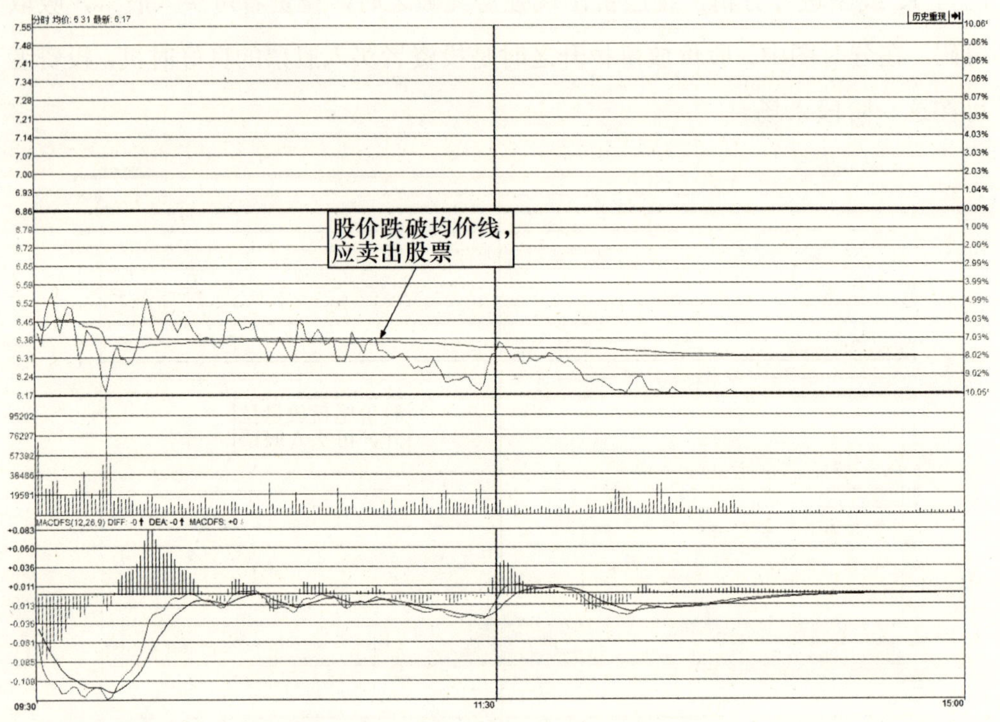

图 23-6　山东钢铁（600022）日分时图（II）

投资者需要注意的是，若 KDJ 指标钝化后出现金叉，而 MACD 指标未出现买入信号，则后市不可贸然介入。

第二十四技　春江水暖擒杀术

股价在低档长期窄幅盘整后，底部已经盘实，多无下跌动力。部分敏感的投资者隐约感觉到市场的回暖，开始趁低吸纳筹码，使得股价开始缓慢向上爬升。某日，股价在正常开盘后被大幅打压至空前低位，但收盘价仍距开盘价不远。此种图形为主力机构拉抬前的最后一次震仓，其后股价将反转向上。通过大幅打压，主力已探明此股的底部，预知股市回暖的投资者，犹如早春江河里的鸭子，最早测知市场的“春江水暖”。

一、形态描述

春江水暖在日 K 线图上会留下长长的下影线，此时的股价如同有一双无形的手将其托住，跌下去往往就被迅速拉起。这是主力洗盘的一种形式，主力先是用大单不断往下打压股价，在投资者吓得拔腿而逃之际，再反手做多，迅速将股价拉起，日线图上留下长长的“尾巴”。日 K 线留下长长的下影线，表明股价探底成功。

二、形态解析

其技术特征主要有以下几点。

1. 股价前期经过了连续调整，并出现下跌放缓、逐步企稳的迹象。
2. 日 K 线是长下影线，阴线或阳线皆可。
3. 随后一天的日 K 线是中阳线或大阳线，反转信号更明确。
4. 此时股价处于弱势，上涨的同时，成交量必须同步放大。

三、实战要点

春江水暖走势有着极强的指示买进意义。但在具体操作中也有着不同的操作要求。

1．股价若经过长期下跌后出现了春江水暖的形态，此时成交量必须同步放大，在短线买进的时候需注意股价的相对弱势，行情可能比较曲折。

2．若在横盘整理期间出现春江水暖形态，成交量未出现放大，通常为获利盘涌出或是庄家刻意打压，此时可见跌则买，获利机率较大。

3．对大幅洗盘的个股，洗盘结束之后常会继续拉升，此时可继续持股积极做多。

四、案例分析

下面我们看个案例，以分析具体的情况。

图24-1是希努尔（002485）在2014年12月至2015年4月的 K 线走势图。股价在上涨的前期有一个漫长的下跌盘整的过程，直到2015年1月16日出现春江水暖的探底形态，股价才确立最低点，随后股价步入上升阶段，短时间股价升幅巨大。

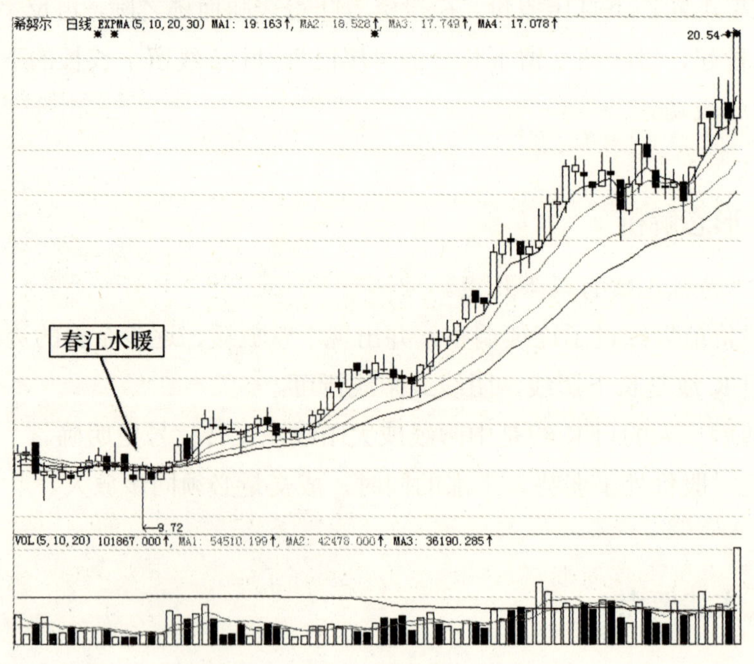

图 24-1　希努尔（002485）日 K 线图

在春江水暖形态后的上涨阶段我们看到，股价的上涨是伴随着量能的放大的，股价的上涨基础坚实而可信。

我们再看另一个案例。

图24-2是登海种业（002041）在2015年2月至6月的K线走势图。股价在长时间的下跌盘整后逐渐站稳均线系统，但主力在2015年3月12日的早盘向下打压则让投资者们不知所措，当惊慌失措的投资者刚卖出股票时，股价临近收盘开始迅速回升，当投资者还在考虑要不要买进的时候，股价早已向上拉升。

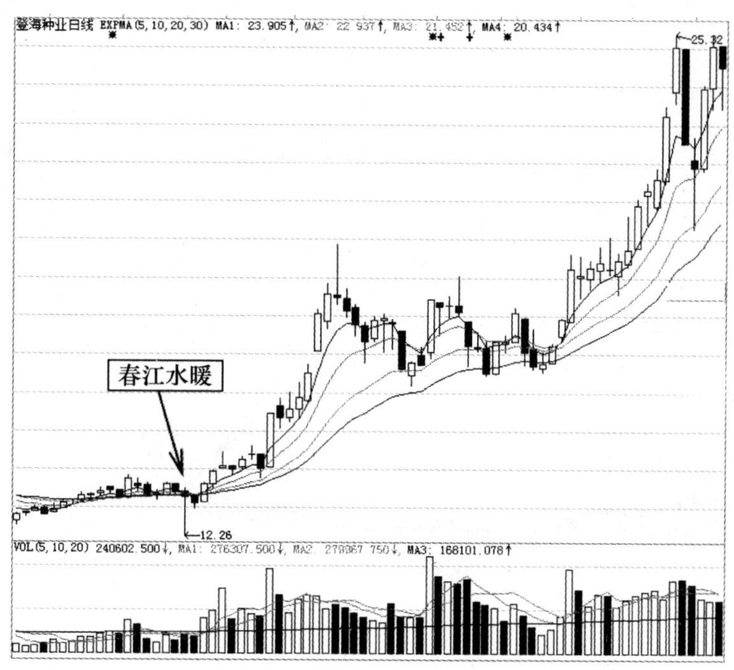

图 24-2　登海种业（002041）日 K 线图

春江水暖是预示股价的好转，行情向好。但在前期出现的乍暖还寒却是投资者必须经历的，毕竟阳光总在风雨后。

春江水暖形态发生在股价底部时，是股价见底的标志，预示行情将会转好，但往往也会表现得相对弱势，毕竟主力还没有完成筹码收集工作，上方的套牢盘依然庞大，不利于股价的短期迅速拉升。而此种形态发生在上升期的回调阶段时，则有着立竿见影的效果。

图24-3是浩宁达（002356）在2015年1月至4月的K线走势图。股价经过前期的一个上升阶段，已走出底部区域，进入盘整阶段。主力资金并没有直接拉升股价，而是用长时间的盘整，消磨投资者的意志，最后利用股价上升前的一个深蹲收出长下影，做出春江水暖形态，集洗盘吸筹于一身。此后股价一飞上天，其间卖出的投资者追悔莫及。而买进的投资者则获利多多。

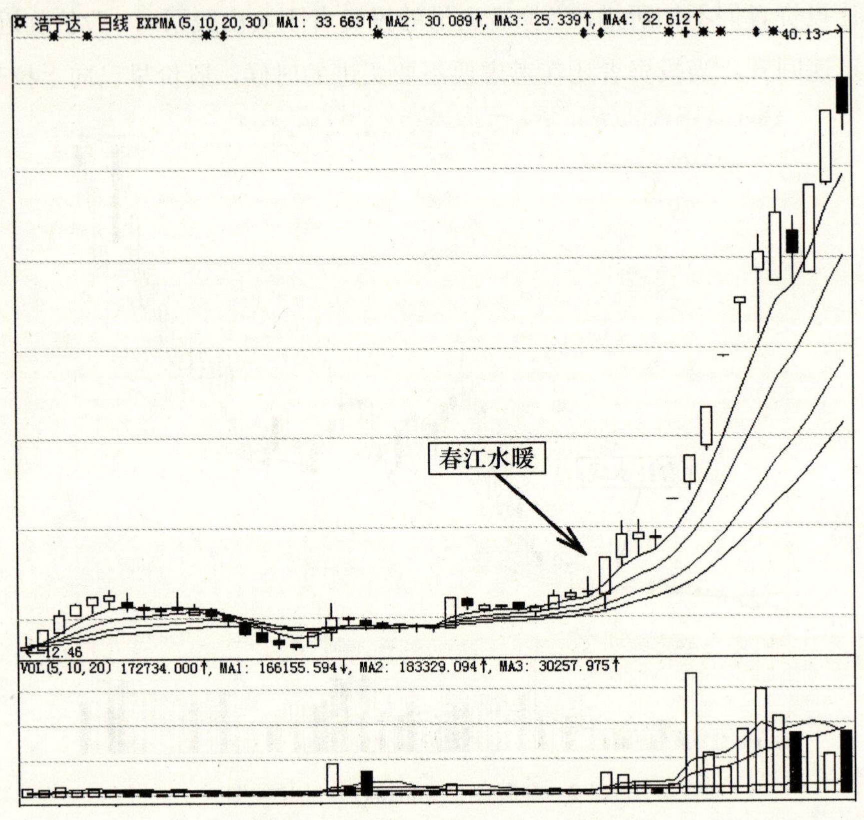

图 24-3　浩宁达（002356）日 K 线图

图24-4是星期六（002291）在2015年2月至6月的走势图。图中出现一个春江水暖的走势，股价随后被快速拉升，对于股价收出此形态后及时买进的投资者而言，在短短几天便获利不菲。

在行情较好、庄家实力强大的个股中，庄家往往利用急速深跌的办法完成洗盘的动作。就本只个股来看，股价经过前期的上涨，积累了大量的获利筹码，庄家不想让获利筹码在高位的兑现影响了自己的拉升，所以就实施了一次洗盘。我们来看看这样洗盘——急速阴跌，迅速回抽——有何好处。

图 24-4　星期六（002291）日 K 线图

急速阴跌使得投资者来不及反应，不能在高位顺利兑现赢利，当股价有着企稳的迹象时，离高点已相隔甚远，投资者的赢利空间大打折扣。而对庄家来说，此时可以用更低的代价承接筹码，不失为一个好方法。但庄家的预期目标位还没有达到，不想做坏形态使投资者纷纷看空离场。所以就需要尾盘的快速拉升，重新确立股价的升势。

这个庄家操盘的过程也就构成了我们春江水暖的形态，而庄家的再次拉升也就成为投资者买进的理由。

图24-5是保千里（600074）在2015年4月至6月的走势图。从图中我们看到，股价经过前一阶段的上涨，有了回调的需要，前两天的连续阴线也告诉我们，回调正式开始，基于前期连续三天的深度回调，此次的回调力度也不会太小，但股价在第三天却收出了春江水暖的走势，回调到位，上涨开始。随后股价也被迅速拉升，开启主升浪行情。投资者在春江水暖形态处买进的话，获得的收益将相当可观。

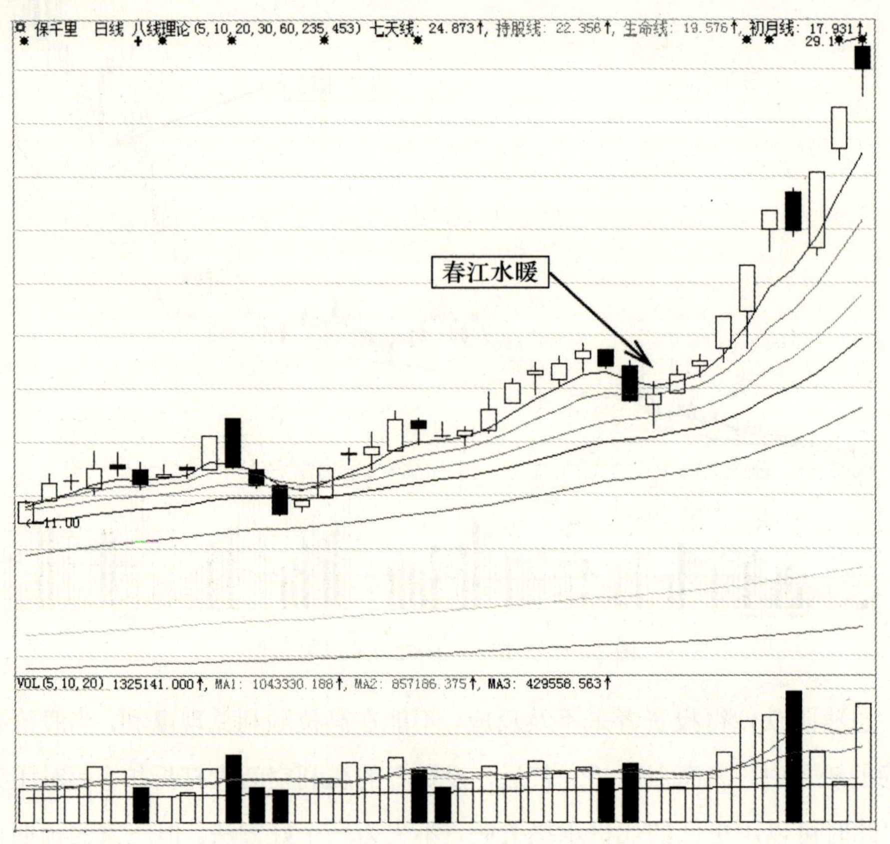

图 24-5　保千里（600074）日 K 线图

我们再看海立股份（600619）的春江水暖走势。图24-6是海立股份（600619）在2015年5月至6月的 K 线走势图。股价在出现了春江水暖走势后，同样出现了一波上升行情，短线买进的投资者也可获得不错的收益。

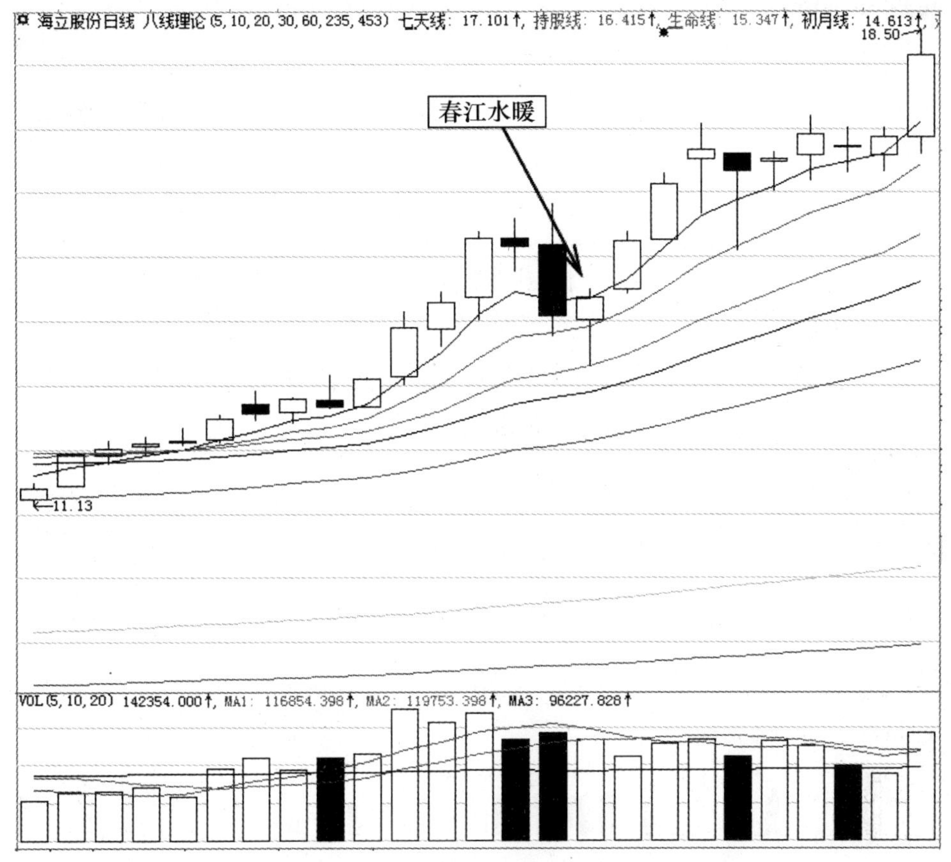

图 24-6　海立股份（600619）日 K 线图

有时春江水暖的走势会多次出现。后期出现时买进信号明确。我们再看一些案例，以更进一步了解这种形态下的走势。

图24-7是节能风电（601016）在2015年4月至2015年6月的 K 线走势图。股价在出现两个春江水暖后也出现了一波快速拉升的走势。当投资者在第二个春江水暖形态成立时买进，将获得不菲的投资收益。

对比两个连续出现的春江水暖，我们发现，在第一个形态成立后，股价在走出阴线后量能依然较大，并没有明显的萎缩。这说明此时盘中浮筹仍然很多，洗盘的动作还需继续，表现在形态上则是继续出现横盘。而当出现第二个春江水暖后，阴线量能明显缩小，浮筹不多。拉升也就近在眼前了。

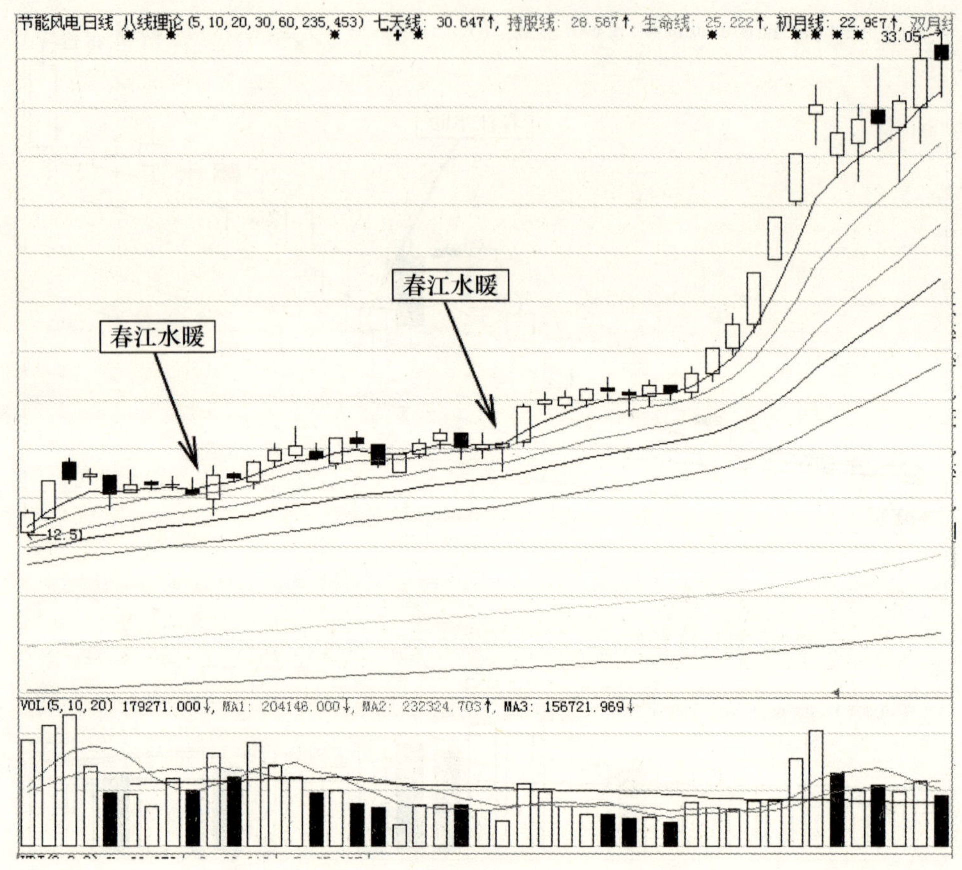

图 24-7 节能风电（601016）日 K 线图

我们再看一个连续春江水暖的案例。

图24-8是春秋航空（601021）在2015年3月至5月的 K 线走势图。在图中我们看到，在整理阶段的连续两个春江水暖集洗盘、吸筹于一体，自此之后股价再起。

下面，我们再看宝鹰股份中的连续春江水暖。

图24-9是宝鹰股份（002047）在2015年5月至6月的走势。股价在连续两个春江水暖形态的推动下再攀高峰，而把握住买进机会的投资者在短短几日的时间内也可获得不错的收益。

在走势的前期我们也能看到一个春江水暖的形态，这也可以作为多线的

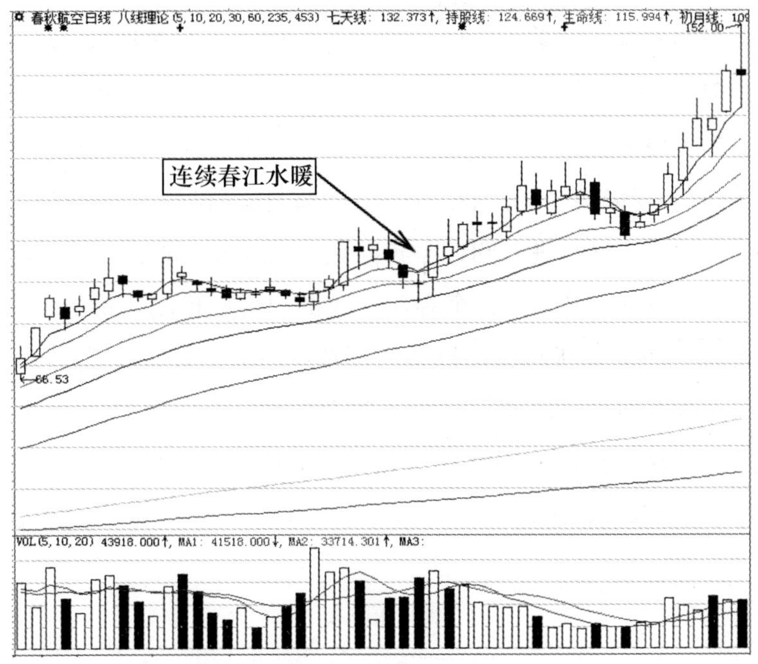

图 24-8　春秋航空（601021）日 K 线图

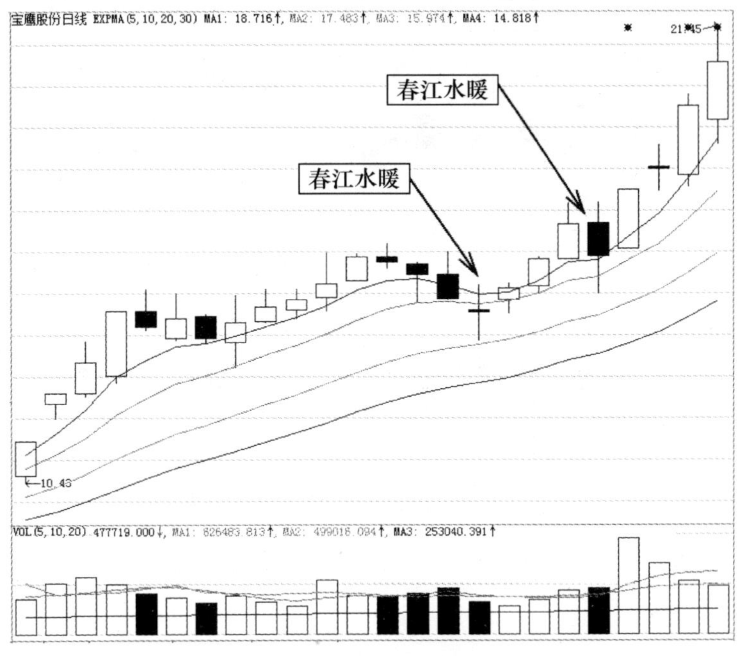

图 24-9　宝鹰股份（002047）日 K 线图

出击机会。我们看到，在多次出现此形态后，股价都会有着不错的升幅，此形态的买进信号明确。

我们再和大家一起看一个案例。

图24-10是宁波华翔（002048）在2015年4月至5月的K线走势图。股价经过前期的一个涨势，慢慢进入回调整理阶段。此时出现的第一个春江水暖宣告股价调整结束，再获升势。第二个春江水暖的出现则推动股价更上一层楼，加速上涨。把握住两个春江水暖，投资者可获得巨大的投资收益。

通过前文我们对春江水暖这一形态的介绍和几个实例的分析，相信读者朋友都基本掌握了这种技法，望把握住这种利好机会，趁势追击，莫失良机。

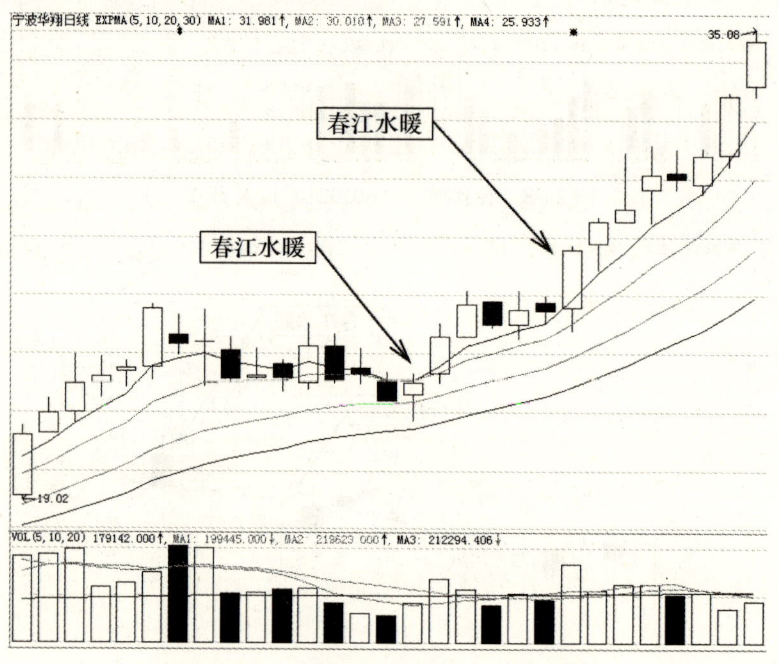

图 24-10　宁波华翔（002048）日 K 线图

第二十五技　江上春花擒杀术

江上春花形态是由K线和均线系统组合而形成的K线组合形态，是指K线突破所有长短期均线之后，继而连续上涨的走势。该形态是均线突破的极致形态，其转势信号非常强烈。实战中，投资者熟练运用该形态可轻松捕获中长线翻倍黑马。

一、形态描述

股价经长时间横盘整理后，底部已经构筑得十分坚实，向上突破只是时机问题。某日，股价突然放量拉抬，以长阳报收，其收盘价已经高过此前横盘区域的所有价位，创出近期新高。股价穿破均线系统，稳稳站在均线之上。从图形上看，之前的横盘区域因价位相差无几，基本处于同一水平上，就好像水平线一样，而此时的阳线则如盛开在水上的水仙，光华四溢。投资者应熟记该形态的构成特征，能熟练掌握并运用于实战之中。

二、形态解析

1. 江上春花形态是由一根K线和同时被突破的多条均线共同构成，这些均线包括5日、10日、20日、30日、60日、120日和240日等均线。

2. 江上春花是以一根大阳线为标志的，阳线的收盘价必须站稳在多条均线之上。

3. 江上春花形态在K线形成对均线的突破时，成交量必须有所放大。

4. 江上春花形态使得部分均线出现转向，多头发散。

三、实战要点

江上春花形态出现时，股价经过了较长时间的盘整和蓄势，长短期均线纠缠，随着一根放量阳线的突破，意味着积蓄能量的集中爆发。均线黏合转向多头扩散，K线长阳穿破形态出现，此时可视作买入良机。若下手太迟，势必坐失一大笔收益。

四、案例分析

图25-1是三泰控股（002312）在2014年12月至2015年6月的K线走势图。股价经过前期的上涨，慢慢步入回调阶段。但这种回调并没有持续太久，2015年5月8日出现的一根站稳均线并向上突破的中阳线，宣告江上春花形态成立，股价就此上涨。

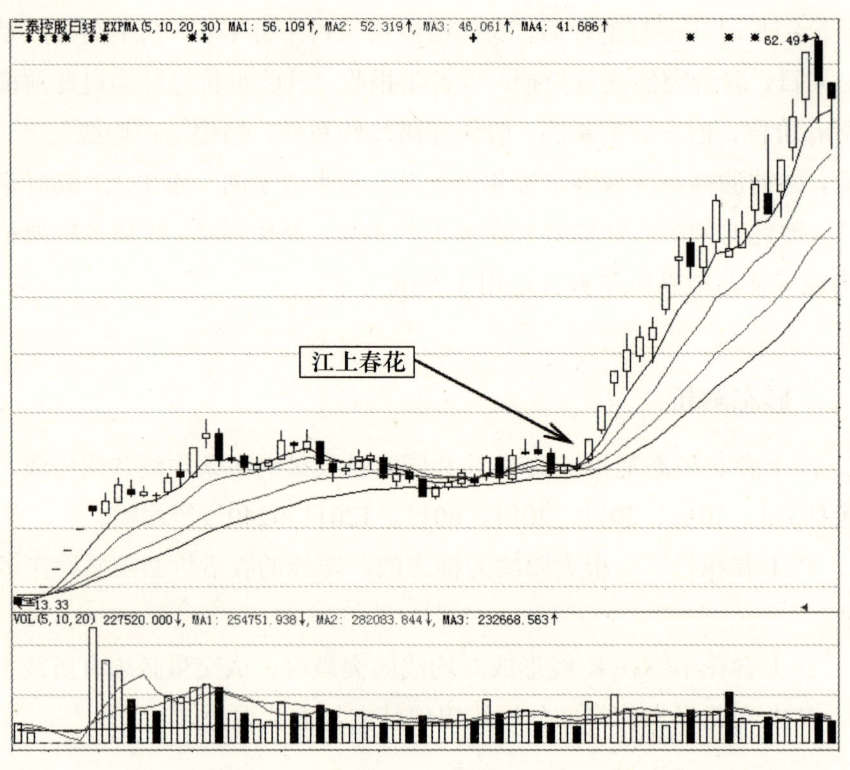

图25-1 三泰控股（002312）日K线图

股价在不足一个月的时间，从形态成立时的不足28元一直涨到62元以上，上升幅度巨大，而在此时买进的投资者在短时期内获得的收益巨大。

我们再看一个案例。

图25-2是浦东金桥（600639）在2014年7月至2015年1月的K线走势图。股价在前期呈现出缓慢上升的走势，2014年11月12日 K 线在均线系统上收出的一根大阳线，开启了股价的快速上升走势。股价的上涨又是一个狂飙突进的典范，从形态成立时的14元左右，一路走高到26元以上，升幅巨大，买进的投资者投资收益丰厚。

图 25-2　浦东金桥（600639）日 K 线图

下面我们看格力地产中出现的江上春花。

图25-3是格力地产（600185）在2014年9月至2014年12月的K线走势图。图中出现了一个典型的江上春花形态。K 线特征表现在以站稳均线的价位开盘，收盘时股价已远高于当时5日均线的价格。成交量也明显放大。

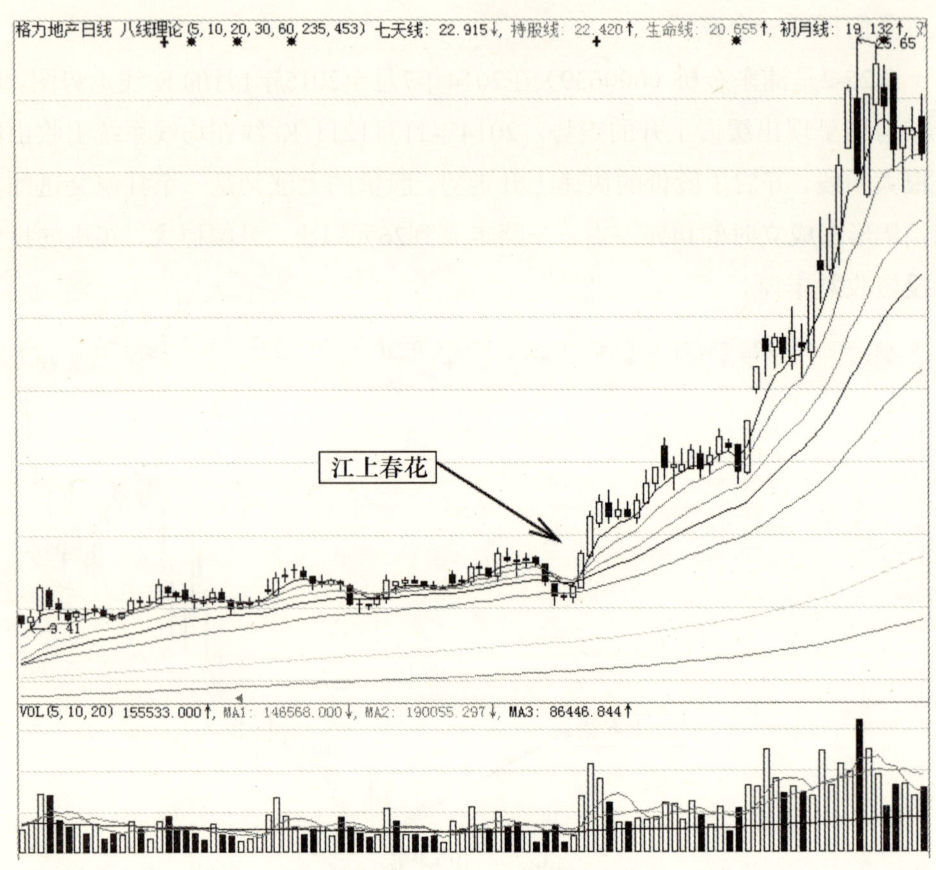

图 25-3　格力地产（600185）日 K 线图

在出现大阳线的时候，均线系统发生转向，由死叉转变为金叉，并逐渐多头发散，江上春花形态特征明显。此后的股价自然也如盛开的花朵一样，耀眼夺目。股价从形态起步时的10.52元走高到25.65元，价格翻番。

而图中出现的涨停板，更是意外之喜，当投资者掌握了适用的方法技术后，获取收益自然不在话下，涨停板也是尽在囊中。

下面我们再看一个江上春花的案例。

图25-4是升华拜克（600226）在2014年12月至2015年3月的 K 线走势图。自图中出现江上春花形态后，股价一路上行，由最初的8.14元走到了高点时的

14.64元。及时买入的投资者收益不菲。

图 25-4　升华拜克（600226）日 K 线图

江上春花形态是一种强势突破的 K 线形态，是积蓄能量后的爆发，预示股价将出现大幅上涨行情。如遇到该 K 线形态，投资者可以积极买进。

下面我们再看看双象股份涨停式的江上春花。

图25-5是双象股份（002395）在2015年2月至2015年4月的 K 线走势图。图中出现了一个涨停式的江上春花形态，涨停形态成立后，股价短期高位震荡，随即又拉升出了一个涨停板。在遇上涨停式江上春花时，投资者也可参考捕捉下一个涨停板。

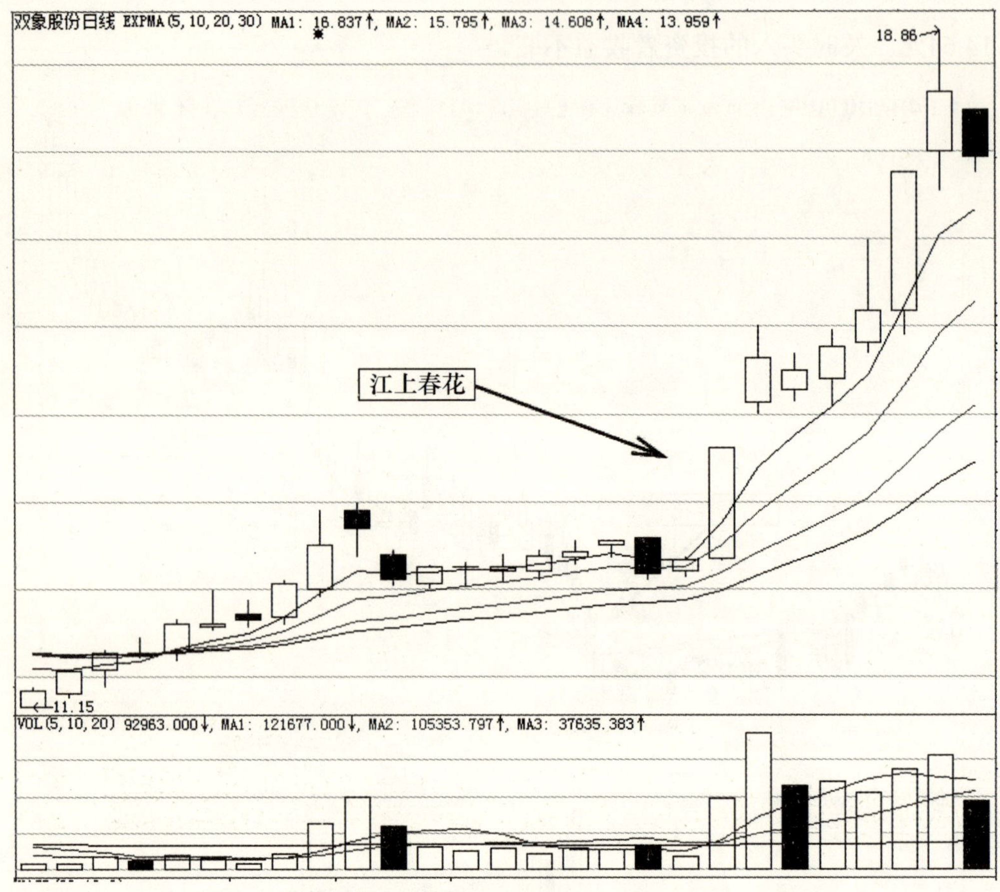

图 25-5　双象股份（002395）日 K 线图

我们再看一个涨停后的江上春花。

图25-6是*ST 中昌（600242）在2015年1月至2015年4月的 K 线走势图。图中出现一个涨停式的江上春花形态。K 线的低点就如同扎根于均线系统之上，高点则如同开出灿烂的花朵。而连续的涨停则是红花朵朵、万山红遍。

江上春花这种形态，就像它的名字一样，预示着希望和向上的力量。因此，当投资者在观察 K 线形态时，若能在纷繁复杂的走势图上发现这一形态，把握住大好形势、趁势而为，定能取得不菲回报。

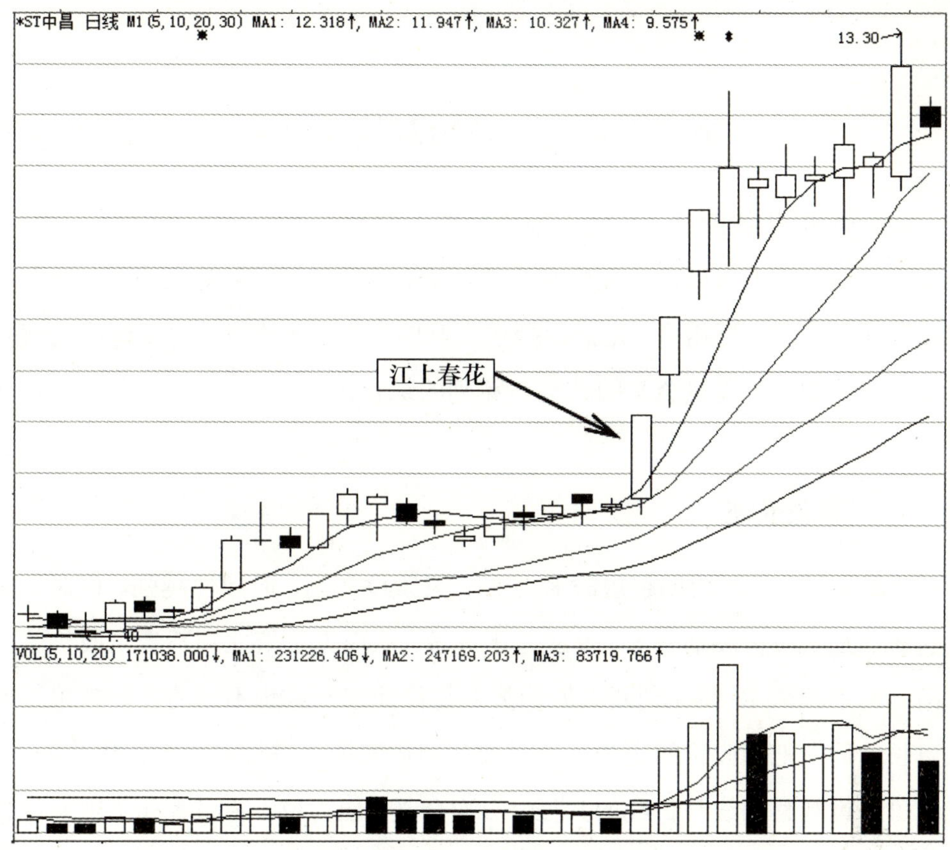

图 25-6　*ST 中昌（600242）日 K 线图

第二十六技　长短双枪擒杀术

众所周知，K线图是投资者在股市操作中参考的重要指标。利用这一指标，投资者可以把握大盘以及个股未来走势，从而审时度势、顺势而为。K线图与均线等其他技术指标组合，是捕捉翻倍黑马的利器。本章的长短双枪形态就是K线与日线金叉、周线金叉的共振与穿刺的综合运用。

一、形态描述

一般来说，时间周期越短的K线图，灵敏度越高，时效性越强。但短期K线的缺点是随股价波动较大、反应过于灵敏，从而无法依此判断未来股价的大方向，而中长期K线在判断大的趋势上往往能起到意想不到的良好效果。要从更长的周期把握股价的走势，就需要运用周线图来进行观察。在周线图上，我们可通过观察周线与日线的共振、二次金叉、压力位、背离等几个现象寻找个股的买卖点。

周线反映的是股价的中期趋势，而日线反映的是股价的日常波动，若周线指标与日线指标同时发出买入信号，信号的可靠性便会大增。周线金叉与日线金叉共振，是一个较佳的买点。

二、案例分析

我们看一些案例，以此来验证买点。

图26-1是德威新材（300325）在2014年6月至2015年6月的周线图，股价在2015年2月的时候出现一次金叉后，迅速向上攀升，从金叉时的不足9元走到了高点的26.20元，股价飙升了近两倍。买进的投资者将获利不菲。

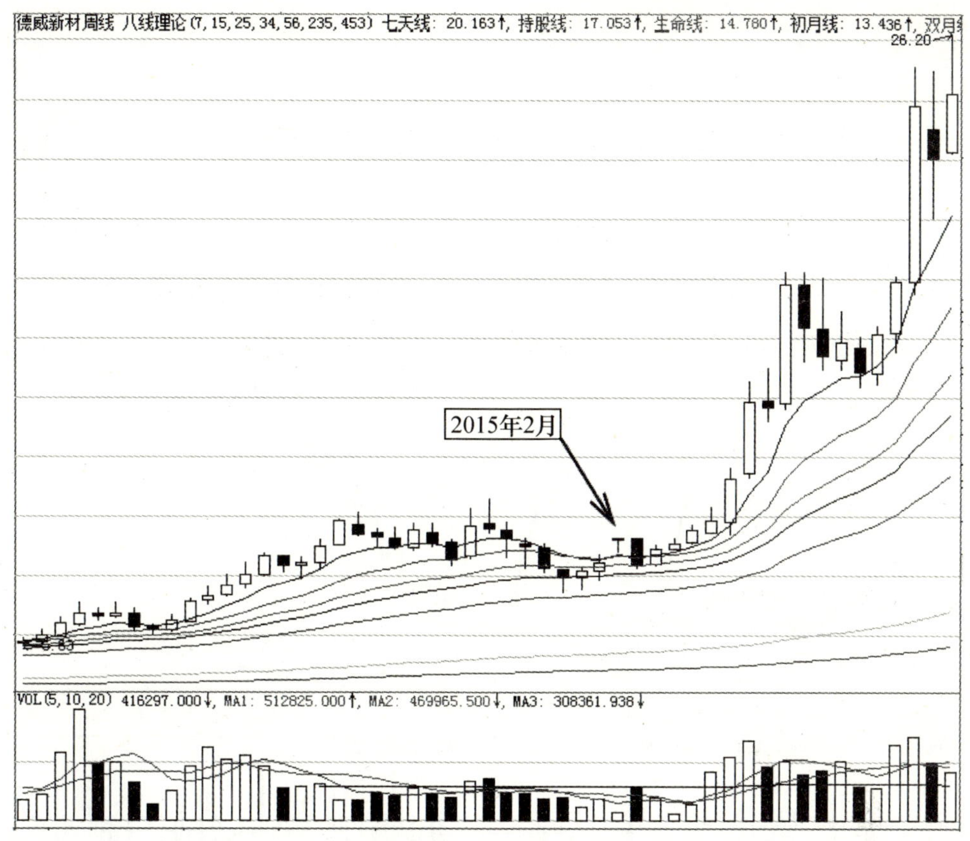

图 26-1　德威新材（300325）周 K 线图

我们看当时该股的日 K 线走势。图26-2是德威新材（300325）在2014年10月至2015年6月的日 K 线图。对比德威新材日 K 线图和周 K 线图，我们发现，其在2015年2月时都出现的金叉，指示买进。但我们又看到一个不同的地方，即日 K 线图在金叉出来前有一个明显的死叉，股价击穿多条均线，指示卖出意味强烈。

如果投资者单单依据日 K 线做买卖判定，轻则损失一点交易费用，严重的可能因为死叉对股价失去信心，丧失后期巨大的升幅空间。当然，这也是我们从日周双线判断股价走势的意义所在。长短枪，短枪突击，长枪穿刺。

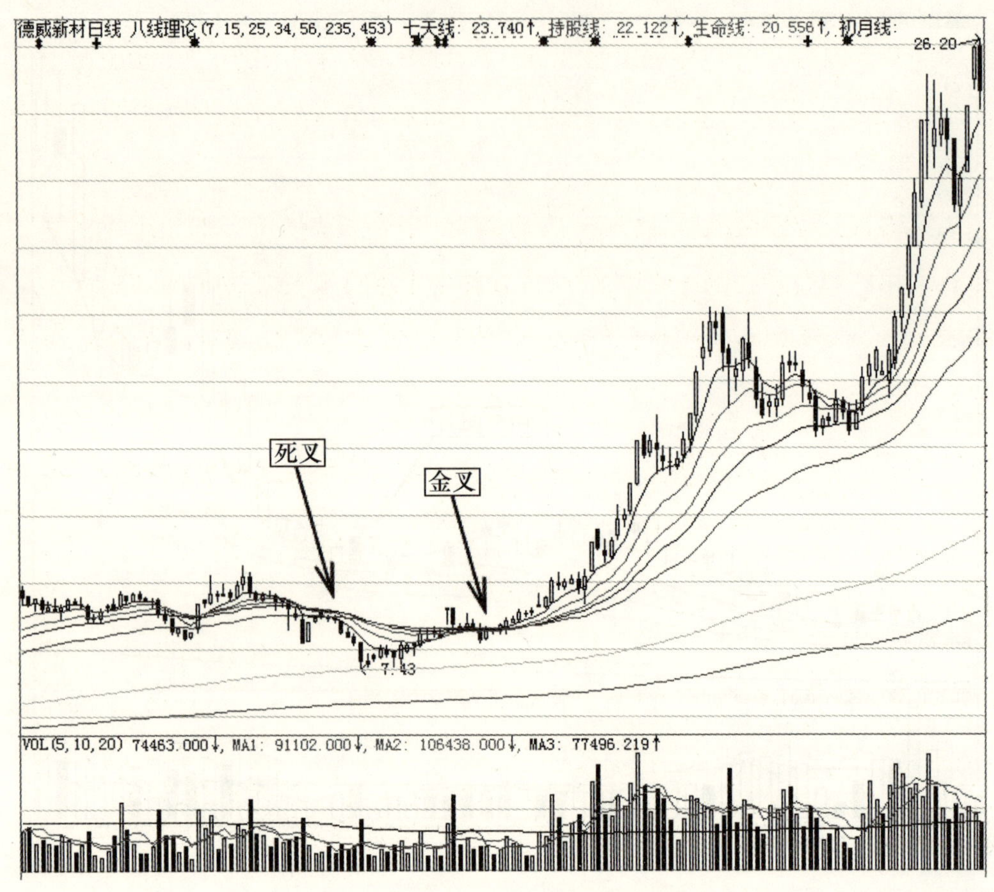

图 26-2 德威新材（300325）日 K 线图

下面我们再看一个短枪突击、长枪穿刺的案例。

图26-3是双箭股份（002381）在2014年11月至2015年6月的日 K 线走势图。在日 K 线图中出现多次金叉、死叉。而我们看到这些金叉、死叉的买进与卖出意义同样存在。它可以帮助我们更大程度地获取短线收益，减小股价盘整带来的收益与时间的双重损失。短枪突击在此案例中得到了很好的证明。

我们再看它的周 K 线图。

图26-4是双箭股份（002381）在2014年11月至2015年6月的周 K 线走势图。

从图中我们看到，在日K线出现死叉后，周K线同样出现死叉。卖出指示再次确认。因为周K线相对日K线会有一个延迟，投资者可在死叉前的倒锤头阴线处卖出。

均线后出现的金叉验证日K线的金叉，长枪穿刺成立。股价迅速飙升。当然，我们也看到在周K线的对应位置并未出现日K线上的死叉和金叉。周K线未出现死叉，说明股价仍然向好。投资者在参考周K线后，在日K线的金叉可放心买进。

图 26-3　双箭股份（002381）日K线图

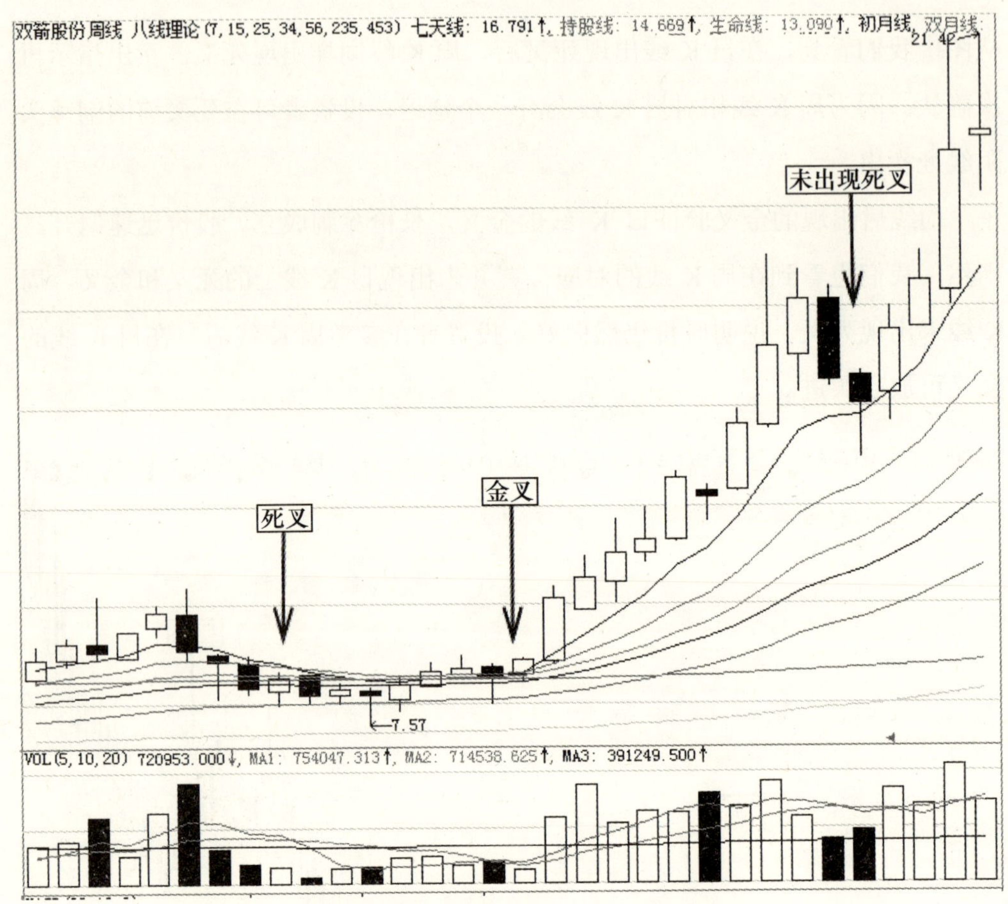

图 26-4　双箭股份（002381）周 K 线图

我们再看一个长短枪的案例：志存高远，手法灵活。

图26-5是福瑞股份（300049）在2014年7月至2015年6月的日 K 线走势图。图中出现多次金叉死叉，投资者据此做出交易安排，也可获得不错的收益。当股价在金叉后经过简单回调，并再次上扬后，也就一飞冲天、不再回头。

我们看当时的周 K 线图走势，看发出的买卖指示又是怎样？

图26-6是福瑞股份（300049）的周 K 线走势。从图中我们看到，在相同的位置周线也出现了金叉的形态，买进特征明显。对于死叉出现的滞后性，投资者仍然可通过 K 线形态的出现来弥补。

我们说周线是反映更长期走势的指标，当日线形态与周线形态发出共同的指示方向时，往往都会有一波不错的行情，投资者可多加关注。遇到同步金叉时可积极做多。而当出现同步死叉时则要坚决卖出，避免更大的损失。

当股价（周线图）经历了一段下跌后，反弹突破30周均线位时，我们称为“周线一次金叉”。此时往往只是庄家在建仓而已，我们可积极关注、保持观望，但不应参与；当股价（周线图）在第一次金叉后回调，再次向上突破30周均线时，我们称为“周线二次金叉”。这意味着庄家洗盘结束，即将进入拉升期，后市将有较大的升幅。此时可密切注意该股的动向，一旦其日线系统发出买入信号，即可大胆跟进。

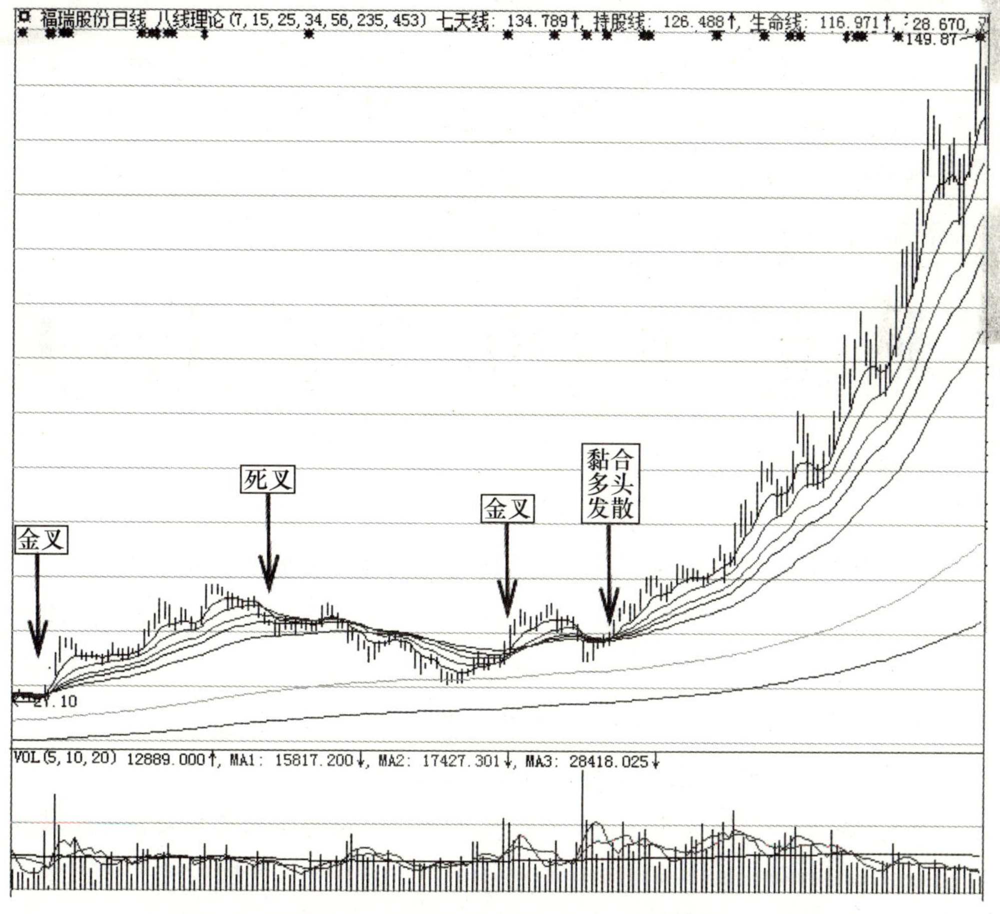

图 26-5　福瑞股份（300049）日 K 线图

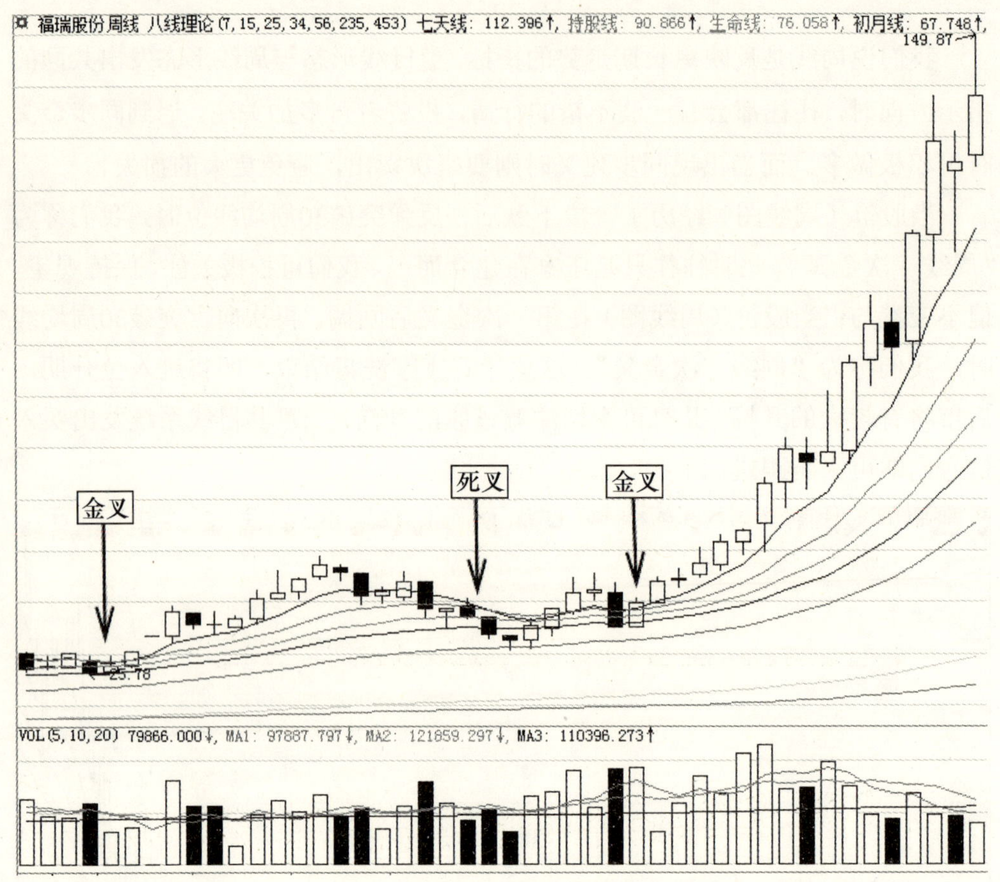

图 26-6 福瑞股份（300049）周 K 线图

图26-7是富春环保（002479）在2014年5月至2015年6月的周 K 线走势图。股价在2014年7月第一次对周线形成突破，出现金叉。此后股价缓步上扬。但股价上涨并未延续太长时间，股价在高点出现一根大阴线，随后股价回调，并跌破均线系统。在2015年2月股价以一根中阳线上穿30周均线，形成第二次金叉。股价经过前期的吸筹，在第二次金叉后突破均线系统压制，打开上升空间，一路上涨。把握住投资机会的投资者，在本轮行情中获利巨大。

我们观察当时的日 K 线走势，看看好的买点在哪。

图26-8是富春环保（002479）的日 K 线图。在日线图上出现的金叉是最好的买点。我们看对应的下方的量能也出现放大的现象，说明股价的上升得到了量能的支撑。随后的无量回调也就成为投资者另一个难得的买点。

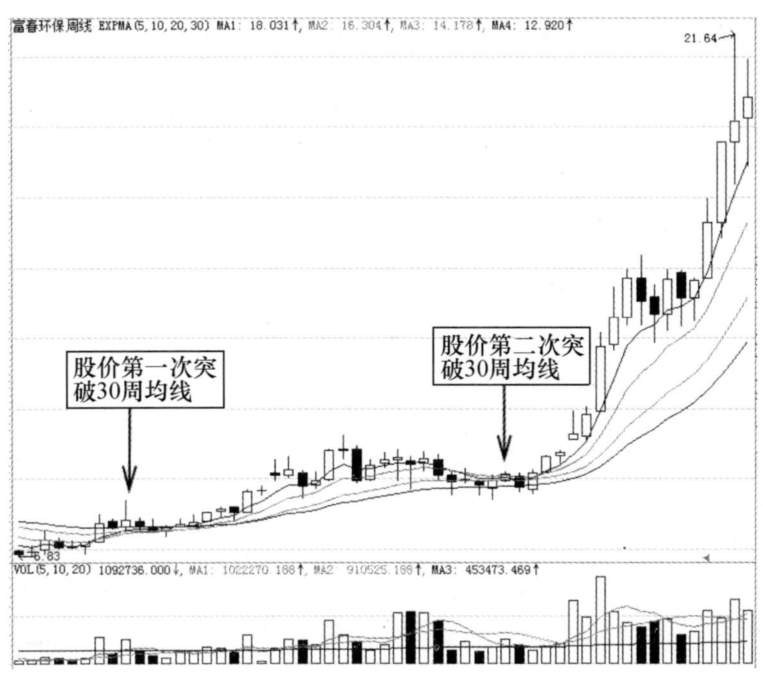

图 26-7　富春环保（002479）周 K 线图

图 26-8　富春环保（002479）日 K 线图

我们再看一个周线二次金叉的案例。

图26-9是浙富控股（002266）在2014年4月至2015年6月的周 K 线走势图。股价在运行中出现了两次对30周均线的金叉，股价在第二次金叉后，也就走出了盘整阶段，步入上升期，股价后期升幅同样巨大。

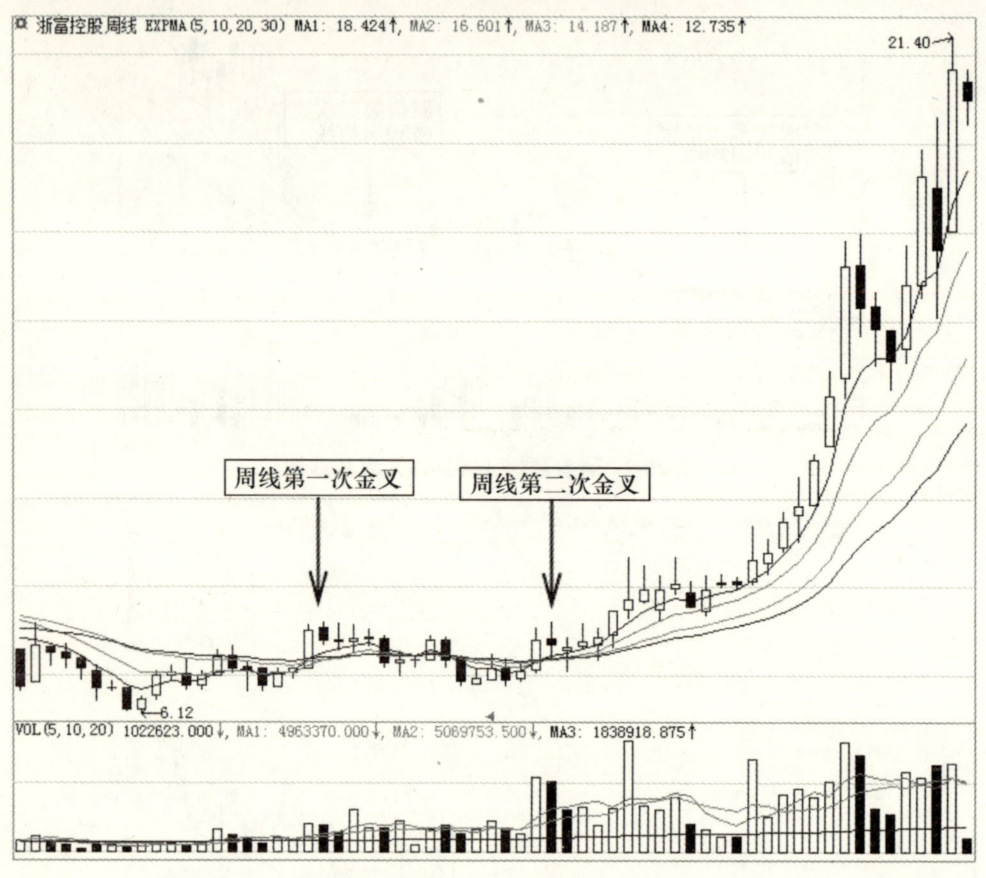

图 26-9　浙富控股（002266）周 K 线图

我们再看当时的日 K 线买点。

图26-10是浙富控股（002266）日 K 线图。在日 K 线走势图上我们看到了多处的买点。一是均线金叉时，可作为买点参考；二是股价在随后的两个回调期，可作为买点参考。此时的均线系统并未出现死叉，只是短暂的黏合再次发散，是一个良好的买点。

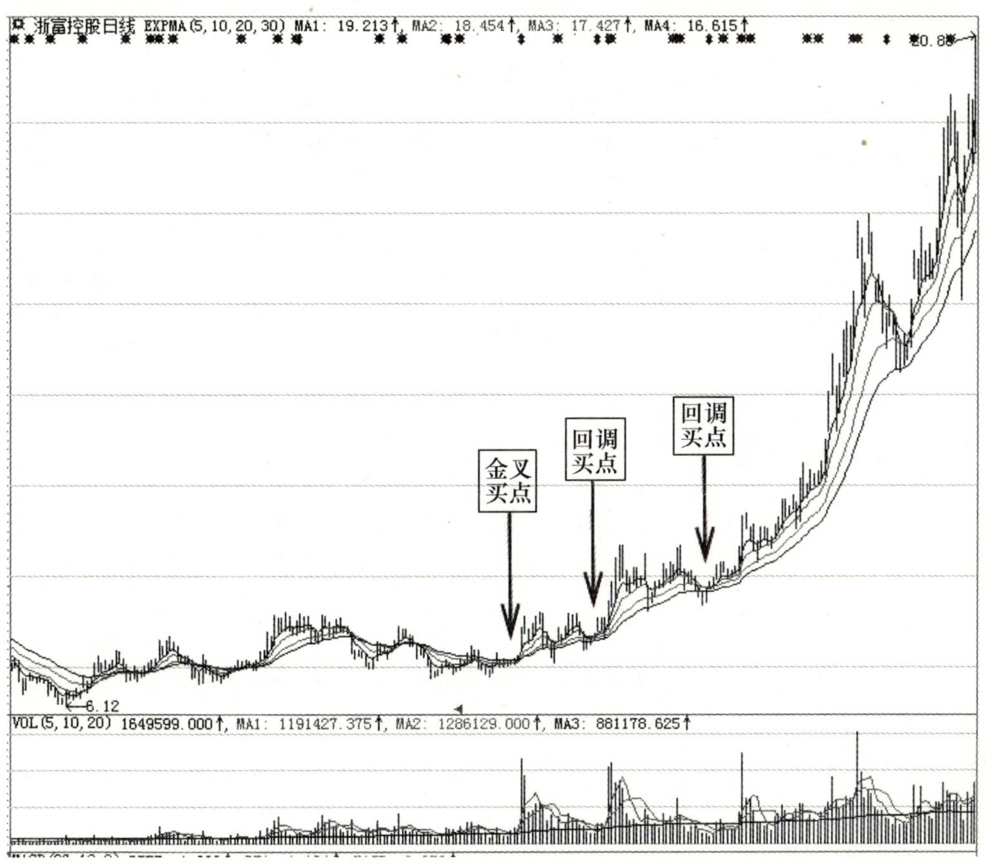

图 26-10　浙富控股（002266）日 K 线图

第二十七技　三线合一擒杀术

在实际交易中，均线也是我们重点参考的技术指标之一。均线由多到少的过程，分别呈现出空头发散、黏合、多头发散这三种不同的形态。本章我们就来详细阐述均线的基本原理与使用技巧。

一、形态描述

三线合一是股价在上升行情中，出现5日、10日、30日三条均线走到一起，呈现高度黏合并再次向上发散的形态。表明股价跌到了低位，并开始转头向上，投资者这时可积极做多。

均线黏合说明长短期投资者的买入成本趋于一致，加之股价处于较低的价位，不会被轻易做空，只要多头稍加发力，股价就会止跌反弹。随着股价的推高，底部买入的投资者开始有赢利，而这种强烈的赚钱示范效应将会吸引更多的场外资金介入，推动多头行情再次向上爆发。

在均线形态出现三线合一时，均量线与 MACD 的黄金交叉点同时出现，这是股价见底回升的更明确指示信号，是可靠的做多信号。投资者可放心买入，捕捉黑马有保障。

二、案例分析

下面我们看一个案例，通过案例的分析找出其中的买点。

图27-1是陇西化工（002584）在2015年1月至2015年6月的 K 线走势图。股价在经过长期的下跌逐步企稳，在2015年2月均线系统走出三线合一的走势，开启了股价的上涨行情，此后一发不可收拾，从20元的位置一路走高到77元的高位。投资者在均线系统出现三线合一的形态后买进，获益巨大。

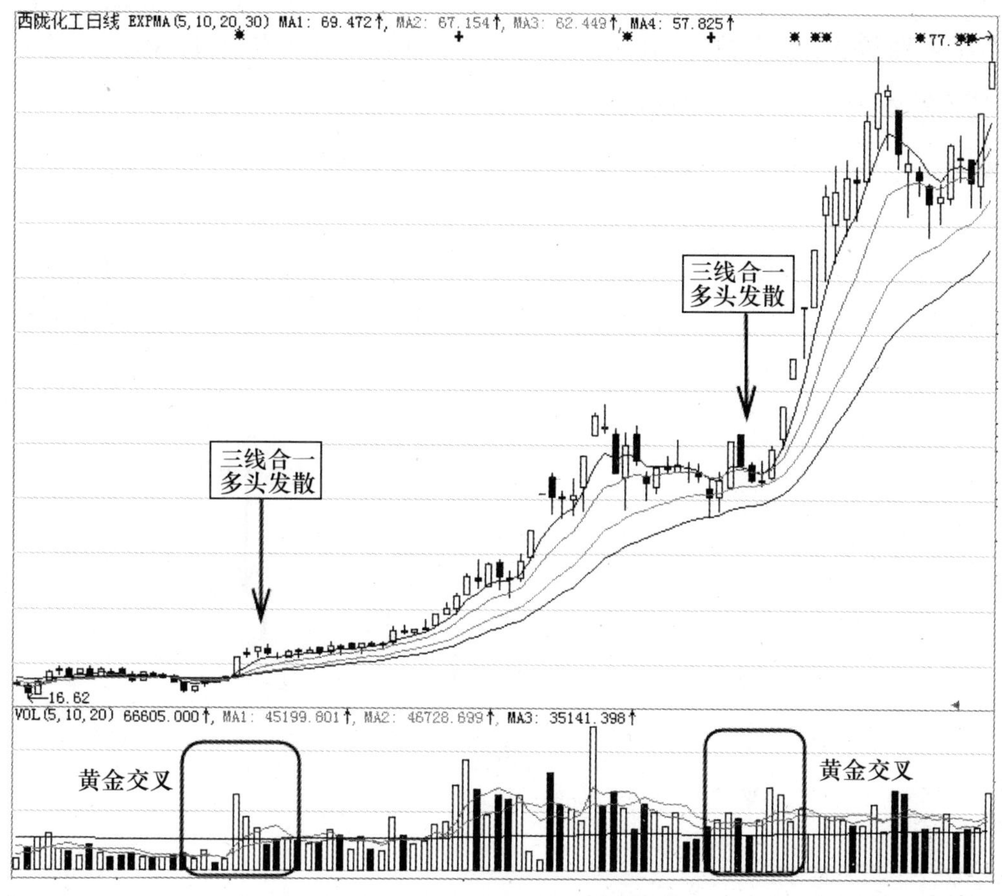

图 27-1　陇西化工（002584）日 K 线图（I）

我们在本案例中看到，在均线系统出现三线合一时，在量能方面出现了放量，均量线系统也出现了黄金交叉。有两个指标的共同指示意义，股价的转势就很明确了。

我们在股价上涨的过程中，又看到了一个三线合一的形态，均线系统由黏合在此转向发散，股价也在此出现飙升，投资者据此买进，仍能获得巨额收益。下方均量线系统同样出现了一个黄金交叉，表示买进意义强烈，买点明确。

我们在前文给出了三个指标：均线系统三线合一、均量线系统金叉、MACD 金叉。下面我们看看个股的 MACD 同时间走势。

在图27-2中我们看到，在股价均线出现三线合一多头发散时，MACD 也出现了金叉，同样发出买进的信号。

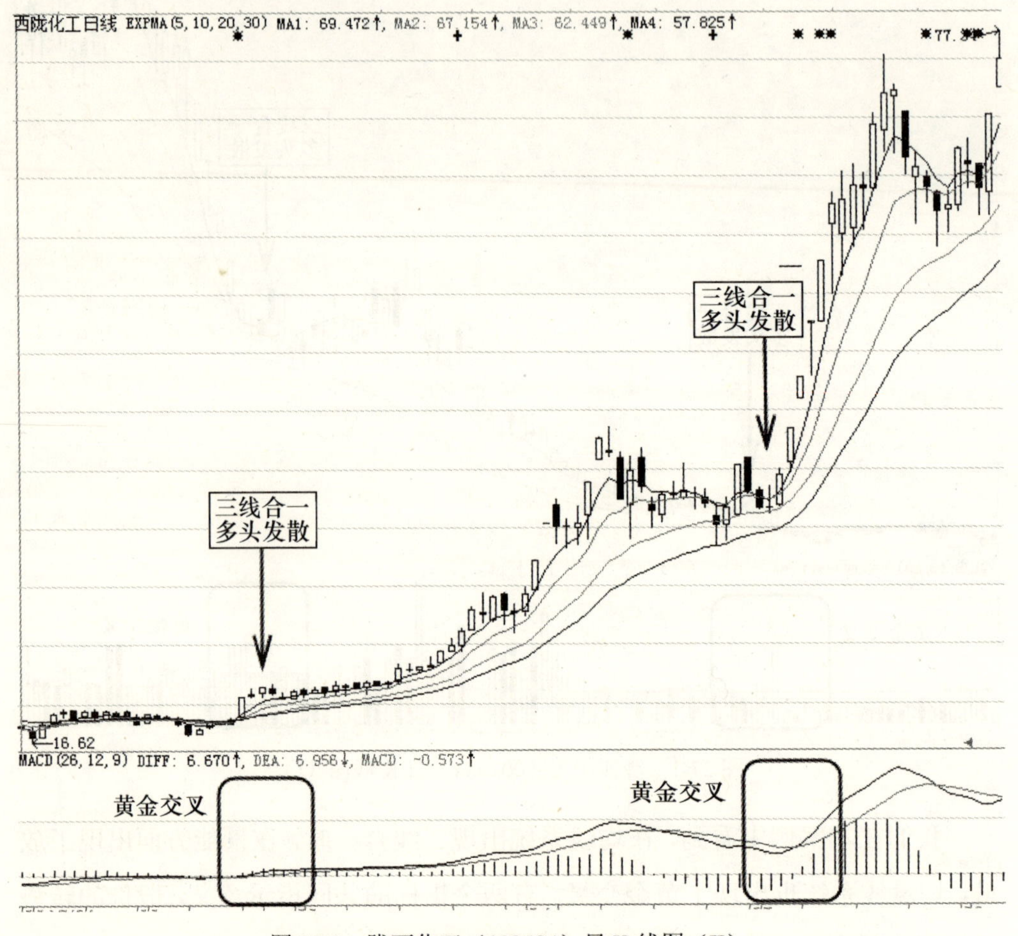

图 27-2　陇西化工（002584）日 K 线图（II）

在股价出现均线三线合一、黄金交叉和均量线金叉后，股价出现大幅上涨，买进的投资者获利巨大。投资者可据此做出买卖判断，获取投资收益。

下面，我们再看一个案例。

图27-3是雅致股份（002314）在2014年12月至2015年6月的 K 线走势图。从图中我们看到，均线系统的两次三线合一并多头发散，股价随后走出一波相

当大的行情，把握住的投资者获利不菲。

图 27-3　雅致股份（002314）日 K 线图（I）

在 MACD 上我们同样发现，对应均线三线合一、多头发散的黄金交叉。股价买点明确，投资者此时可积极买入。

我们再看当时的均量线系统。

在图27-4雅致股份的均量线系统上我们也能看到出现金叉的形态，买进指示明确。又是一个三指标同时发出买进信号的个股，投资者据此买进也会大获丰收。

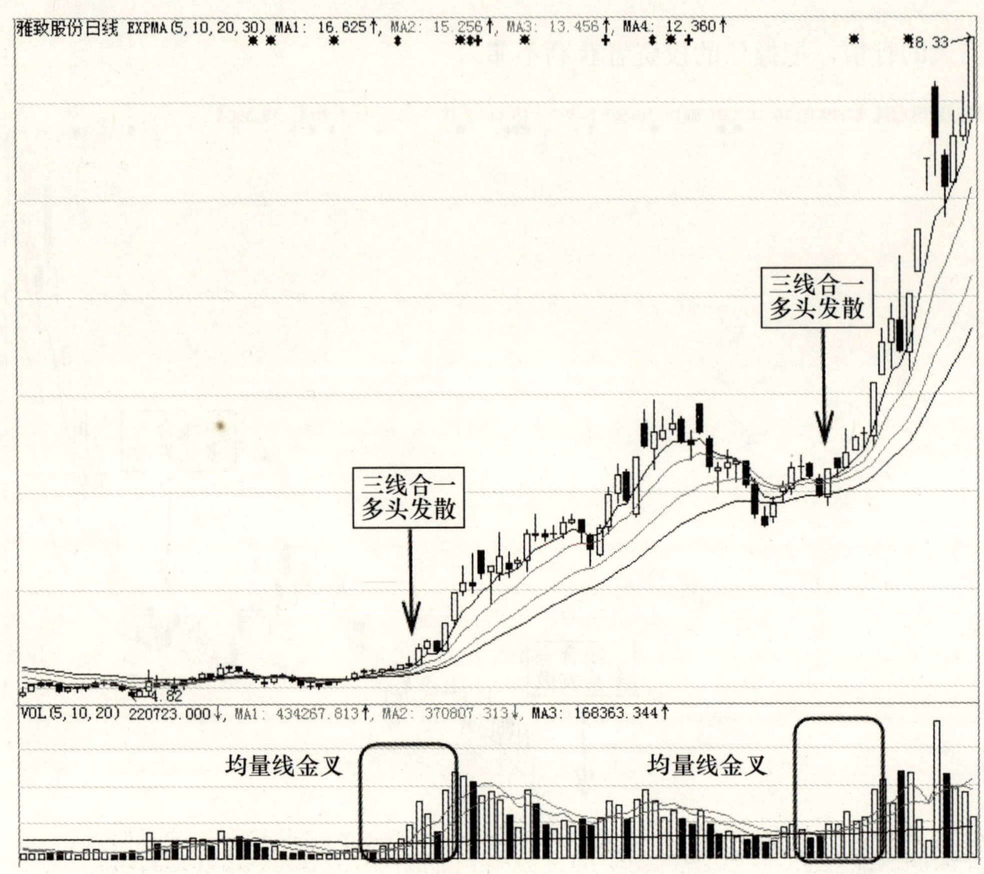

图 27-4 雅致股份（002314）日 K 线图（II）

我们再看一个起步买进、快速上涨的案例。

图27-5是综艺股份（600770）在2015年1月至2015年6月的 K 线走势图。股价在均线系统出现一次三线合一、多头发散后，就一路向上，走出了单边上扬的走势。股价也从最初不到10元一直涨到31元以上，上涨了两倍多，买进的投资者获利巨大。

在量能方面，量能在上涨时出现了明显的放量，在短暂的三天回调中也出现了缩量的情形，量价配合良好。均量线方面也出现了一个黄金交叉，印证着三线合一系统的有效性。在多方面因素的共同作用下股价的一路狂飙也就不意外了。

图 27-5 综艺股份（600770）日 K 线图（I）

我们再看 MACD 指标发出的指示作用是否相同。

在图27-6中我们看到，在 MACD 中，黄金交叉如约而现，同样发出买进指示。股价的上涨方向又一次得到印证。

因为股市里指标的使用范畴不同，有时在同一时间段不同指标会发出不同的买卖指示。这也是我们利用多指标分析的原因。当指标发出不同指示时投资者就需要注意区分，把握正确的投资方向。当多指标发出同向的指示时，则可积极买入，后市多会出现大的行情。

看上面这个案例我们就能发现，在 MACD 黄金交叉后，也出现了多次的死叉，但股价的均线支撑强烈，并未出现下行走势。此时投资者只要耐心持股，关注均线的支撑，就可以把握住本轮的上涨行情，获取投资收益。

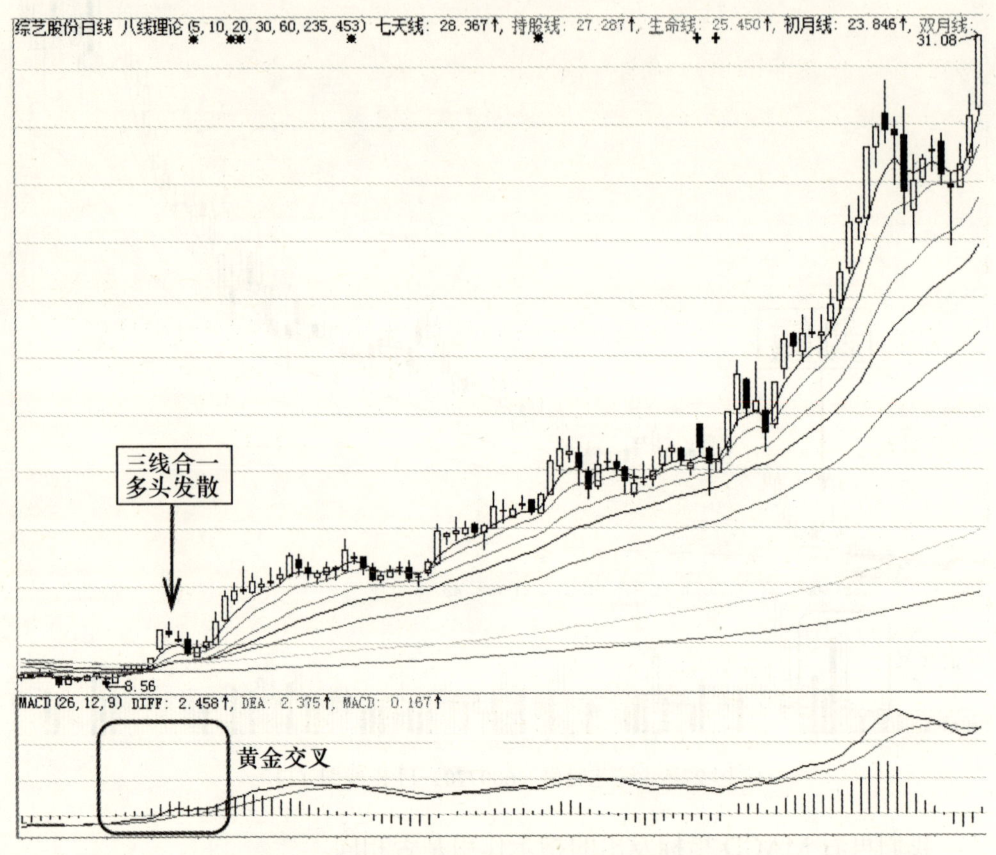

图 27-6　综艺股份（600770）日 K 线图（II）

我们再通过一个案例稍加说明，希望投资者仔细辨别。

图27-7是中储股份（600787）在2015年1月至2015年6月的 K 线走势图。股价在均线系统出现三线合一后，逐步上升。然后股价在高位与均线形成一个死叉，宣告着一波行情结束。随后三线合一再次出现，预示下一波行情的开始。均线系统在此过程中发出的买卖信号简单而有效，投资者据此操作，也可获利不少。

与此同时，MACD 也发出了买进卖出指示，在第一个金叉和均线的买进信号是同向的，我们也看到了指示的正确性。但在中间出现的两个死叉，则与均线系统不同。均线系统此时并未出现死叉的情况，股价也只是稍作盘整而已，并未有大幅回调。而 MACD 最后发出的死叉卖出信号则与均线系统一致，股价也展开了较深的回调。投资者按此操作也能避开这次回调。

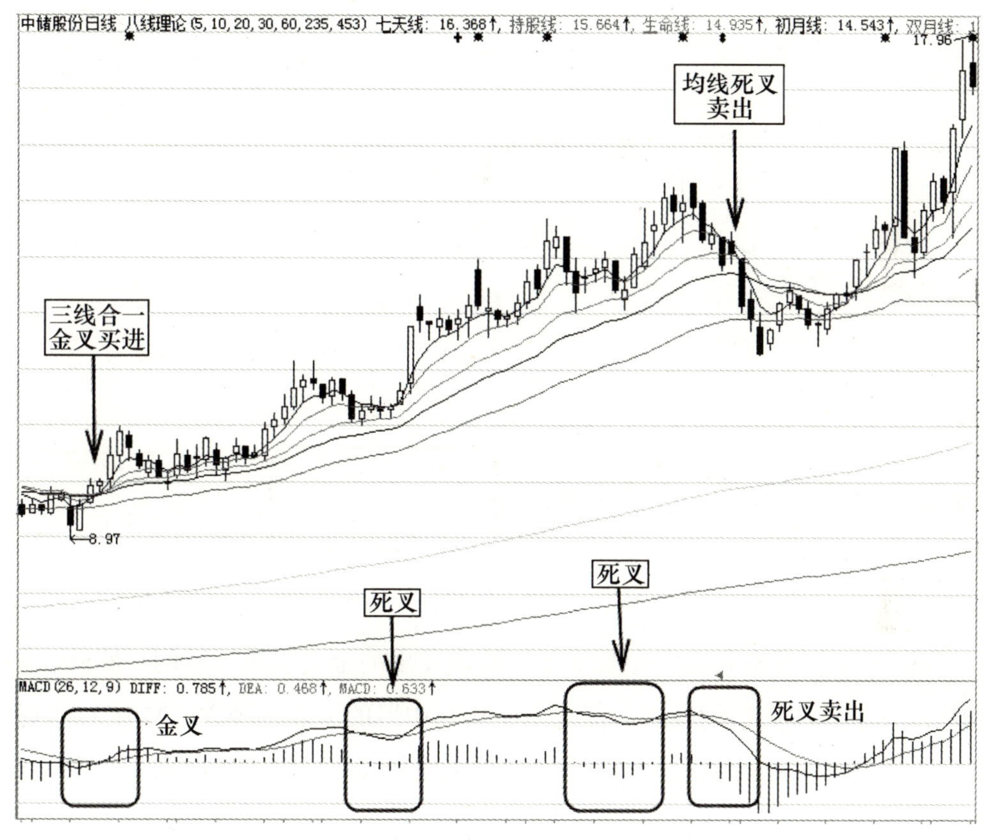

图 27-7　中储股份（600787）日 K 线图

当然我们不是说均线系统就是比 MACD 更准确，我们希望跟大家说明的是，多指标的同向指示明确，多指标的反向指示也需要投资者们注意。

图27-8是中路股份（600818）在2015年3月至2015年6月的 K 线走势图，股价在均线系统出现三线合一多头发散后步入上升阶段，在此过程中均线系统对股价支撑良好，股价也并未出现大幅回调的现象，买进的投资者将有不错的收益。

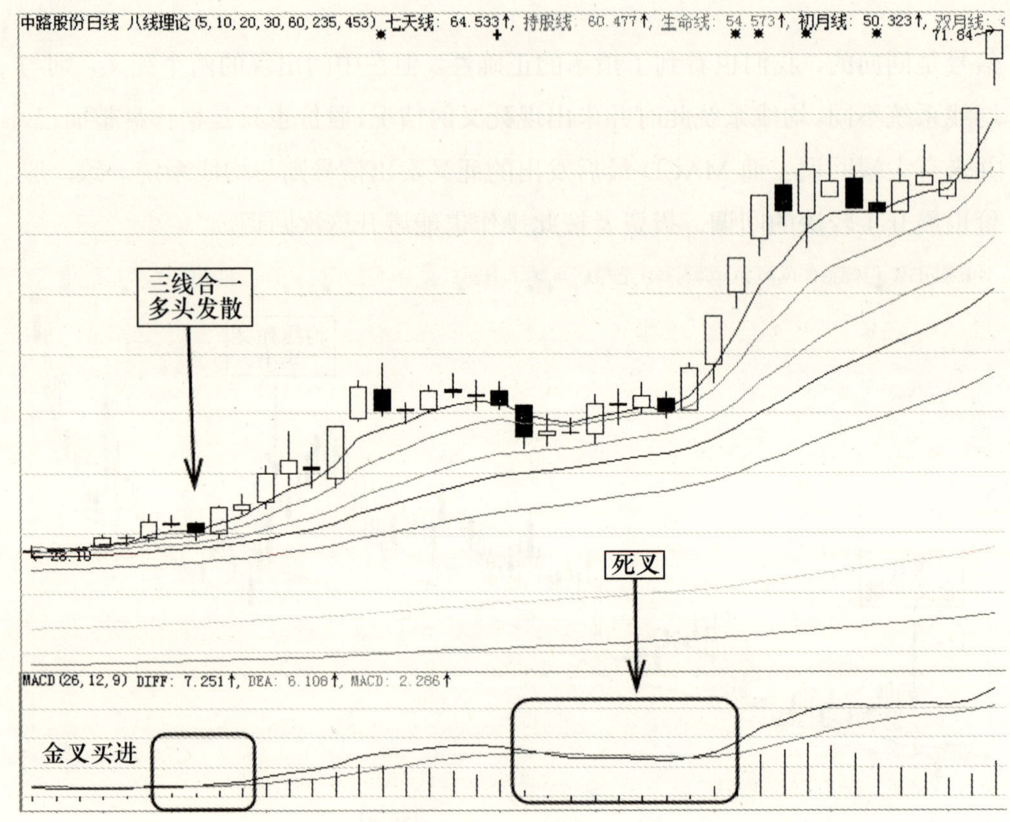

图 27-8 中路股份（600818）日 K 线图

就 MACD 形态来看，在股价起步阶段发出的金叉买进信号同样明确，正和均线系统的买进指示互为印证。但股价在中段的一段回调期，MACD 形态死叉，发出了卖出的信号。均线系统并未出现死叉，股价随后也来了一波更大的上涨。

当然我们看到 MACD 在死叉后又出现了金叉，投资者据此操作也并无不可，损失了一点交易费，却也换得了一份淡然心态。投资者对个中的得失也需要自己去做权衡。

第二十八技　瓮中捉鳖擒杀术

在股市里我们常说量是价的基础、先决条件。个股成交量的放大才是股价上升的根本动因。所以也就有了“天量有天价”“地量有地价”一说。

但真正的“天量”“地量”毕竟不是天天出现，实战意义如此薄弱。如何才能让它更有意义地指导投资者进行实际操作呢？我们在此引进了均量线的判断方法。

一、形态描述

我们把5日或10日的均量线看作是量能天与地的界限。当成交量柱体上穿5日或10日均量线时，我们把这种情况叫作“上天”。而当成交量柱体从5日或10日均量线上方跌破时，我们称之为“入地”。此后的股价自然是上天入地。

而当我们把量能的上天入地同时使用时，就如同在天地间构成了一个大瓮，股价的上涨下跌自然难逃其中。

二、形态解析

那么，何谓量能“瓮中捉鳖”形态？

瓮原指一种容器。在股市中，股价处于调整阶段或是横盘阶段，量能萎缩，短期内无上攻迹象，但短暂调整后，开始放量拉升，此时的成交量和股价走势都出现非常明显的两边高、中间低的形态，如同一个瓮。我们把这种形态叫做“瓮中捉鳖”。按我们前文来说则是：首先量能上天，随后量能入地，最后再次量能上天。

瓮中捉鳖多发生在慢牛趋势初期或中期，此时量价关系表现为量升价涨，所以量能会出现放大。又因为价格的上涨带来抛盘，和主力资金借机洗盘造成股价盘整。但这种盘整不会维持很久，在一至两天或一周左右的时间里，股价便又重拾升势，再一次回到跳水前原有的上升趋势中，在图形上形成“瓮”的形状。而量能方面因为只是散户的收益兑现，会出现缩量的情况。随着洗盘的结束，量价关系重回量升价涨的关系。在成交量的图形上同样出现了“瓮中捉鳖”的形态。

出现此图形，则意味着是难得的买入时机，主力资金进场，抛盘已弱。拉升动力充足。投资者在短时间内可获得巨大收益。

三、实战要点

1. 看量能上天

图28-1是海南瑞泽（002596）在2014年12月至2015年2月的K线走势图。从图中我们看到，股价在多次出现量能上天后，股价都走出了短时间的高点。而当后继的量能不能释放时，股价的上涨形势也就岌岌可危了。

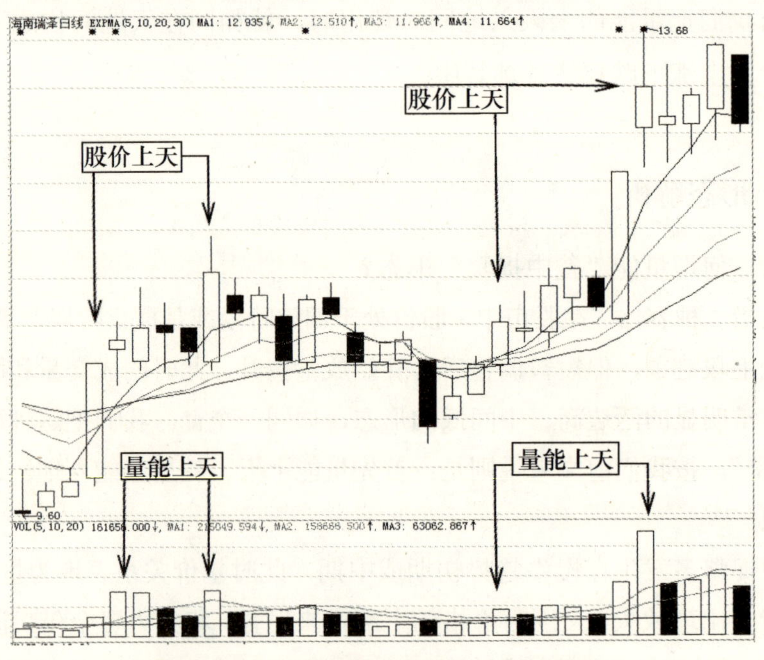

图 28-1　海南瑞泽（002596）日K线图

股价在反弹上涨的初期，因为大部分的资金都是被套牢亏损的，投资者此时没有割肉的欲望，所以只需少量的资金就可以推动股价上涨。而当股价有了一定的涨幅，抢反弹的投资者有了一定的利润，就有兑现收益的需要，同时股价的上涨也带动套牢盘的浮动，此时主力资金要想继续拉升股价就需要更多的资金才能实现。若此时主力资金没有做好拉升的准备，就不会动用大力气、大资金拉升股价，股价随之下跌也就顺理成章了。

下面我们再看一个案例。

图28-2是北方股份（600262）在2014年6月至8月的K线走势图。从图中我们看到，当量能站上5日均量线上，股价都会有一段不错的上涨走势，当量能创出新高后，股价也会有新高的出现。

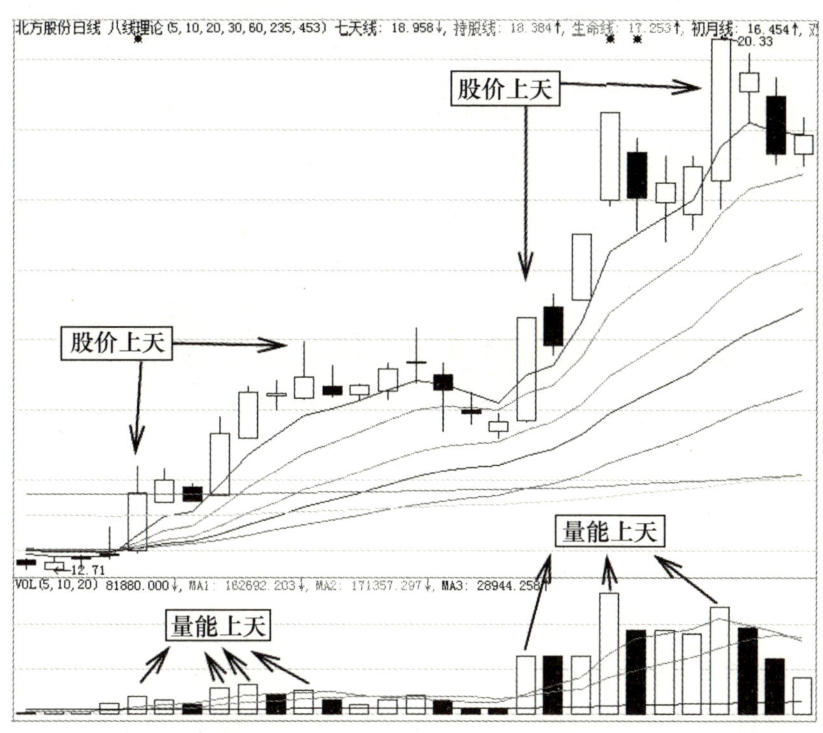

图 28-2　北方股份（600262）日 K 线图

对比图中更高的量能也意味着更高的股价。投资者可据此操作，关注那些量能站上5日均线或10日均线的个股。

我们再看上港集团中的天量后天价。

图28-3是上港集团（600018）在2015年3月至4月的走势图。图中出现两次量能上天，股价也出现了两波迅速的拉升。短时间内股价就近乎翻倍，投资者获利巨大。

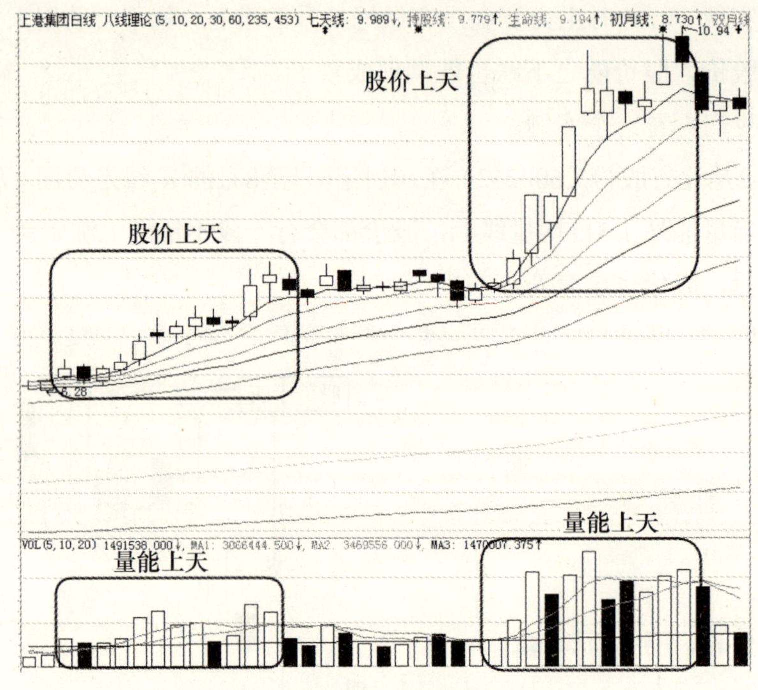

图 28-3　上港集团（600018）日 K 线图

当然我们说量能上天对应的股价上天是建立在股价的上涨趋势中的；股价的阶段性高点出现后回调阶段的量能上天则需要投资者注意，这只是主力在高位没有完成出货而在下跌中途的放量出货，此处离股价的低点还会有一段距离，投资者不可过早买入。我们先来看一个案例阶段说明。

图28-4是中江地产（600053）在2014年8月至12月的 K 线走势图。股票在2014年11月11日出现了量能上天的形态，但我们看到此时的 K 线是阴线，这时量能构成的意义就不同了。在股价上涨阶段出现的量能上天是由买盘主导的，量能的放大是主动性的买盘构成的。当出现在下跌阶段时，这时的量能则变成了卖盘的主动卖出形成的，自然以后的股价也只会跌得更厉害。

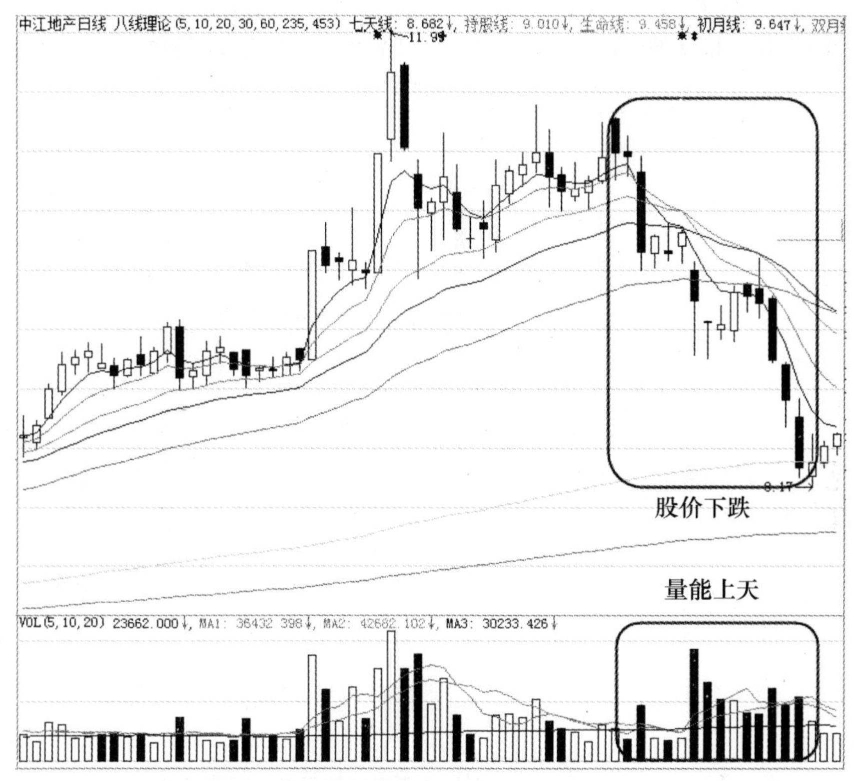

图 28-4 中江地产（600053）日 K 线图（I）

在股价以后的走势中我们看到量能多次上天，股价也就一步步迈向地狱了。对于这样的情形，投资者就需要时刻警惕，及时止损免得经受更大的损失。

2. 看量能入地

在量能上天时需要大家注意的事，在量能入地中就更加常态化了。量在价先，当股价的量能不能维持时，股价的涨势也就难以为继了，而此时多是股价处于高点的时候，回调下跌空间巨大，大家不得不重视。

我们还是用事实说话，看几个案例，从案例分析量能入地带来的损失和警示。

图28-5是中江地产（600053）在2014年8月至12月的 K 线走势图。从图中我们看到股价在连续多次的量能上天中冲上高位。但随后量能并没有继续放

大，股价收出一根大阴线。此后进入横盘阶段，2014年11月11日的一根大阴线破位下行，宣告股价运行趋势反转向下。

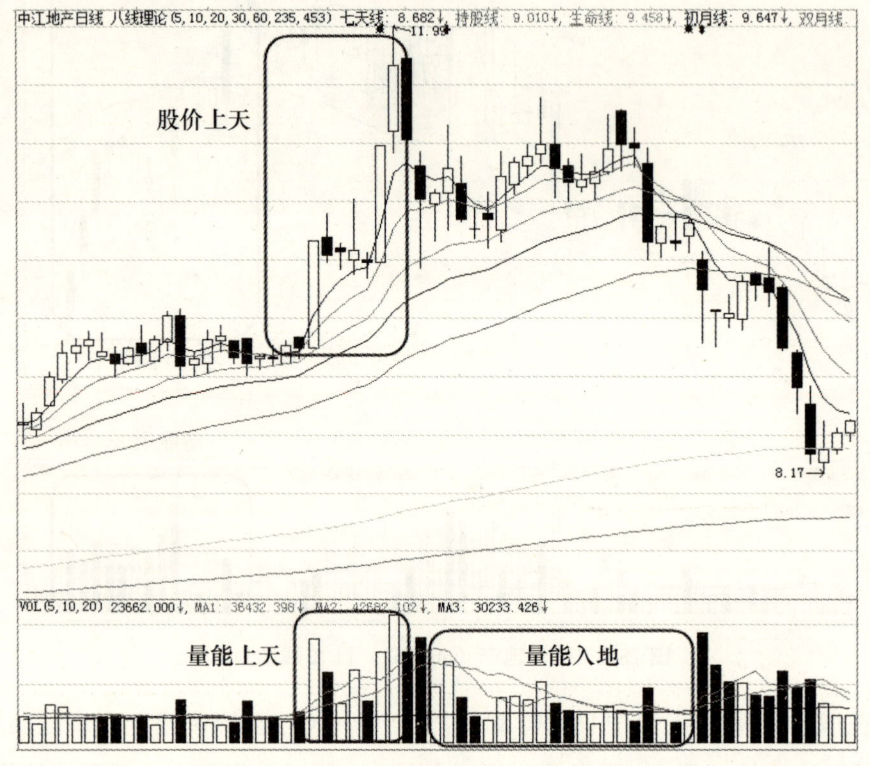

图 28-5　中江地产（600053）日 K 线图（II）

仔细观察股票在天量天价之后的量能表现，我们发现量能在此时出现严重缩量的情况，偶然的放量对应的却是长长的阴线，主力资金出货明显。这样来看，股价后期的下行早在此时就已注定，只是主力在苦苦支撑、高位出货罢了。而我们对量能入地进行观察，则可以提前卖出，避免高位套牢的危险。

我们再看一个案例，以进一步了解这种形态下的操作要领。

图28-6是厦工股份（600815）在2014年10月至2015年1月的 K 线走势图。图中个股的走势分为明显的两个部分，第一部分是由量能上天推动股价上天的

上涨部分，第二部分则是股价创新高后量能难以为继，出现量能入地后的下跌部分。

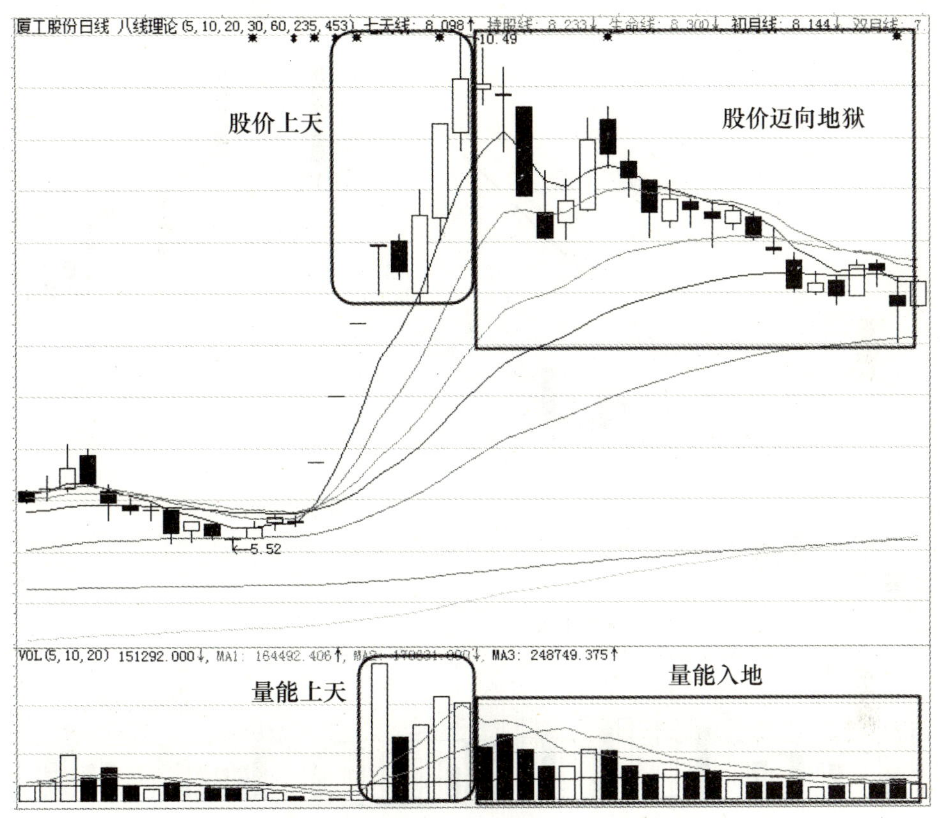

图 28-6　厦工股份（600815）日 K 线图

在整个过程中量能变化明显，股价的涨跌也就明显呈现在各位投资者的面前了。投资者如能据此操作，也能获得不菲的收益并能顺利逃顶。

下面，我们再看利达光电中的量能入地、股价入地。

图28-7是利达光电（002189）在2015年2月至2015年4月的K线走势图。该股的运行因量能的不同而出现了不同的运行方向。当出现量能上天时，股价走势稳健、一路向上。而当出现量能入地时股价则掉头向下。因量能的不同出现简单的不同走势，就为投资者的短线买入提供了操作空间，把握住短线机会的

投资者又可获得不错的额外收益。

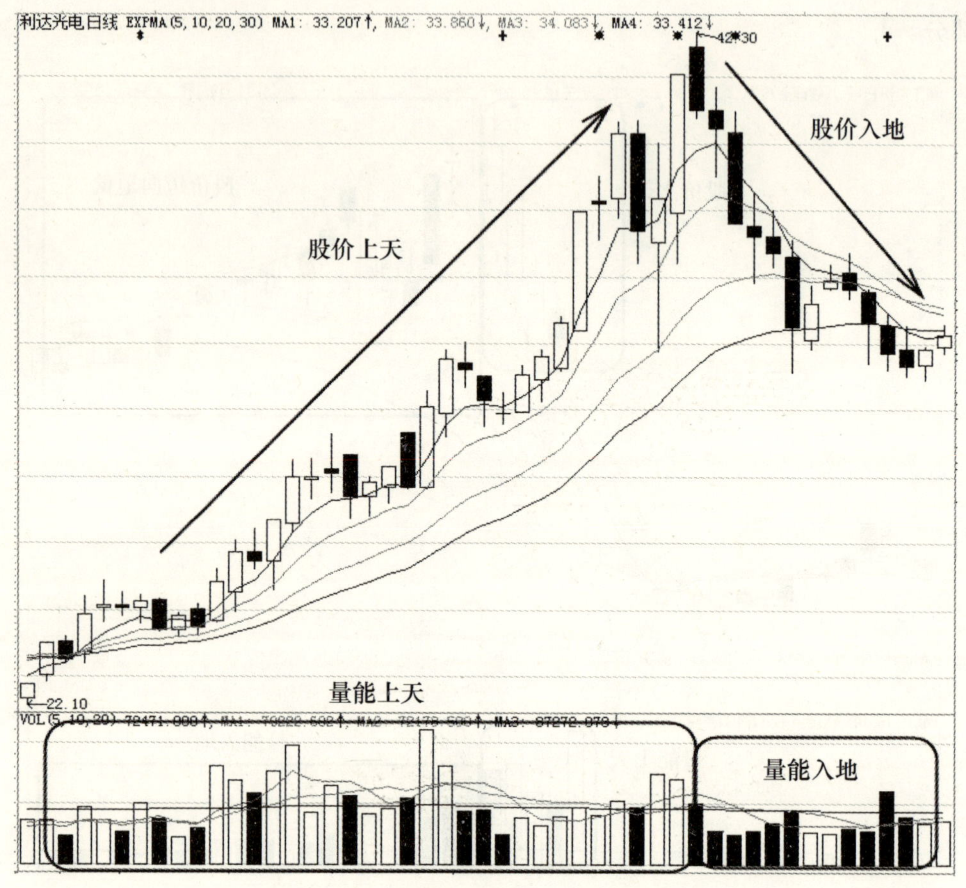

图 28-7 利达光电（002189）日 K 线图

量能的上天入地造就的股价走势，为短线操作留下广阔的空间。量能上天股价上涨，此时投资者只要买进就可以坐收渔利，而当量能入地，股价将要下行时，及早离场就可顺利脱身。但当股价的量能变化呈现另一种情况时，投资者同样可以掘得真金。这就回到了我们本章的标题：瓮中捉鳖。

四、案例分析

图28-8是皖维高新（600063）在2014年8月至2014年12月的 K 线走势图。

图中量能系统由前期的一个量能上天，随后的一个量能入地和再次出现的量能上天，共同构成了一个典型的瓮中捉鳖的形态。当我们在股价回调后的逐步放量时买入，短短五个交易日就能收获近40%的收益。瓮中捉鳖形态是量价的最完美配合，而此时也是我们买入的最佳时机。

图 28-8　皖维高新（600063）日 K 线图（II）

下面我们再看禾嘉股份中的瓮中捉鳖。

图28-9是禾嘉股份（600093）在2015年1月至2015年4月的 K 线走势图。由图中拉升时的量能上天和回调时的量能入地构成的“瓮中捉鳖”形态。当此形态出现后股价的上涨别无他途，就如瓮中的鳖鱼一样，难以逃脱。当我们在出现此形态时买入，短期的升幅也高达60%，将获利不菲。

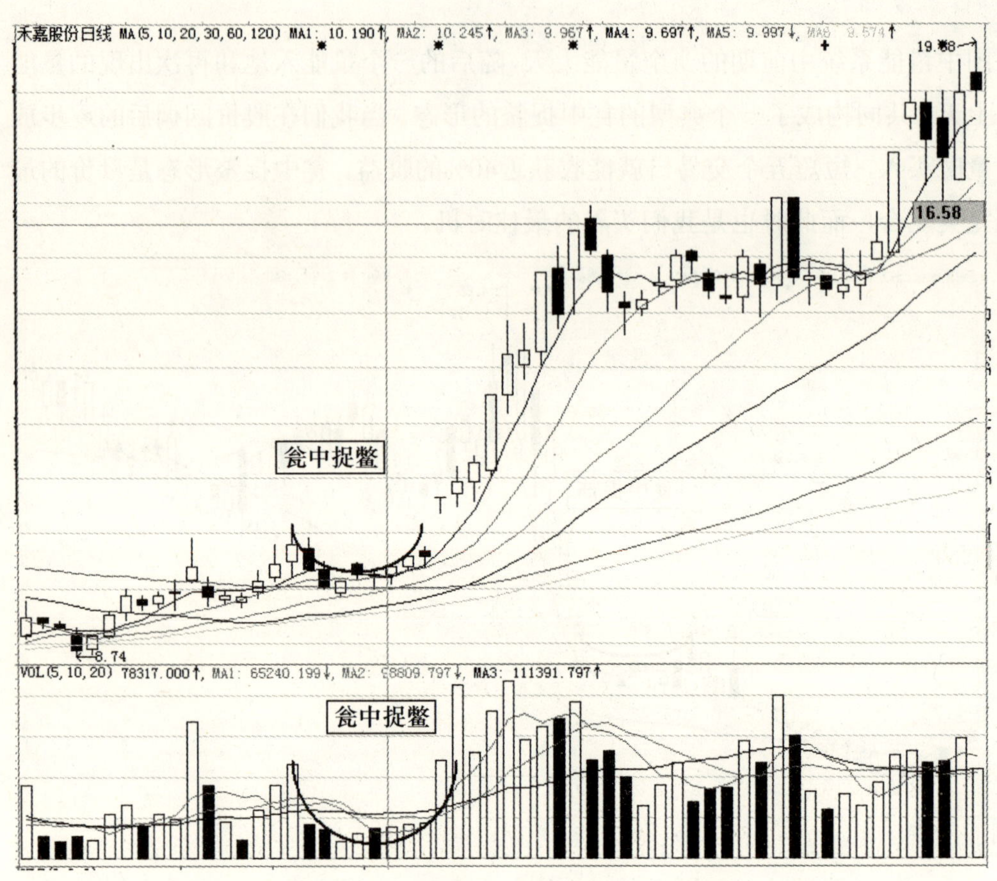

图 28-9 禾嘉股份（600093）日 K 线图

我们再来看成飞集成中的瓮中捉鳖。

图28-10是成飞集成（002190）在2015年5月至6月的 K 线走势图。股价在上升途中由两个量能上天和中间的一个量能入地构成一个瓮中捉鳖形态。此时是投资者买入的最佳时机，短短几个交易日就可获得不错的收益。

图28-11是华东数控（002248）在2015年1月至2015年4月的 K 线走势图。图中在量能方面构成了两个瓮中捉鳖的形态，股价在这两个形态的推动下也从低点时的8元左右一路走到16元的高位，股价短时间走出翻倍行情。

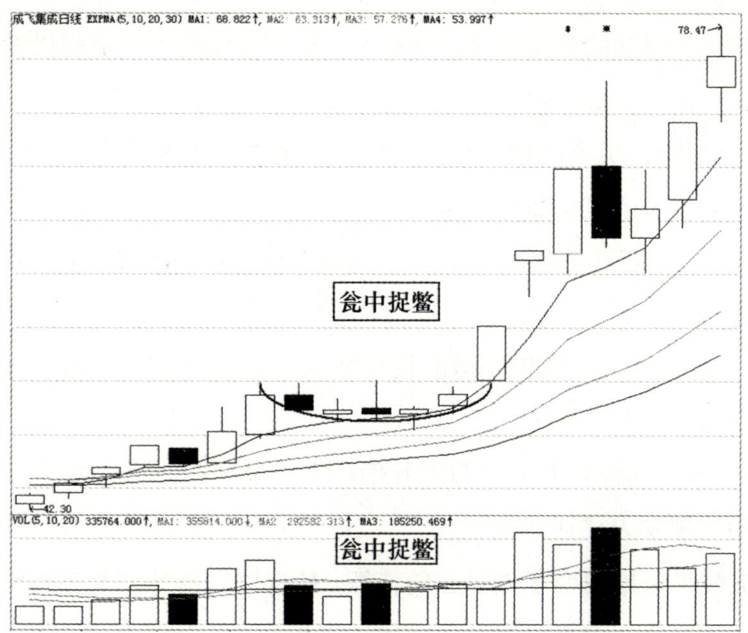

图 28-10　成飞集成（002190）日 K 线图

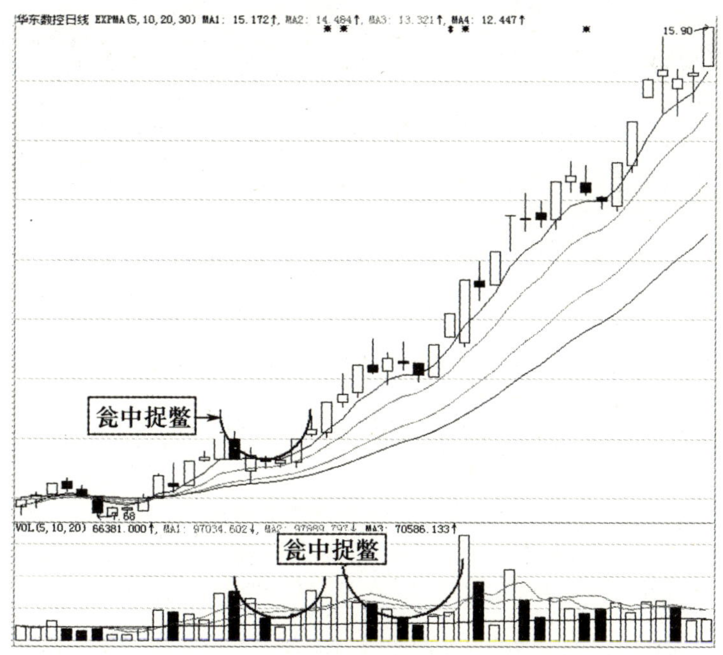

图 28-11　华东数控（002248）日 K 线图

此形态有着极强的指示意义，投资者在遇到此形态后，可积极做多，把握住难得的赢利机会。此形态有几点需要投资者们注意：

1．买点判断。买点的把握非常重要，如果过早买入，形态未成，存在被套的可能。可参考的点位是突破前期高点。

2．股价处于初期或中期，最好已有10%以上的涨幅，说明上涨趋势已初步确立。

3．在量能入地后，股价回撤的绝对跌幅不能超过50%，最好在0.382黄金分割回吐位之内。

4．在短时间内恢复到原有的上升趋势中，最好在一周内完成，否则时间过长，后期的爆发力往往会减弱。

瓮中捉鳖形象地说明了该形态的特征，捕捉黑马就如同瓮中捉鳖一样，成功率较高。投资者一旦看准了买入时机，当机立断，往往能获得不小的收益。

第二十九技　V底反转擒杀术

股票交易中，利用反转形态获取收益是非常有效的一种投资方法。在众多的反转形态中，V 形底是实战中比较常见的、力度又极强的反转形态，其往往出现在市场剧烈波动之时。该形态在股价或指数底部区域只出现一次低点，随后就改变原来的运行趋势，价格或指数呈现出向原来相反方向运动的走势。在这一过程中，由于市场中卖方的力量非常强大，令股价沿着下行通道持续性下探。当这股沽空力量被市场完全消化之后，买方的力量又完全控制了整个市场，使得股价出现戏剧性的回升，几乎以下跌时同样的速度和力度收复所有失地。表现在 K 线图上的价格运行走势，就形成一个 V 字形的移动轨迹。

一、形态描述

V 形走势是个转向形态，显示过去的趋势已逆转过来。在这一形态形成的过程中，多空力量往往处在对比悬殊的状态。股价在下行时，空方以压倒性的力量沽空股价，由此，其下跌阶段较为陡峭。同理，股价在回升时，多方又几乎完全控制了整个市场，由此，其回升阶段的上升趋势也非常迅速。

二、形态解析

1．V 形底的第一个阶段为下跌阶段，通常 V 形底的左方跌势十分陡峭，并且会持续一段时间。

2．V 形底的第二个阶段为转势阶段，其形态一般比较尖锐，运行时间仅为两三个交易日。日 K 线常出现十字星，带长下影阳线或大阳线等形态。

3．V 形底的第三个阶段为转势阶段，股价开始从低点上涨，成交量也随之放大。

三、实战要点

1．V 形底没有明确的量度升幅，一般都会回到原来的起点区域。

2．在 V 形底反转当天，日 K 线往往形成十字星，带长下影阳线或大阳线等形态。

3．V 形底有时会演变为延伸 V 形底走势，在带量向上突破延伸 V 形底徘徊区时，可以买入。

4．V 形底没有明确的买卖点，最佳买点为最低位量增价平的回升初期或是放量大阳转势时。

5．由于 V 形底不易提前确认，在遇到疑似 V 形底的情况下，已经买进的投资者则应随时留意股价后期的发展方向，保守投资者则可等到以成交量确认 V 形底反转形态后再买入。一旦 V 形底形态形成，投资者应积极买入，前期下跌的幅度越大，则后市上涨的空间就越大。

四、案例分析

1．深天地 A（000023）

（1）日 K 线形态分析

如图29-1所示，在深天地 A（000023）日 K 线图中，该股在横盘之后出现了小幅的爬升，随后股价便出现了急速下跌。同时，其成交量也出现了有效的放大。这表明，此阶段卖盘完全占有优势，使股价呈现出单边下跌的走势。在下跌走势的末期，日 K 线出现了十字星形态，预示着多空力量将会出现逆转，后市股价会结束下跌行情，开始上涨。由此，形成 V 形底形态。短线投资者可利用这一走势买入股票、获取收益。

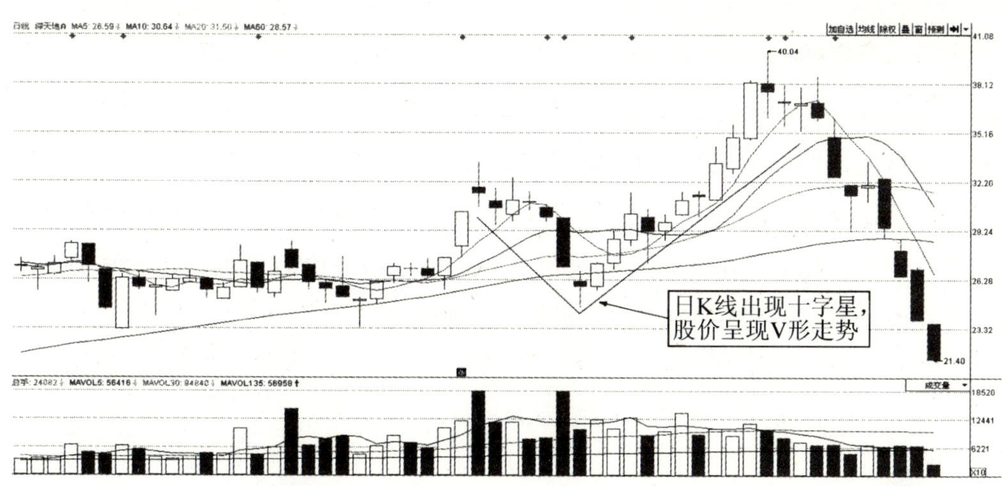

图 29-1 深天地 A（000023）日 K 线图（I）

（2）买点把握

如图29-2所示，在深天地 A（000023）日 K 线图中，该股在下跌的过程中，日 K 线出现了“十字星”形态，之后股价结束了下行行情，开始反弹上涨。同时，该股的5日均线开始掉头向上，并上穿10日和20日均线形成金叉，为股价的上行提供了支撑。投资者可在股价开始反弹时试探性建仓，待均线形成金叉，股价上涨趋势得到确认之后再适当买入股票，以获取短线收益。

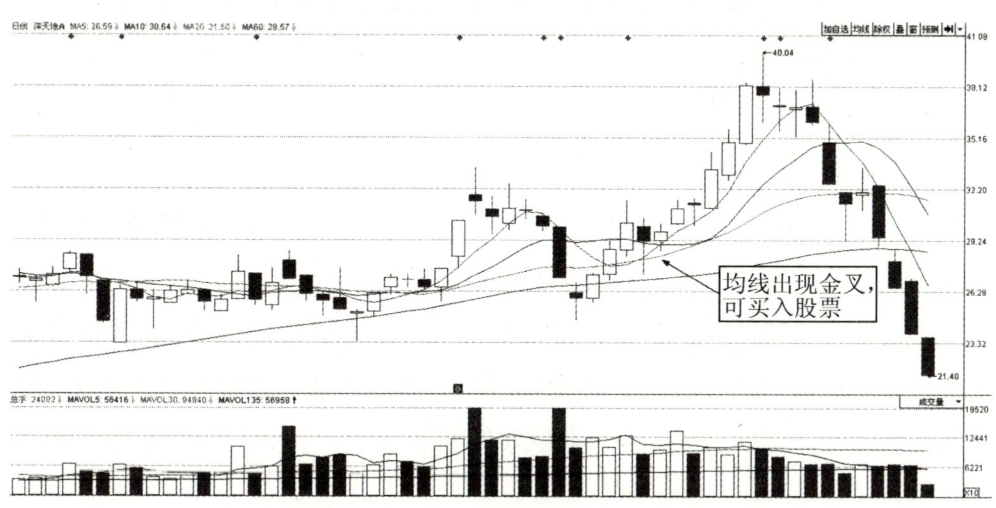

图 29-2 深天地 A（000023）日 K 线图（II）

（3）卖出解析

如图29-3所示，在深天地A（000023）日K线图中，该股经过一波上涨之后，股价创出新高。之后，日K线连续出现十字星形态，表明多空双方力量均势，在股价难以继续冲高之时，其后市有可能出现回调。再结合该股的成交量进行分析，其成交量呈现出萎缩的迹象，预示着股价后市难以延续涨势。投资者在股价跌破支撑位时应暂时离场、实现收益。

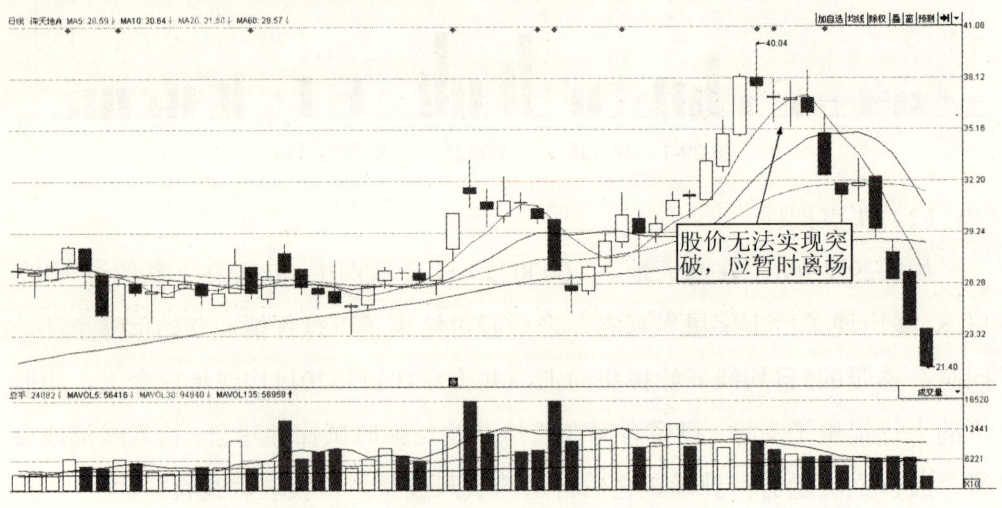

图29-3　深天地A（000023）日K线图（III）

2. 中洲控股（000042）

（1）日K线形态分析

如图29-4所示，在中洲控股（000042）日K线图中，该股小幅爬升之后，股价出现了短暂性的回调。一根大阴线击穿了5日、10日均线的支撑位，股价出现了急跌的走势。下一个交易日日K线出现十字星，之后股价结束了回调走势，开始反弹上涨。由此，该股出现了V形底形态。投资者在实际交易中遇到这种走势，可积极买入，以获取短线利润。

（2）买点把握

如图29-5所示，在中洲控股（000042）日K线图中，该股在触底反弹之后，股价后期延续了涨势。从该股的成交量来看，其出现逐步放量的状态，与股价配合呈现价涨量增的走势，同时也为股价的后期继续上行提供了支撑。激进的投资者可在股价站上5日、10日均线之后买入股票，稳健的投资者可等5日均线上穿10日均线形成金叉之后再吸筹建仓。

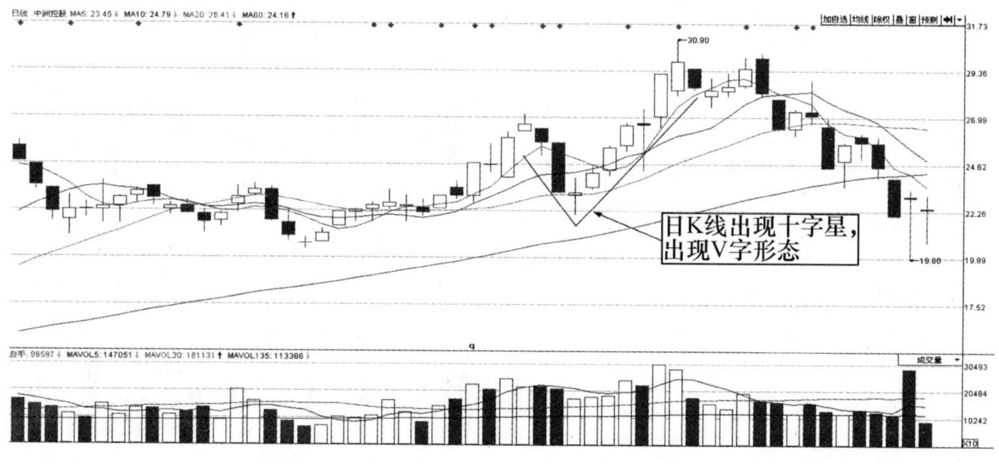

图 29-4　中洲控股（000042）日 K 线图（I）

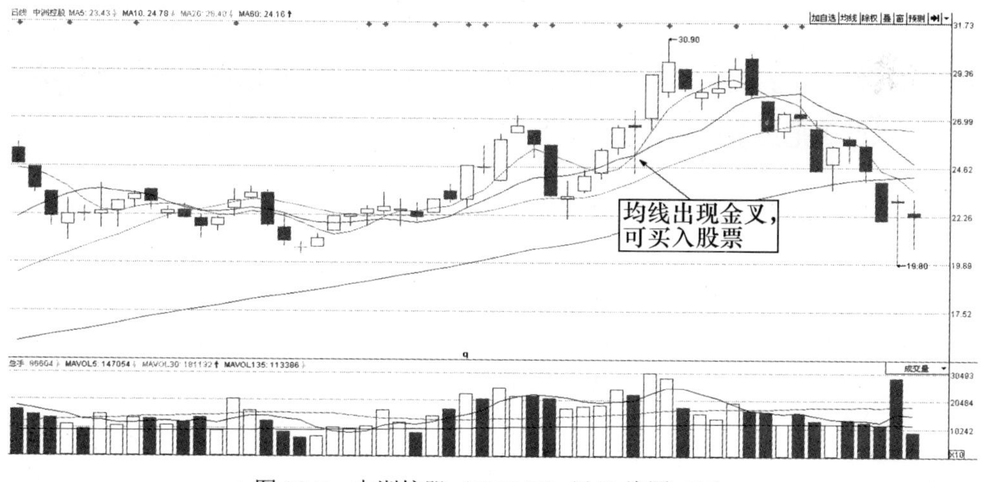

图 29-5　中洲控股（000042）日 K 线图（II）

（3）卖出解析

如图29-6所示，在中洲控股（000042）日 K 线图中，该股经过一轮的上涨之后，股价表现出横盘整理的迹象。同时，其成交量也开始逐步萎缩，表明市场的交投热情开始减退，后市股价将会面临回调的风险。一根中阴线跌破了5日均线所形成的支撑位，表现出卖盘的强势压力。投资者应在5日均线下穿10日均线形成死叉时卖出股票，暂时离场，以规避股价的回调风险。

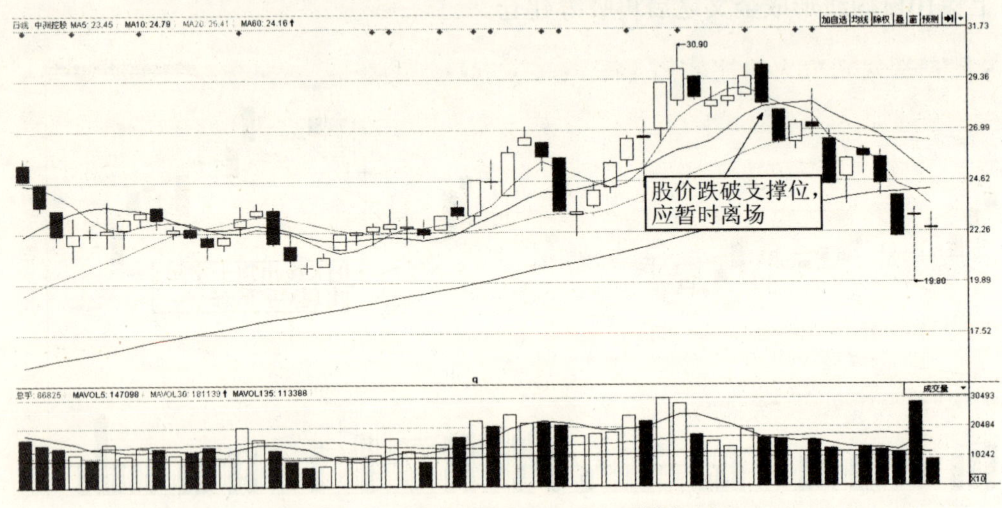

图 29-6　中洲控股（000042）日 K 线图（III）

投资者在实战中，不仅可以运用 V 形底对个股的中期行情进行研判，也可以用其指导个股的短线投资。在具体操作中，可结合其他技术指标进行综合判断，以准确把握个股后市行情。

第三十技　双底反转擒杀术

双底形态俗称 W 底形态，是操作中经常用到的一种形态。该形态是股价在某时段内连续两次下跌所形成的位置低点大约相同而形成的走势图形。当大盘出现双底形态时，通常表示由熊市转为牛市。一旦形成双底形态，必须注意股价后期是否穿破压力线，若穿破压力线，表明股价后市有强烈的上升动力。同时，成交量通常会因股价的上涨而大幅增加。需要注意的是，若价格穿破压力线，压力线将变为股价的支撑线。

一、形态描述

双底形态能够清晰地显示出多空博弈的过程。股价经过长期的下跌，持股者惜售筹码，致使成交量减少。当股价跌至低点后，抄底盘涌入，令股价出现一次较为有力的反弹。当股价反弹到一定高度时，前期的套牢盘及短线获利盘的卖出离场，使股价再次下跌。但此次下跌成交量明显减少，显示主动性抛盘减少，而错过上次行情的投资者又会趁机买入，令股价无法跌穿上次低位。伴随着股价的回升，越来越多的投资者加入多头阵营，最终股价在巨大成交量的配合下，突破上次高点确定上升趋势。股价在突破颈线时是投资者买入的时机，不过此时面临的风险较高。稳健的投资者可在股价回踩颈线时再买入股票，以降低风险。

二、形态解析

1．形成第一个底部后的反弹幅度一般在10%左右。

2．在第二个底部形成时，成交量经常较小，但成交量必须在股价上穿颈线之时迅速放大。

3．股价突破颈线之后常常有回调，在颈线附近自然止跌回升，从而确认向上突破有效。

4．第二个底一般比第一个底高，但也有可能比第一个底更低。主力探底操作时要令多头害怕、不敢持股，如此才能达到其低位建仓的目的。

5．第一个底与第二个底之间，时间跨度应不少于一个月。短时间内形成的双底，其触底回升的信号就不太可靠。主力常用这种手法来诱骗投资者，所以要注意股价反弹之后什么时候回落。

6．双底形态是否形成，交易量的判断非常关键，尤其是右底上升之后，往往需要交易量配合放大才可以突破颈线。

三、实战要点

1．双底形成突破颈线处，是一个买入点。但一旦双底上冲失败，在这个点位买入的投资者就会被套牢。因此，在此处买进的投资者要随时作好止损离场的准备。

2．股价突破颈线回调试探颈线支撑有效，再次放量上攻时为第二买点。这一买点赢利的把握更大，风险则较小。

3．实战中遇到股价冲破颈线后一路上升的情况，可在股价上升趋势明显后适量买入。因为股价涨势一旦形成就不会轻易被改变，这个时候买入赢利的概率还是比较大的。

四、案例分析

1．中国国贸（600007）

（1）日K线形态分析

如图30-1所示，在中国国贸（600007）日K线图中，该股前期处于小幅的上涨趋势。一根大阴线击穿了5日、10日、20日均线的支撑位，此后股价出现了连续的下挫。股价创出新低之后，抄底盘涌入促使股价出现一次反弹。在股价二次回调探底之后，该股的成交量呈现出递增的态势。股价突破颈线之后，双底形态由此确立。投资者可利用这一形态进行短线操作，获取短期收益。

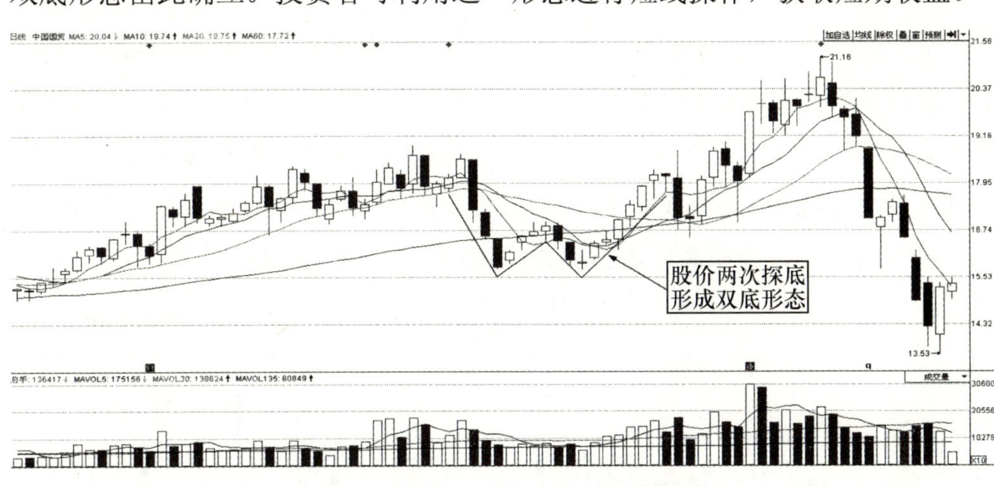

图 30-1　中国国贸（600007）日 K 线图（I）

（2）买点把握

如图30-2所示，在中国国贸（600007）日 K 线图中，该股股价在突破颈线之后形成双底形态。激进的投资者可以在此买入，进行适当的建仓，若股价不回踩颈线，投资者便可以较低成本持有股票。稳健的投资者可在股价突破颈线之后，选择合理的买点买入股票、进行建仓。若股价回踩颈线，可在回踩确认时买入股票；若股价一路攀升则应迅速买入，以获取个股筹码。

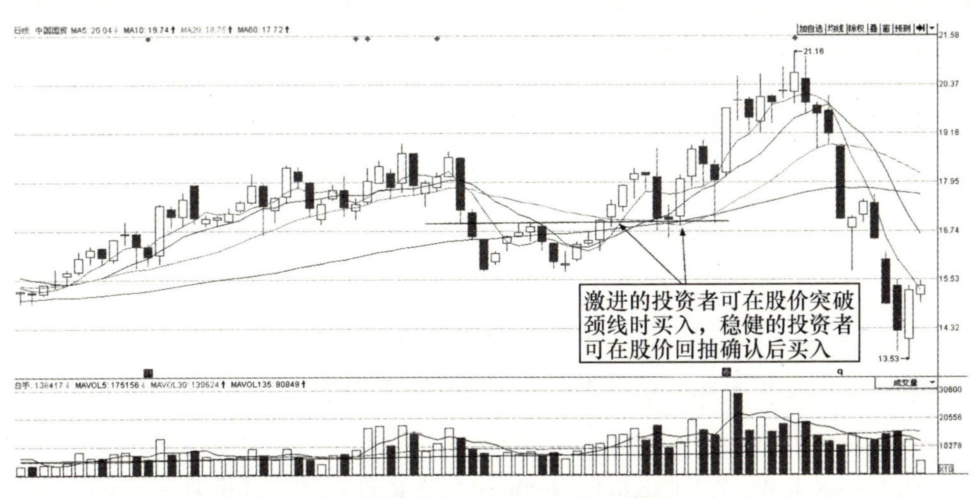

图 30-2　中国国贸（600007）日 K 线图（II）

（3）卖出解析

如图30-3所示，在中国国贸（600007）日K线图中，该股形成双底形态之后，走出了一波上涨行情。股价在创出新高之后开始出现回调走势。结合该股的成交量进行分析，股价创出新高后，其成交量出现逐步萎缩的状态。表明盘中该股的交投热情开始减退，股价后市将会破位下跌。在股价跌破5日、10日均线的支撑位后，投资者应卖出股票，规避风险，实现收益。

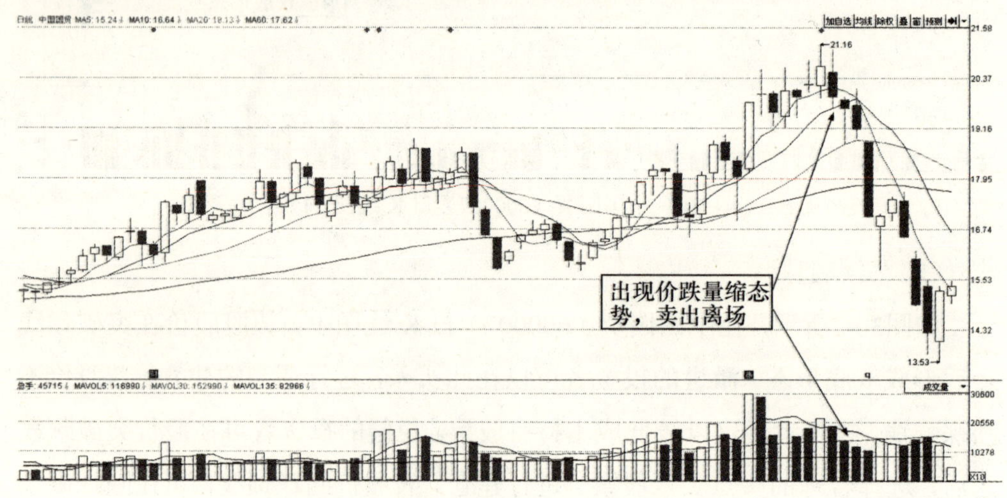

图 30-3 中国国贸（600007）日K线图（III）

2. 四川路桥（600039）

（1）日K线形态分析

如图30-4所示，在四川路桥（600039）日K线图中，该股前期一直处于上涨趋势之中，股价在创出新高之后开始进入回调走势。经过连续下跌之后，股价在60日均线企稳反弹。反弹走势受到套牢盘的抛压又开始了下跌走势，股价在60日均线又一次企稳，并突破颈线开始上扬。由此，形成了双底形态。短线投资者可在确认形态之后，择机买入股票，以获取筹码。

（2）买点把握

如图30-5所示，在四川路桥（600039）日K线图中，该股在上涨的过程中出现回调走势，并形成双底形态。股价在突破颈线之后，其成交量也出现逐步递增的态势。此为双底形态的第一买点，激进的投资者可在此时买入股票，获取该股的筹码。股价在后市出现回调走势，但并没有跌破颈线，双底形态仍然成立。投资者亦可以在此时买入股票，以获取短线收益。

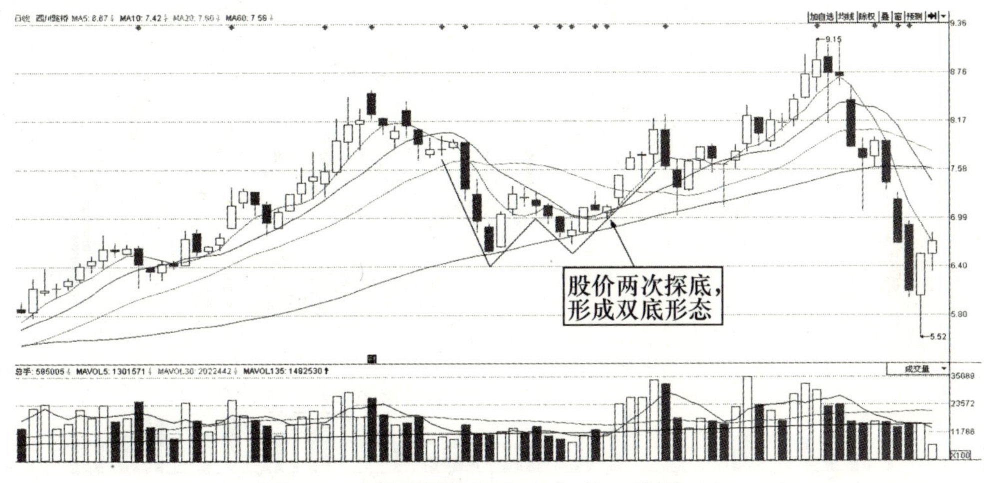

图 30-4　四川路桥（600039）日 K 线图（I）

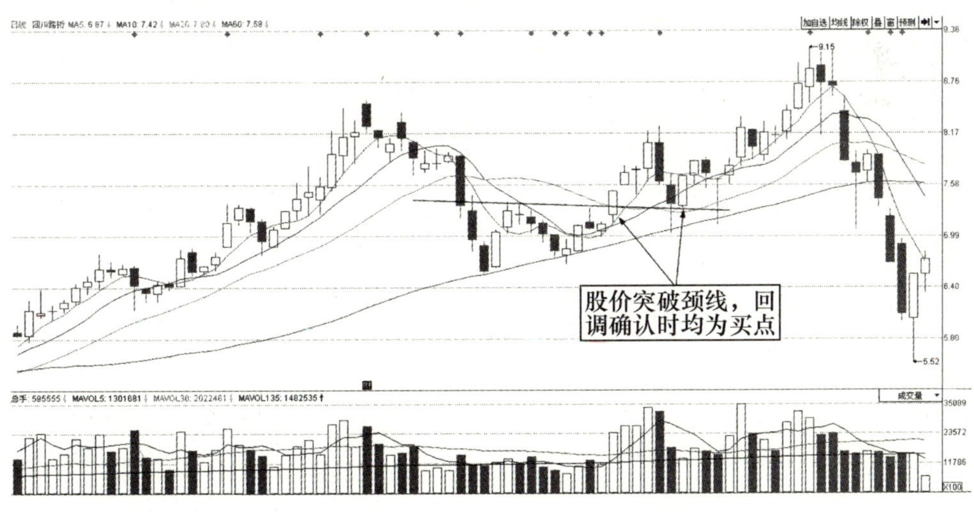

图 30-5　四川路桥（600039）日 K 线图（II）

（3）卖出解析

如图30-6所示，在四川路桥（600039）日 K 线图中，该股突破颈线之后开始了一波上涨走势。股价在创出新高之后出现企稳迹象。同时，该股的成交量开始出现萎缩的状态，呈现出价跌量缩的形态。预示着该股的上涨行情即将结束，后市股价将会出现下跌行情。投资者在遇到这种走势时，应积极卖出股票，或进行减仓操作，以规避风险，实现收益。

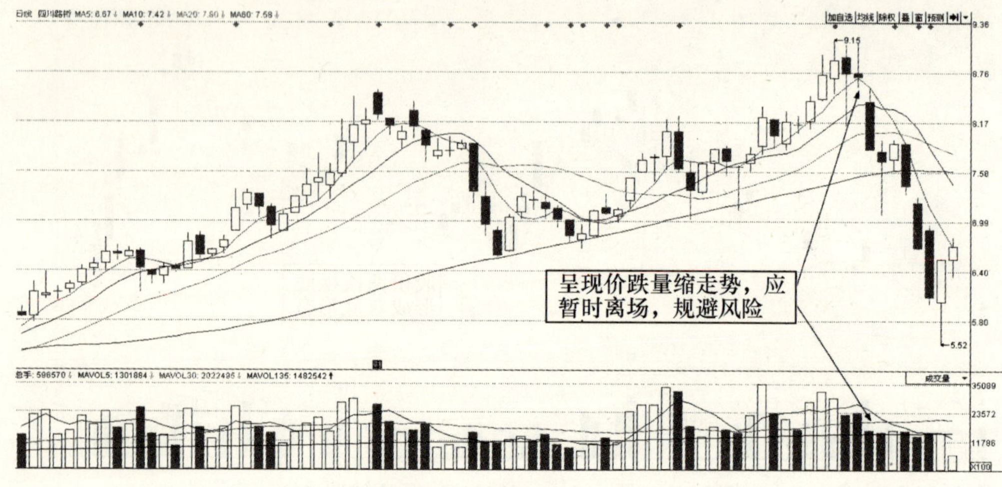

图 30-6 四川路桥（600039）日 K 线图（III）

第三十一技　三角上升擒杀术

个股运行的过程中，在某一水平线上呈现出强大的卖压，股价从低点爬升到水平线便遇阻回落。但此时市场的做多动能仍十分强劲，价格未跌破上次低点便即时反弹，持续使价格随着趋势线的波动而日渐收窄。某日，股价突破压力线之后强势上涨，表明一轮新的上升行情即将开始。若把每一个短期波动的高点连接起来，便可画出一条压力线；而把每一个短期波动的低点连接起来则可画出一条向上倾斜的趋势线，如此便形成了上升三角形形态。

一、形态描述

短线投资者可以利用上升三角形形态捕捉买点，持股待涨，以期获利。上升三角形顾名思义，其趋势为上升势态。从形态上看，多方占据优势，空方实力较弱，多方的强大买盘逐步将价格的底部抬高，而空方能量不足，只是在一水平颈线位做抵抗。单纯从图形上看，给人感觉股价随时都会向上突破压力线，形成一波上涨行情。但技术分析不能有单一性，因此要结合形态内成交量的变化进行分析。在上升三角形形态内的成交量也是从左至右呈递减状态，但当股价向上突破水平压力线时的那一刻，必须要有大成交量的配合，成交量太小的话，价格将会进入横盘整理的格局，在图形上走出失败的形态。如果在上升三角形形态内的成交量呈现不规则分布，则股价维持盘整的机率较大。

二、形态解析

1．把股价在几次冲顶时的高点连起来呈现一条水平线，把几次探底的低点连起来呈现一条上升趋势线。

2．个股的成交量逐渐萎缩，在整理的尾端时才又逐渐放大，并以巨量冲破顶部压力线。

3．股价的突破走势要干净利落，不拖泥带水。

4．股价整理走势至上升三角形形态的尾端时，价格波动的幅度也会变小。

三、实战要点

1．上升三角形属于整理形态，该形态在上升过程中出现，暗示股价有向上突破的可能。

2．上升三角形在突破顶部水平的压力线时，有一个短期的买入信号，但需要成交量的放量配合。

3．上升三角形虽然是整理形态，有一般向上突破的规律性，但亦有可能朝相反的方向发展。因此投资者在股价向下跌破3%（收市价计）时，宜暂时卖出，等待形势明朗。同时股价在向上突破时，若没有大成交量配合，投资者也不宜贸然买入。

四、案例分析

1．南方航空（600029）

（1）日K线形态分析

如图31-1所示，在南方航空（600029）日K线图中，该股在经过前期的上涨之后，开始横盘企稳，并出现短暂的回调走势。由于盘中做多实力较强，股价在小幅下探之后便开始反弹，在反弹到前期高点时遇阻回落，但这次回调并没有跌破前期低点。如此往复使股价的震荡幅度逐步缩小，由此形成上升三角形形态。某日，股价在成交量的配合下突破水平压力线，开始一波上涨行情。投资者可利用这一形态进行短线操作，获取收益。

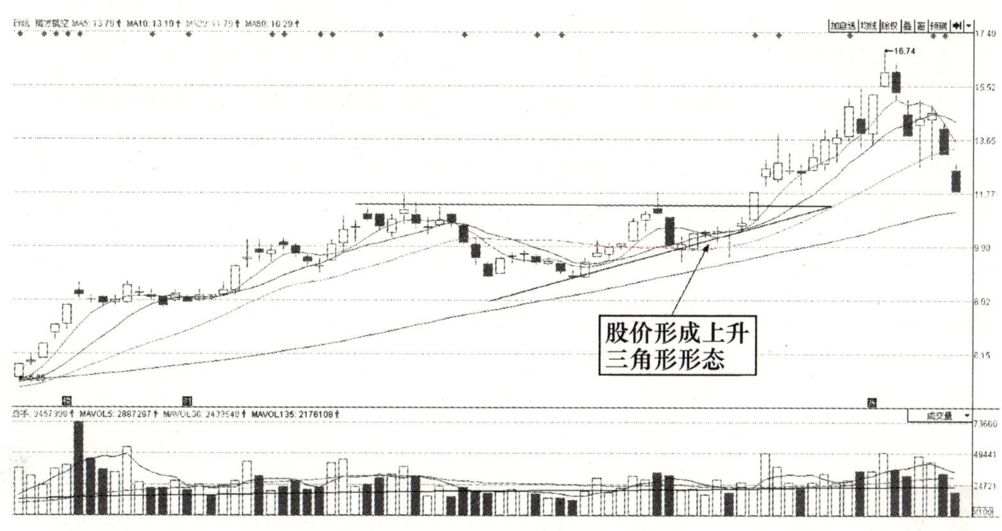

图 31-1　南方航空（600029）日 K 线图（I）

（2）买点把握

如图31-2所示，在南方航空（600029）日 K 线图中，该股在形成上升三角形形态之后，某日，股价强势突破水平压力线，表明个股后市将会出现一波上涨行情。同时，该股5日均线上穿10日均线形成金叉，也为股价上涨提供了支撑。若股价强势突破压力线当日，其成交量能有效放大，投资者可在股价突破当日买入股票，以获取股价后市上涨所带来的收益。

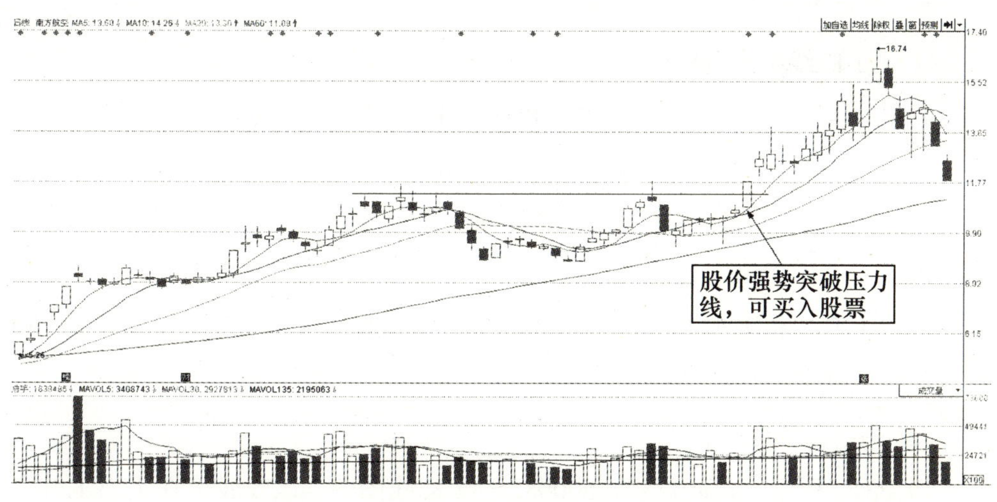

图 31-2　南方航空（600029）日 K 线图（II）

（3）卖出解析

如图31-3所示，在南方航空（600029）日K线图中，该股在股价突破水平压力线之后，开始了一波爬升走势。在股价创出新高之后，出现了回调的迹象。股价跌破5日、10日均线的支撑位后，表明盘中空头实力已占据了主动，股价下行的压力增加。投资者可在5日均线下穿10日均线出现死叉之时卖出股票，暂时规避股价回调所带来的风险，同时亦获取短线操作的利润。

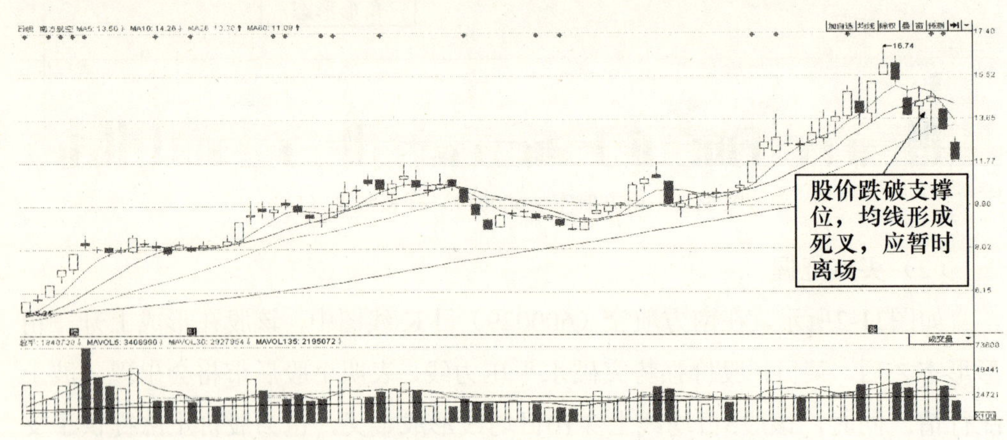

图31-3　南方航空（600029）日K线图（III）

2. 同仁堂（600085）

（1）日K线形态分析

如图31-4所示，在同仁堂（600085）日K线图中，该股在经过一波上涨之后，股价开始横盘企稳，之后开始小幅回调。但由于盘中多方实力占有优势，使股价小幅回调之后便开始反弹。股价在反弹到前期高点的水平线后，在空方的打压下又开始回落。回落的过程中，股价在前期低点的上方企稳反弹，如此反复形成上升三角形形态。个股走势出现这一形态之后，短线投资者可进行积极买入，以获取短期收益。

（2）买点把握

如图31-5所示，在同仁堂（600085）日K线图中，该股股价在走出上升三角形形态之后，某日股价强势突破水平压力线，并上封涨停板，表明后市股价上涨动能充分。同时，在股价突破压力线当日，该股的成交量也出现了明显的放大，可以确认形态成立。再加上该股的均线系统呈现出多头排列的态势，表明股价后市看涨。投资者在股价突破当日可买入股票进行建仓，以获取短线收益。

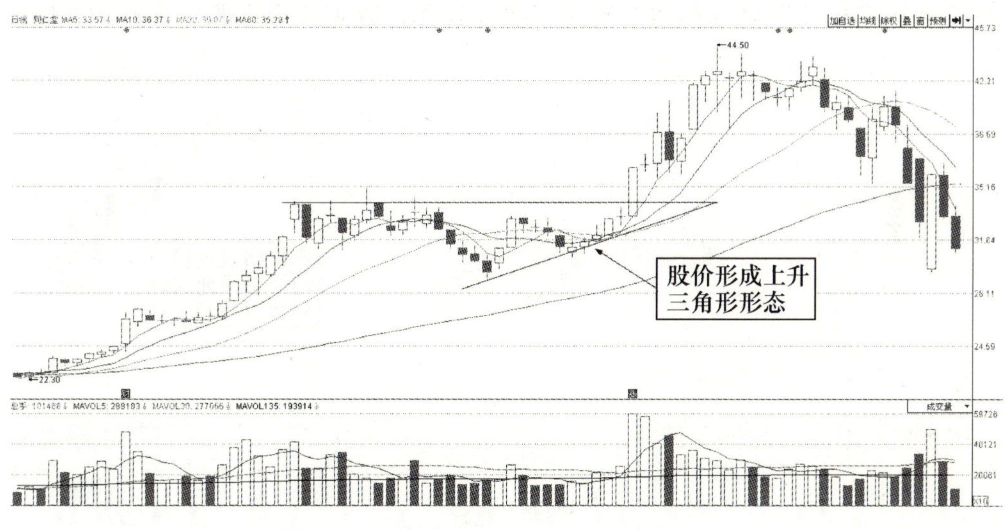

图 31-4　同仁堂（600085）日 K 线图（I）

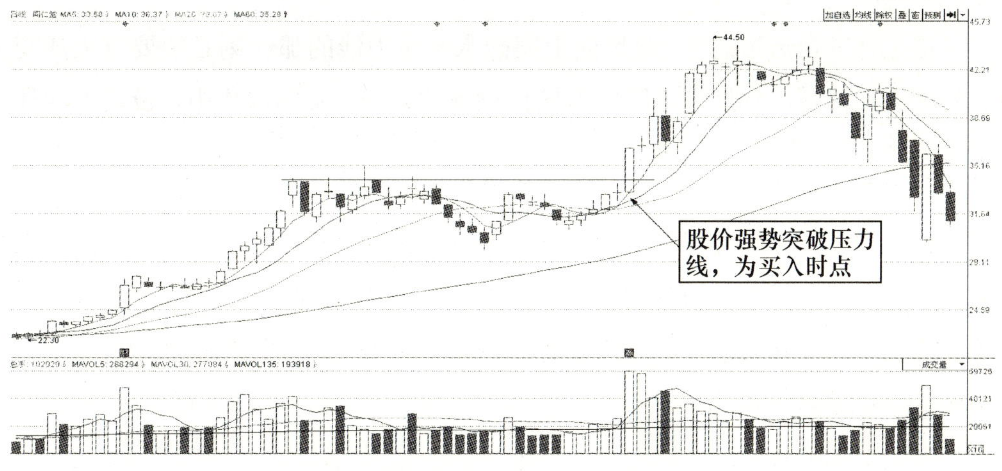

图 31-5　同仁堂（600085）日 K 线图（II）

（3）卖出解析

如图31-6所示，在同仁堂（600085）日K线图中，该股股价在创出新高之后，出现了横盘整理的走势，预示着多空双方的力量可能出现转化。同时结合该股的成交量分析，在股价横盘之时，其成交量呈现出逐步递减的态势，形成价平量减的走势，表明股价后市有可能开始下跌行情。个股出现这种走势时，投资者可卖出股票离场观望，或进行减仓操作，以规避后市股价下跌的风险。

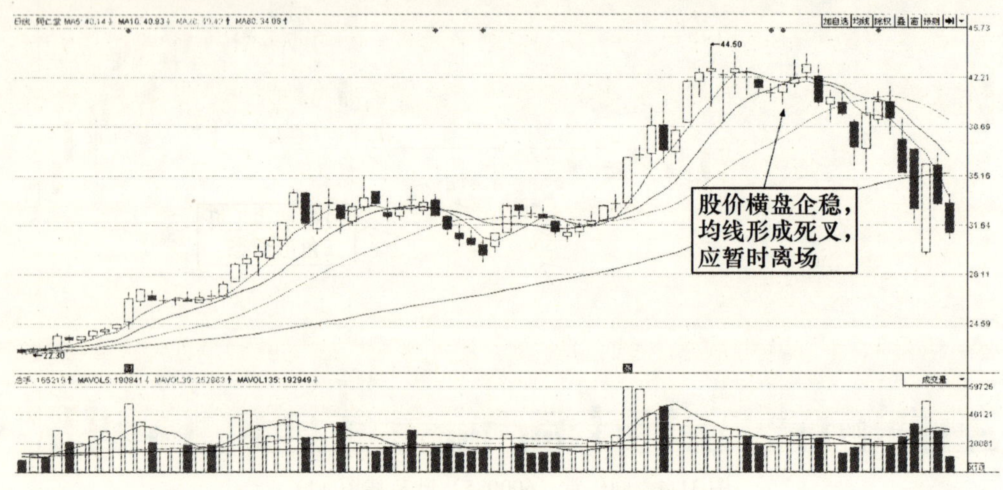

图31-6　同仁堂（600085）日K线图（III）

在上升三角形形态中，股价向上突破水平压力线的那一刻必须要有大成交量的配合，否则，个股有可能出现横盘整理的格局。实际操作中，投资者应注意这一点。

第三十二技　矩形突破擒杀术

矩形形态又叫箱形形态，是股票市场的一种典型的整理形态。股价上升到某一水平线时遇到空头的阻力，掉头回落，但很快便获得多头的支持而回升，可是在回升到前次相同高点时却再一次受阻，跌落到上次低点时则再得到支持。把这些短期高点和低点分别以直线连接起来，便可以绘出一条通道，这条通道既非上倾，亦非下降，而是平行发展，这就是矩形整理形态。某日，一根长阳放量突破矩形形态，黑马开始爆发。

一、形态描述

矩形形态为整理形态，是短线投资者经常利用的形态，这一形态显示出多空双方的力量在该范围之间几乎完全达到均衡状态。看多的一方认为某价位是较理想的买入点，于是价格每次回落到该水平便买入，形成了一条水平的支撑线。与此同时，看空的投资者对后市没有信心，认为价格难以突破压力延续涨势，于是价格每次回升至该价位时，便卖出股票，形成一条平行的压力线。从另一个角度分析，矩形也可能是投资者因个股后市走势不明朗，投资态度变得迷惘和不知所措而造成的。所以当价格回升时，一部分对后市缺乏信心的投资者卖出离场；而当价格回落时，一部分憧憬未来前景的投资者又买入股票，由于买卖双方实力相当，于是价格就来回在这一段区域内波动。一般来说，矩形整理形态在上涨行情和下跌行情中都可能会出现。长而窄且成交量小的矩形在原始底部比较常见，如果矩形整理突破了上限或下限，便发出了买入和卖出的信号，涨幅或跌幅通常等于矩形本身的宽度。

二、形态解析

1. 矩形的上轨和下轨大体呈现水平和平行状态，这是与楔形的主要区别。

2. 矩形一般是中继形态，即经过整理后一般股价运行的轨迹趋势不会改变。

3. 矩形的成交量一般是呈递减状态，如果成交量较大，则要提防主力出货形成顶部。股价向上突破时需要成交量的放大来配合，向下突破则没有必要。

三、实战要点

1. 该形态在形成的过程中，如果出现交易量放大，形态可能失败。

2. 股价上穿压力线时需要成交量明显放大，下穿支撑线时不需有大交易量出现。

3. 涨跌幅度约等于矩形的宽度。

4. 比较窄的矩形后市涨跌幅要大些。

5. 股价上升时交易量较大，是持续上升形态；反之，下降时交易量较小，是持续下降的形态。

四、案例分析

1. 西部资源（600139）

(1) 日K线形态分析

如图32-1所示，在西部资源（600139）日K线图中，该股前期一直处于缓慢的爬升过程之中，随后股价开始出现回调。但由于买方的介入，股价小幅下跌之后就开始反弹。在反弹之后，股价又遇到卖方的抛压开始回落，并跌至前期的低点。如此往复，日K线便形成矩形整理形态。某日股价突破水平压力线，成交量也出现有效放大，预示着股价后市将会出现一波上涨行情。投资者可利用矩形形态进行短线操作，获取收益。

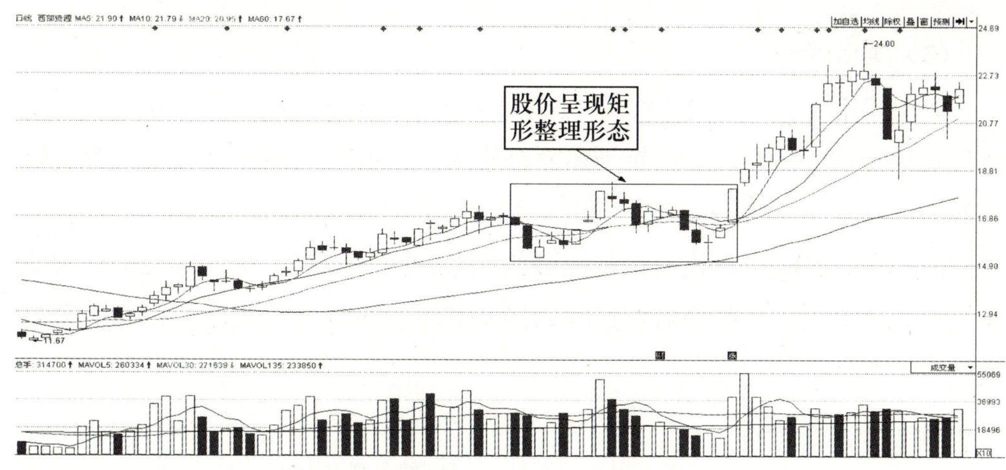

图 32-1　西部资源（600139）日 K 线图（I）

（2）买点把握

如图32-2所示，在西部资源（600139）日 K 线图中，该股进入横盘整理走势之后，股价强势上穿水平压力线，同时其成交量也出现明显放大，形成了矩形整理形态。结合该股的均线系统进行分析，5日均线上穿10日、20日均线形成金叉，表明个股即将结束整理走势开始一轮上涨行情。投资者可在股价突破压力线当日买入股票，持股待涨，以获取短期收益。

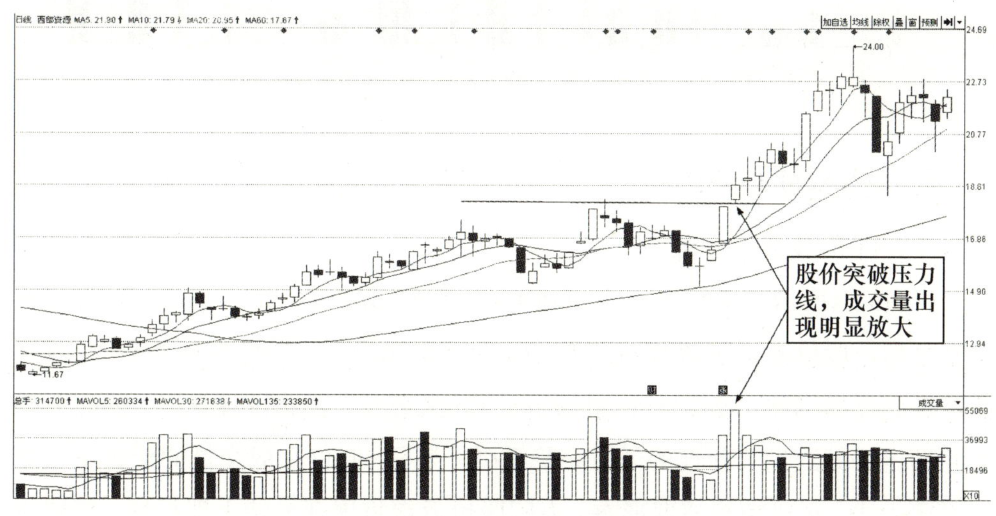

图 32-2　西部资源（600139）日 K 线图（II）

（3）卖出解析

如图32-3所示，在西部资源（600139）日K线图中，该股突破水平压力线后走出一波上涨行情。股价创出新高之后，日K线出现射击之星，表明股价后市有可能出现回调走势。同时，结合该股的成交量进行分析，在该股的上涨过程中，其成交量没有呈现出继续明显放大的态势，预示着盘中该股的交投热情逐渐减退。投资者在股价跌破均线支撑位时应卖出股票，实现短期收益。

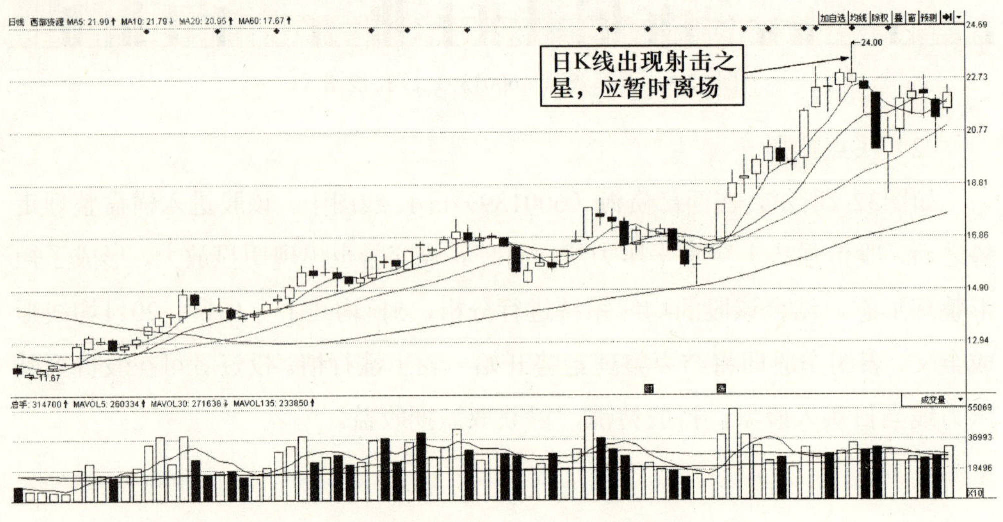

图32-3　西部资源（600139）日K线图（III）

2. 巨化股份（600160）

（1）日K线形态分析

如图32-4所示，在巨化股份（600160）日K线图中，该股经过一轮缓慢的爬升之后，股价开始了短暂的回调。在20日均线附近，股价得到买盘的支撑，随后开始反弹回升。股价反弹到前期高点时又遇到了卖盘的抛压，之后又开始了回调走势并跌到了前期的低点企稳反弹。某日，股价在成交量的配合下上穿水平压力线，形成矩形整理形态。表明股价后市将展开一轮上涨行情，短线投资者可利用这一形态积极参与获取收益。

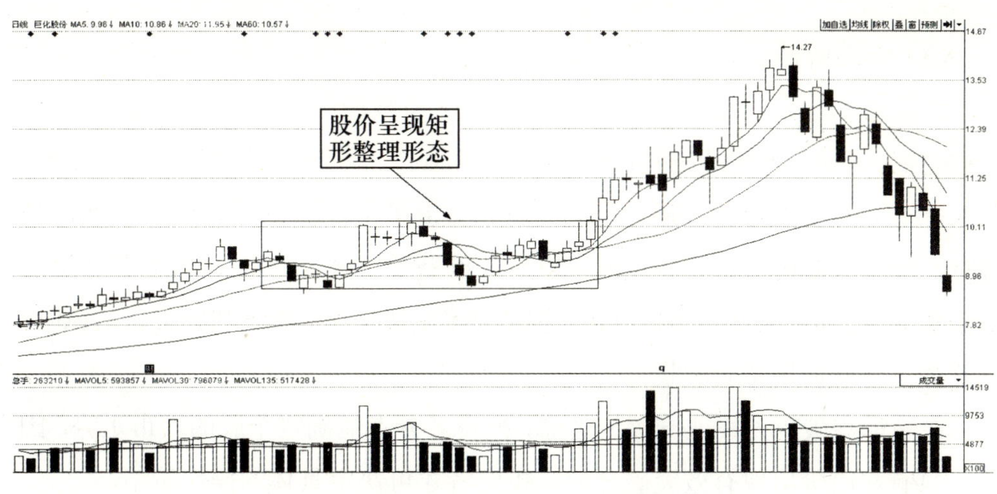

图 32-4　巨化股份（600160）日 K 线图（I）

（2）买点把握

如图32-5所示，在巨化股份（600160）日 K 线图中，该股在横盘整理的过程中，某日，股价在成交量的有效配合下突破水平压力位，结束了横盘走势，开始了一波上涨行情。同时，该股的均线系统也呈现出多头排列的态势，为股价的后市上涨提供了支撑。投资者可在股价有效突破水平压力线的当日买入股票，在该股后市形成利润空间之后再卖出股票，实现收益。

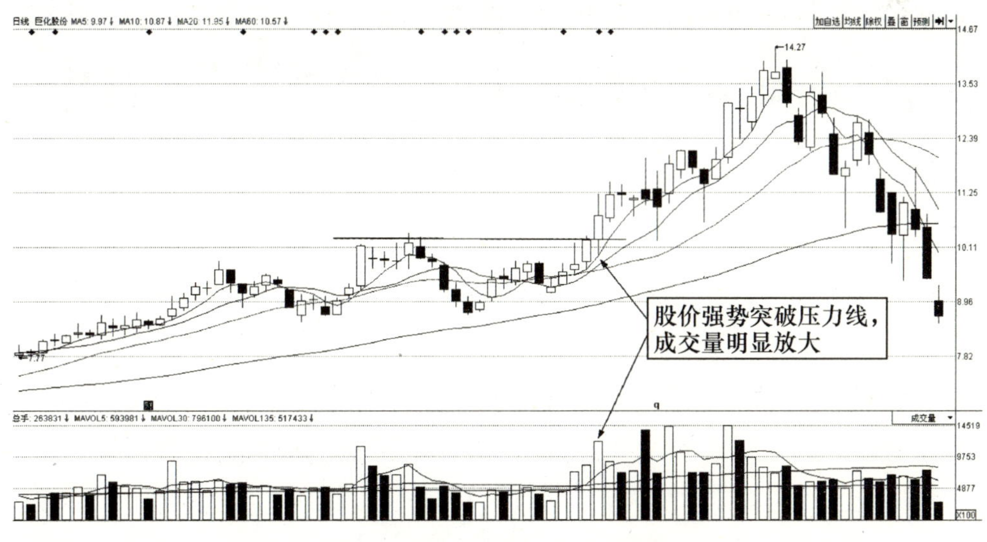

图 32-5　巨化股份（600160）日 K 线图（II）

（3）卖出解析

如图32-6所示，在巨化股份（600160）日K线图中，该股在形成矩形整理形态之后，开始了一轮上涨行情。股价创出新高之后，出现了回调下跌的迹象。日K线出现射击之星后，股价开始下跌，并击穿了5日、10日均线所形成的支撑位，预示着股价后市走势将出现逆转。投资者在该股的5日均线下穿10日均线形成死叉之后，应卖出股票或进行减仓操作，以规避个股下跌所带来的风险，同时亦可获取前期持股的收益。

在矩形突破压力线或支撑线之前，投资者并不能确定个股的后市走势。因此，只有在股价出现有效突破之后，投资者才可决定具体的操作策略。

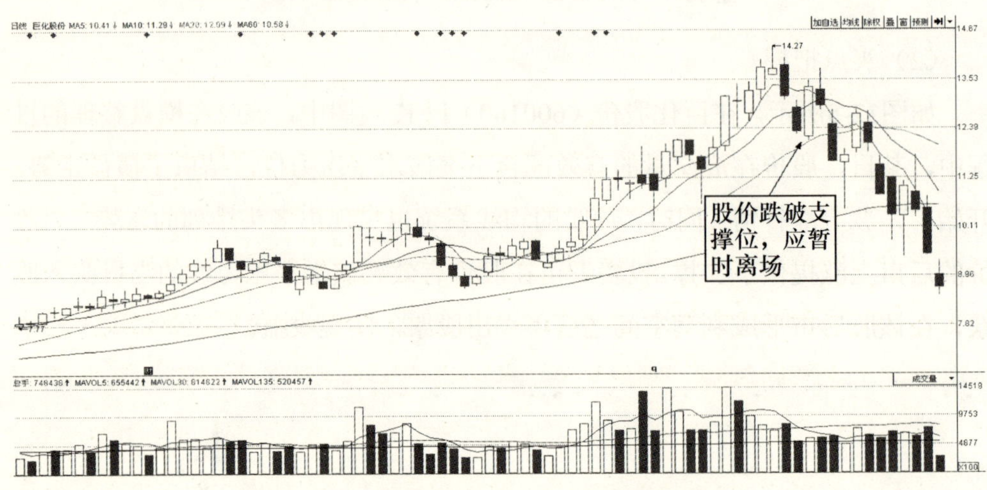

图 32-6　巨化股份（600160）日K线图（III）

第三十三技　旗形上升擒杀术

上升旗形形态通常出现在个股急速上涨的过程之中。个股经过一波急速上涨后，成交量放大，股价受阻出现回落，但小幅回调后便开始反弹。反弹的过程中，股价没有创出新高又出现回落，如此往复下移。将这些略微下倾的整理动作的高点和低点分别连接起来，就可以画出一个下倾的平行四边形，之后股价突破高位压力，延续了原来趋势走出一波新的上涨行情，如此便形成了上升旗形形态。

一、形态描述

在实战交易中，利用上升旗形形态捕捉个股的短线利润是非常有效的一种方法。上升旗形形态的多空博弈一般经过如下的过程。在急速的直线上升中途，成交量逐渐放大，股价最后达到一个短期的最高值。早先持有股票的投资者因获利而卖出股票，出现了获利盘的抛压，令股价上涨遇到较大的阻力，追高力量暂时减弱，股价开始小幅下跌，不过大部分投资者对该股的后市依然充满信心，所以回落的速度较慢且幅度有限。同时，成交量不断减少，反映市场的做空力量在回落过程中不断地减弱。经过一段时间清理浮筹，在旗形整理末端股价放量上升，一举突破短期的压力线，又走出一段上升行情形成旗杆，这时可确认上升旗形的突破确立。同时，这一时刻也是短线投资者买入股票的良好时机。

二、形态解析

1. 当股价大幅上升至某一压力点，开始进行旗形整理时，其图形呈现由左向右下方倾斜的平行四边形。

2．旗形整理的时间一般不能超过15天。

3．形态完成后股价将继续维持原来的趋势，也就是说一旦旗形整理结束，股价就要向上突破，继续往上攀升。

三、实战要点

1．成交量在旗形形成过程中，呈现显著的渐次递减现象。

2．上升旗形突破时，成交量应该是激增放大的，这是与其他整理形态不同的地方。

3．在旗形形态中，如果成交量是不规则或是并非依次减少的情况时，则要注意这不是什么旗形整理，可能是反转形态。

4．从时间上看，一般旗形整理在3周以内完成的，为波段续涨信号，代表原有上涨的波段仍在延续；如果是在股价高位震荡超过一两个月形成的，则为新一轮大级别上涨的开始，这在牛市中常见。

5．旗形为持续形态时，一般不会改变原有的趋势运行方向。但上升旗形说明原有上升趋势已进入到了后半段，要预防最后一升之后的转势。

6．上升旗形确立后，其再次上涨的空间，是前期旗形形态的旗杆长度。

四、案例分析

1. 皖维高新（600063）

（1）日K线形态分析

如图33-1所示，在皖维高新（600063）日K线图中，该股前期经过一段缓慢的爬升，股价开始企稳并出现回调走势。但由于市场对该股的后市表现预期较好，所以在小幅下调之后股价便开始出现反弹。但反弹并没有超越前期高点，股价在获利盘的抛压下又开始下调。某日，股价在成交量的配合下突破上方的压力线，延续个股原来的走势，出现一波新的上涨行情，由此可确认上升旗形形态的确立。短线投资者可利用这一形态进行短线操作，获取收益。

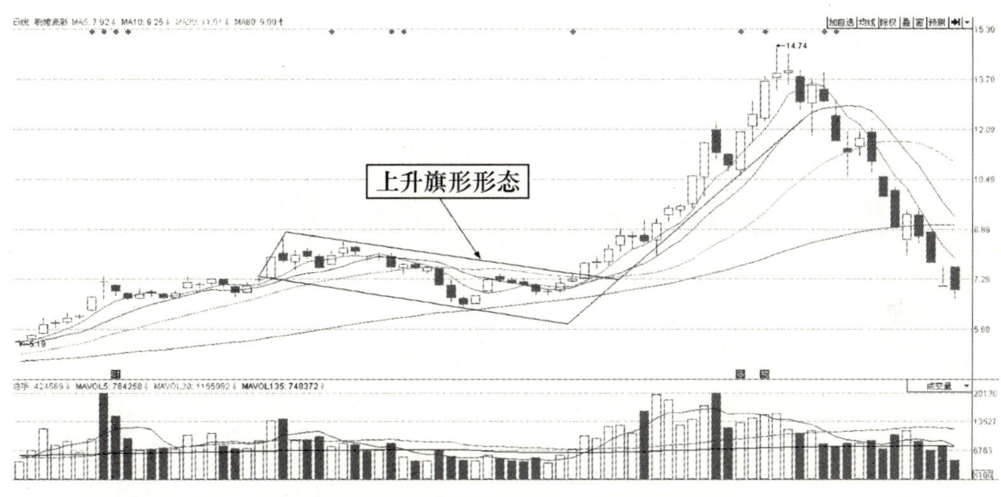

图 33-1　皖维高新（600063）日 K 线图（Ⅱ）

（2）买点把握

如图33-2所示，在皖维高新（600063）日 K 线图中，该股在回调的走势中形成上升旗形形态，股价突破上涨压力线时，其成交量也出现了明显的放量，表明个股走势将会延续原来的走势，出现一波上涨行情。同时，该股的5日、10日均线上穿20日均线形成金叉，也预示个股的上升趋势。投资者在实际操作中，遇到个股出现这种形态，可买入股票、短线持有，以期后市获取投资收益。

（3）卖出解析

如图33-3所示，在皖维高新（600063）日 K 线图中，该股经过一波上涨，股价在创出新高之后开始出现回调的迹象。在股价跌破均线支撑位的同时，其5日均线下穿10日均线形成死叉，预示着该股将结束上涨行情，开始进入下跌。同时，其成交量也呈现出逐步萎缩的态势，进一步确认了股价下跌的走势。在个股出现这种走势之后，投资者应暂时卖出股票，规避风险。

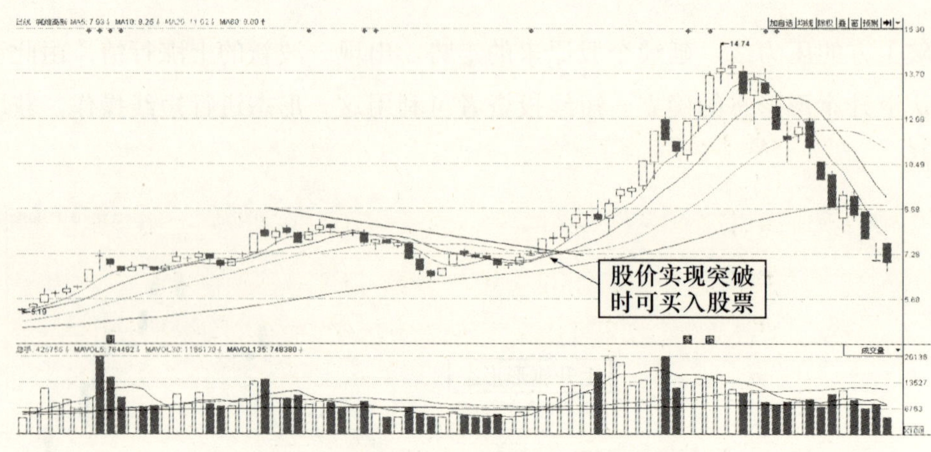

图 33-2　皖维高新（600063）日 K 线图（Ⅳ）

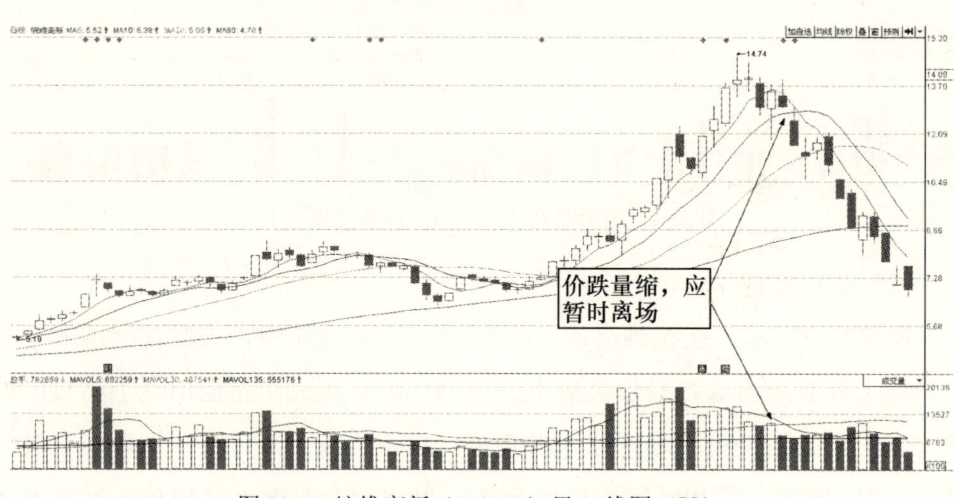

图 33-3　皖维高新（600063）日 K 线图（Ⅴ）

2. 海信电器（600060）

（1）日 K 线形态分析

如图33-4所示，在海信电器（600060）日 K 线图中，该股经过一段缓慢的爬升后，股价逐步企稳并开始出现回调走势。由于盘中做多热情较浓，股价小幅下跌之后便开始反弹。但反弹并没有达到前期的高点，因为获利盘的抛压令股价又开始了一次新的小幅下跌。某日，股价上穿该股的均线系统，在成交量的配合下出现强势上涨，之后该股结束回调走势，走出一轮新的上涨行情。如此，该股形成上升旗形形态。投资者在个股出现该形态之后可利用这一形态进行短线操作，获取投资收益。

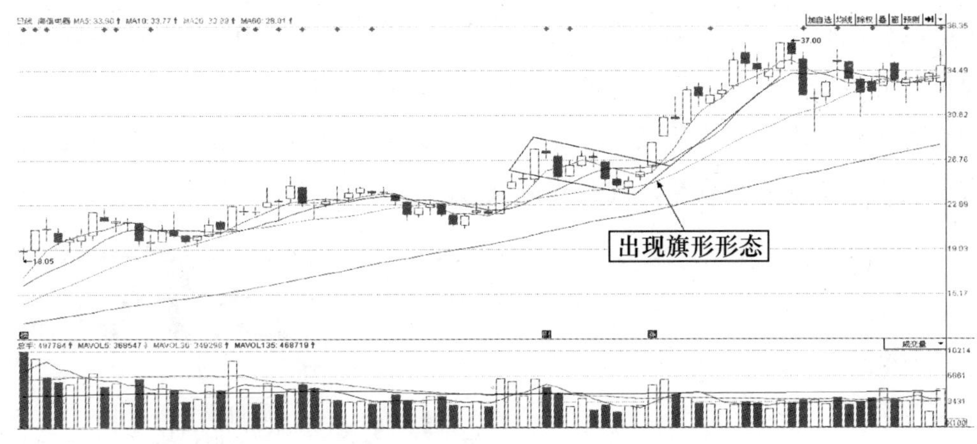

图 33-4 海信电器（600060）日 K 线图（I）

（2）买点把握

如图33-5所示，在海信电器（600060）日 K 线图中，该股在回调的走势中，形成了上升旗形形态。股价强势突破上涨压力线的当日，该股的5日均线上穿10日均线形成金叉，表明后市该股将会结束回调，开始新的一轮上涨行情。同时结合该股的成交量分析，当日该股的成交量出现了明显放大，为股价的上涨提供了支撑。投资者应抓住这一买点，以期后市获取短期收益。

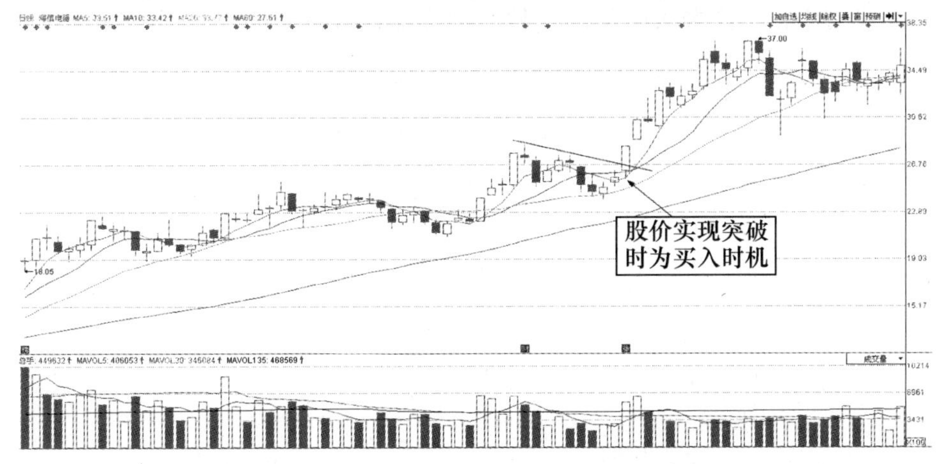

图 33-5 海信电器（600060）日 K 线图（II）

（3）卖出解析

如图33-6所示，在海信电器（600060）日K线图中，该股在经过一轮新的上涨之后，股价出现深度下跌。一根大阴线击穿了5日、10日均线所形成的支撑位，显示出盘中空方的实力较强，股价下跌的压力较大。同时，该股的5日均线下穿10日均线形成死叉，也预示了股价的下跌行情。投资者此时应卖出持有的个股，实现持股收益，规避回调风险。

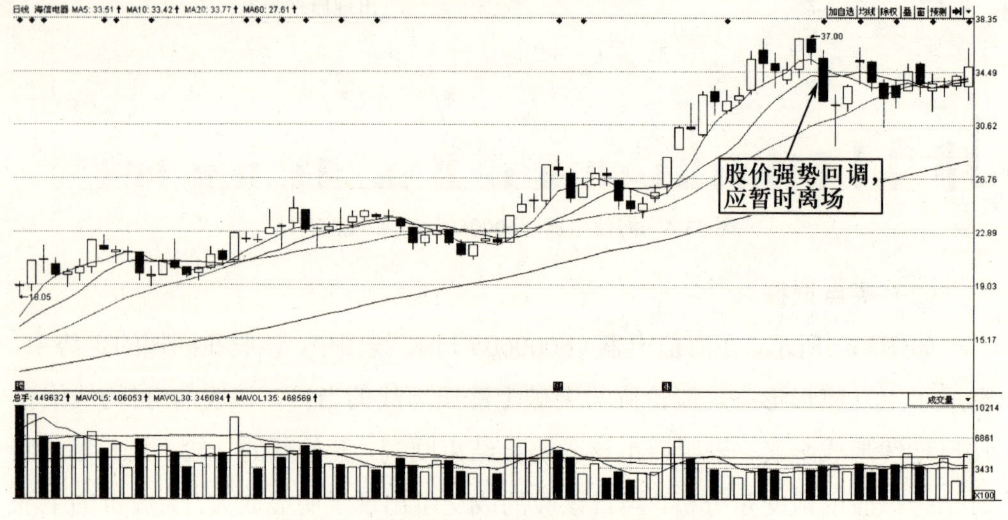

图 33-6　海信电器（600060）日K线图（III）

在股市中，不论多么强势的行情，股价都会有休整的时候，在行情整理期间，股价可能会走出旗形形态。旗形形态也可以说是多方的蓄力加油站。因此，投资者应抓住这一时机，进行相应的投资操作。

第三十四技　金针探底擒杀术

金针探底形态一般出现在股价下跌的尾声，该形态基本上是由一根锤头线组成。锤头线，是指实体部分较小，并且该实体位于整个 K 线的顶端位置，有着长长的下影线，没有上影线或者上影线很短的一根 K 线。需要注意的是，其实体可以是阳线，也可以是阴线。

一、形态描述

在股价下跌的过程中，空方一直占据绝对优势，但是个股下跌的同时，空方的做空能量也一直处于消耗状态，并且其能量逐渐减小。当在某一个交易日中，多方经过一系列的反击，股价在收盘时出现一根锤头线，表明盘中空方的能量基本消耗殆尽。此时，多方开始占据主导地位，多空双方力量发生反转。后市股价的下行趋势可能终结，发出积极看涨的信号。

二、形态解析

1．个股股价前期经过了连续性的调整或者下跌趋势，股价已位于相对低位区。

2．个股 K 线图出现一根锤头线，表明股价下跌走势或将终结，后市可能出现反转。

3．下一个交易日股价反转走强（股价突破锤头线的收盘价），则表明金针探底形态的买入信号得到了验证，投资者可以积极进场、买入股票。

4．如果下一个交易日股价延续跌势，则金针探底形态的见底信号失效，投资者应该继续保持观望状态。

三、实战要点

1. 股价若经过长期的下跌后出现金针探底形态，若成交量同步放大，可迅速追进，耐心等待一轮反弹行情。

2. 若在横盘整理期间出现金针探底形态，此时表现形式是股价莫名其妙大幅下跌，若成交量并未放大，通常为获利盘涌出或是庄家刻意打压，此时可见跌则买，甚至将买单挂在接近跌停的位置，可炒短线。

3. 对大幅洗盘的个股，洗盘结束之后常会继续拉抬，此时可继续持股。

四、案例分析

1. 上海电力（600021）

（1）日K线形态分析

如图34-1所示，在上海电力（600021）日K线图中，该股股价在经过前一阶段的上涨之后出现了小幅的回调。在回调的过程中，股价走出了一根实体较小的锤头线，表明此时盘中多空双方的力量出现了逆转。空方做空动能将尽，多方力量开始占据主导优势，股价后市将有可能发生反转。投资者在实战中遇到此种情况，可积极观察股价的后续走势，寻找买点介入。

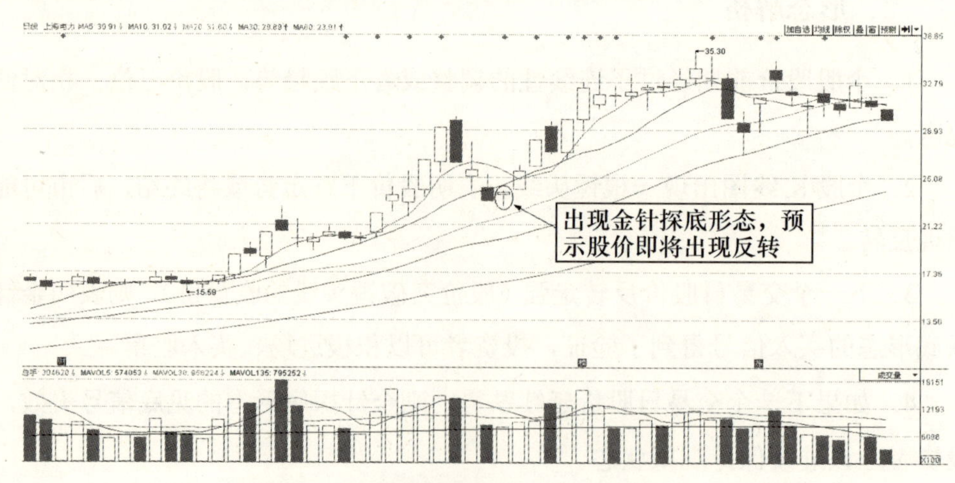

图34-1　上海电力（600021）日K线图（I）

（2）买点把握

如图34-2所示，在上海电力（600021）日K线图中，该股股价在走出锤头线之后，下一个交易日又走出了一根中阳线。表明盘中多方开始了进一步的反攻，在此影响下股价结束了前期的回调走势，开始进入上涨趋势中。之后，股价持续走强并突破均线的压力位，成功站到5日均线之上。投资者可在股价有效突破均线之后积极买入，获取筹码，以获取短线收益。

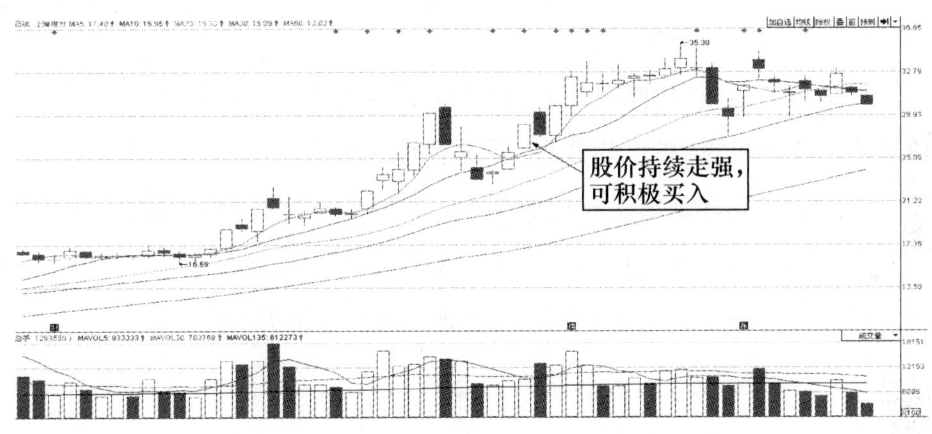

图 34-2　上海电力（600021）日K线图（II）

（3）卖出解析

如图34-3所示，在上海电力（600021）日K线图中，该股股价在出现金针

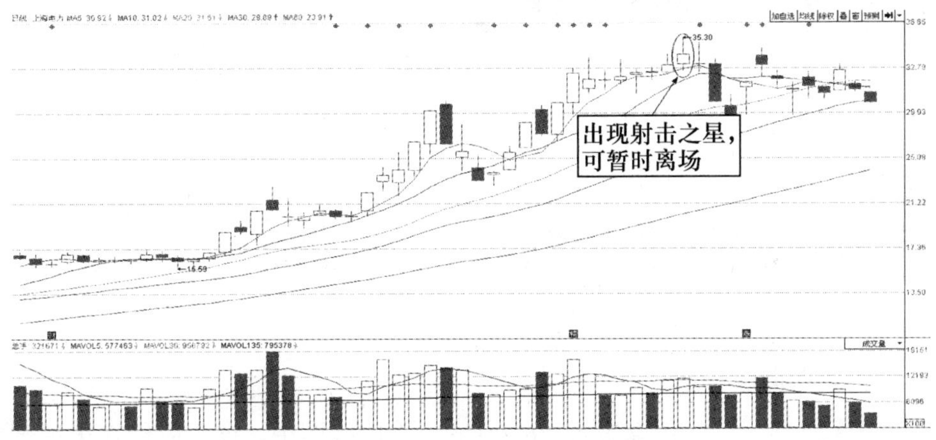

图 34-3　上海电力（600021）日K线图（III）

探底形态之后，开始了一波上涨行情。在这一过程中，股价突破了前期的价格高位之后逐步进入整理状态。并且日 K 线出现射击之星，预示着盘中多方做多动能有可能耗尽，上涨行情即将结束，后市股价将会出现下跌。投资者遇到这种情况后，应积极减仓或离场，以规避风险，获取收益。

2. 招商银行（600036）

（1）日 K 线形态分析

如图34-4所示，在招商银行（600036）日 K 线图中，该股股价在小幅上涨之后开始出现了回调，并且出现了一根大阴线击穿了均线系统的支撑位。之后，在下一个交易日股价走出了一根锤头线。预示着虽然股价之前的下跌趋势凶猛，但有可能是主力的洗盘行为。个股股价后市有可能会逐步走强，出现反弹。因此，投资者应密切观察股价的后市走势，积极寻找买入机会。

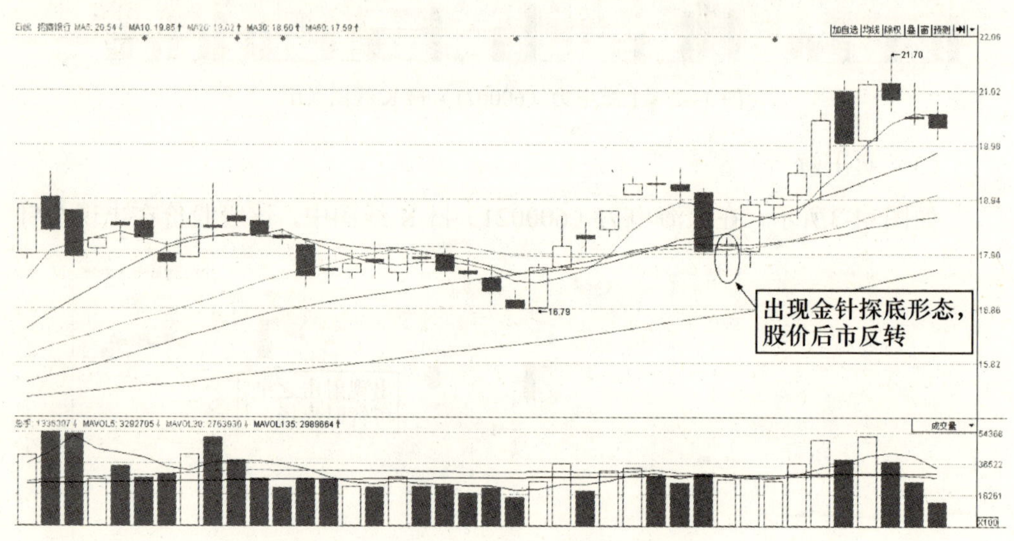

图 34-4　招商银行（600036）日 K 线图（I）

（2）买点把握

如图34-5所示，在招商银行（600036）日 K 线图中，该股股价在出现金针探底形态之后继续走强。下一个交易日的阳线突破了均线系统的压力位，表明股价结束了之前的下跌走势，开始出现反转。也表明之前出现的大阴线是主力的洗盘行为，后市股价会继续之前的上涨行情。在股价成功站上5日均线之后，投资者应积极寻找有利的买入时机，买入股票。

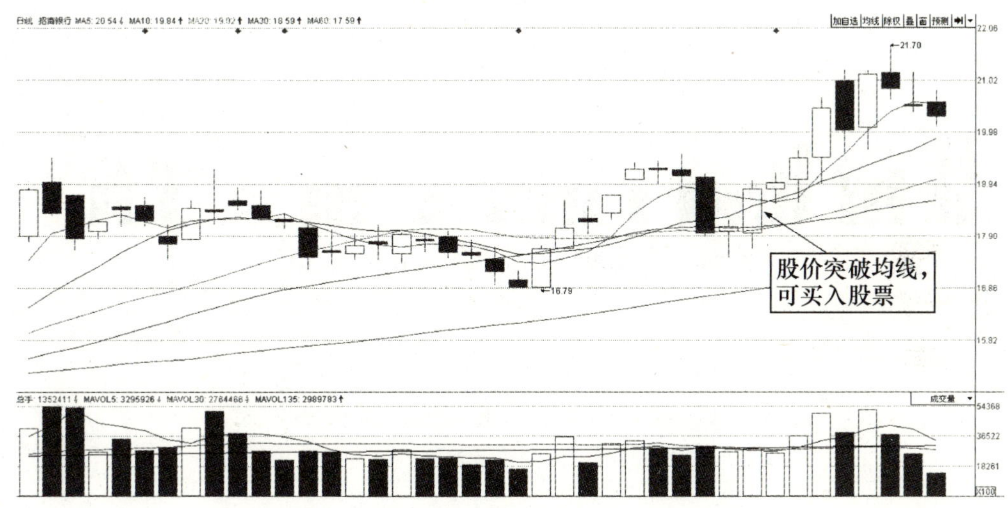

图 34-5　招商银行（600036）日 K 线图（II）

（3）分时卖出解析

如图34-6所示，在招商银行（600036）日 K 线图中，该股出现金针探底形态之后，股价出现了一波上升行情。在股价的上涨途中，日 K 线图出现了射击之星，表示股价已经失去了上升的动力，多方已抵抗不住空方打击，股价随时可能见顶回落。因此，投资者在股价大幅上扬后，观察到有射击之星出现时，应尽早进行卖出或减仓操作，以实现之前的短期收益，并继续观望寻找新的买入机会。

金针探底形态作为一种研判行情的参考形态，可以帮助投资者分析形势，从而采取正确的操作方法。但是，这仅仅是众多操作技巧中的一个技法，我们将在下文中继续讲解其他技法，以期帮助投资者在股票市场上获取收益。

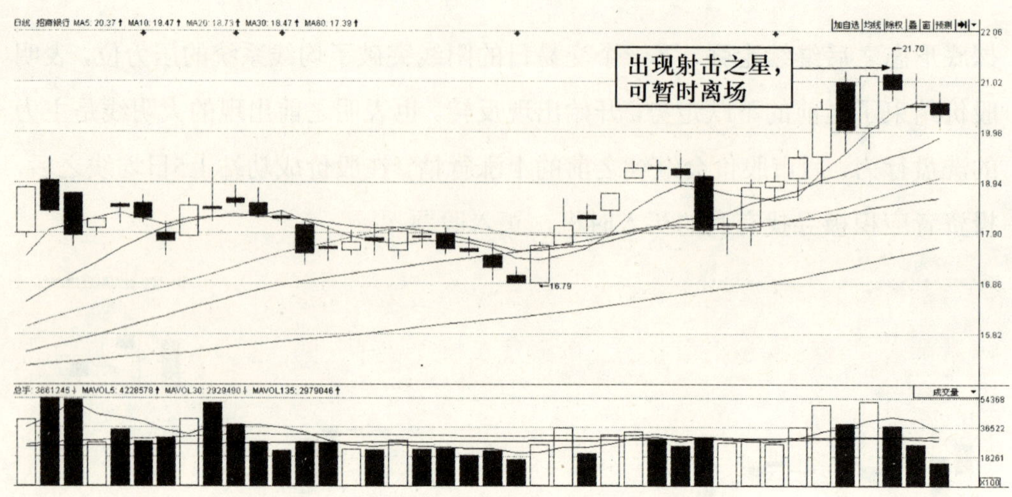

图 34-6　招商银行（600036）日 K 线图（III）

第三十五技　黄金之花擒杀术

多根均线黏合或交叉之后向上发散，形态上就如同花朵绽放般绚丽多彩，对黑马擒杀具有重要的指导意义，这就是黄金之花形态。

黄金之花形态是指个股的三条均线黄金交叉于一点，股价站在交叉点之上的均线技术形态。个股在底部区域震荡筑底或上升中期充分整理之后，某日，股价大幅上扬，三条均线在同一交易日出现金叉并快速发散，形成一个花朵开放的形态，其后股价就此展开一轮上涨行情。由于三条均线交叉于一点，形如花朵绽放，同时后市股价看涨，所以称这种形态为黄金之花形态。

一、形态描述

黄金之花形态也可以由四条均线组成，常见的均线组合有5日、10日、20日和30日均线组合，5日、8日、13日和21日均线组合，5日、13日、21日和34日均线组合。其中第一种是常见的均线组合，后两种组合是斐波那契数列均线组合。无论是哪一种组合，形态中必须有两条均线是黄金交叉的。

黄金之花形态的三条均线交叉于一点，说明三条均线周期内做多的交易者都看好后市，而且买入的平均成本一致。同时在这一交易日，股价站到三条均线之上，场内的交易者全部解套或赢利。解放场内所有均线周期内的持仓者，一般不是主力机构的行为，多数情况下是趋势逆转的结果。

黄金之花形态有可能出现在任何趋势中。交易者发现该形态后，应当先确定个股趋势性质，再确定交易策略。如果该形态出现在长期下降趋势中，即使是长期大底，也只能作为反弹行情进行操作，如此可避免判断失误的风险。若该形态出现在长期上升趋势之中，一般是良好的买入和加仓时机。

二、形态解析

1．黄金之花形态可出现于任何趋势行情之中。

2．个股的短期、中期、长期均线（一般多用5日、10日、20日均线）黄金交叉于一点，且至少有两条均线形成黄金交叉。否则，形态不能成立。

3．个股的三条均线交叉前收敛，交叉后开始发散。

4．股价应位于交叉点之上。

三、实战要点

1．四条均线形成的黄金之花发出的买入信号的可靠性强于三条均线的黄金之花，中长期均线组合出现的黄金之花形态，其发出的买入信号强于短期均线组合。

2．均线形成黄金交叉时如果成交量能同步放大，则黄金之花的买入信号会更为可靠。

3．黄金之花形态形成后，短期内均线系统必须快速向上多头发散。否则，表明个股走势疲软，行情难以持久，甚至有可能出现形态失败。

四、案例分析

1．浙江广厦（600052）

（1）日K线形态分析

如图35-1所示，在浙江广厦（600052）日K线图中，该股前期一直处于小幅爬升的趋势之中，之后进入了短暂的横盘整理走势。在这一过程中，该股的5日、10日均线同时上穿20日均线，形成黄金之花形态。表明投资者对该股的后市走势抱有良好的预期，做多情绪比较浓烈。同时，当日股价也站上了三条均线，成交量也出现了明显放大。在个股出现这种走势后，投资者应关注该股的后市表现，选择合理时机买入。

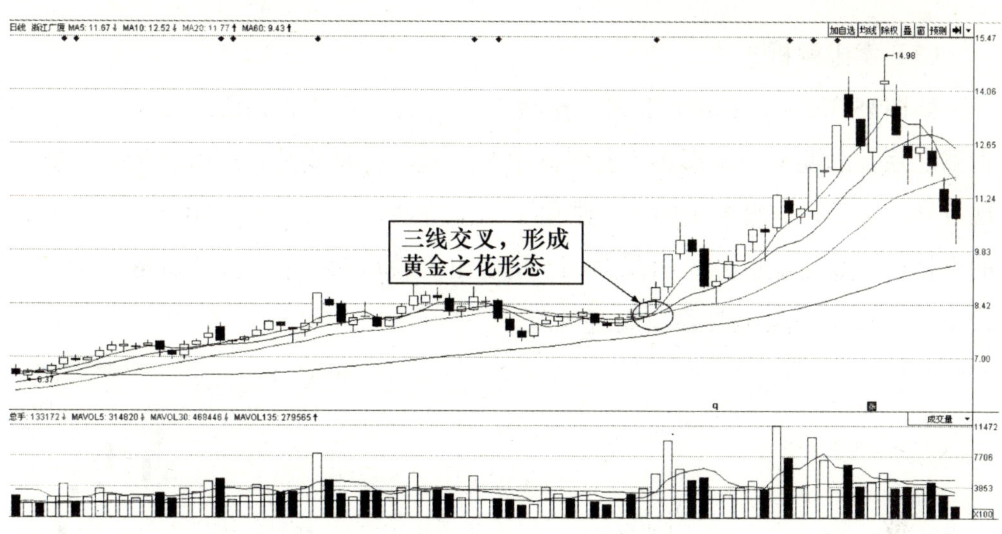

图 35-1　浙江广厦（600052）日 K 线图（I）

（2）买点把握

如图35-2所示，在浙江广厦（600052）日 K 线图中，该股出现黄金之花形态之后，股价结束了横盘走势，开始了一波上升行情。同时，该股的均线系统也出现多头排列，为股价的进一步上涨提供了支撑。该股的成交量出现了明显的放大，表明盘中交投活跃。激进的投资者可在形态形成之后买入股票，稳健的投资者可在股价回调之后再选择合理的时机买入。

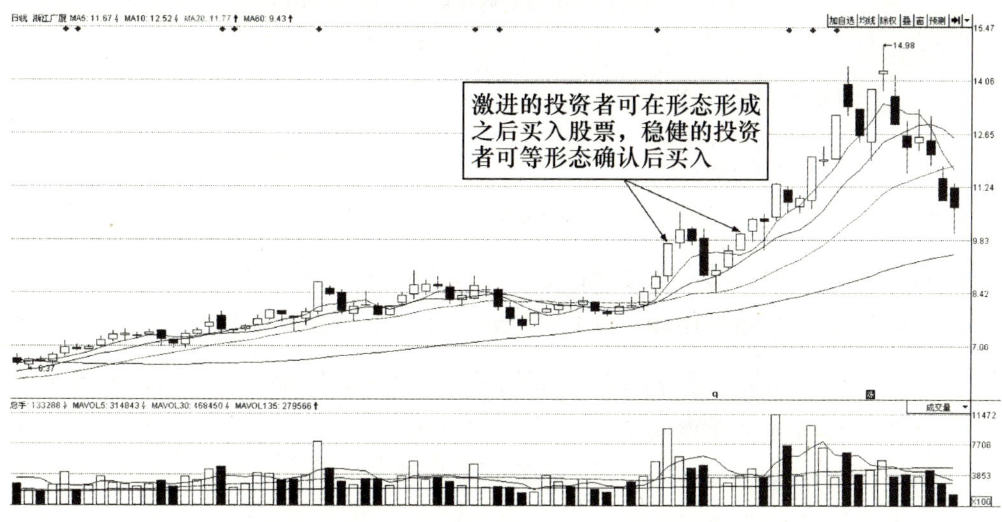

图 35-2　浙江广厦（600052）日 K 线图（II）

（3）卖出解析

如图35-3所示，在浙江广厦（600052）日K线图中，该股经过一段时间的上涨之后，出现十字星形态。表明盘中多空双方力量均势，后市股价有可能出现反转。之后，个股掉头向下，结束了上涨行情，并且跌破了10日均线所形成的支撑位。成交量也开始出现萎缩，呈现出价跌量缩形态。投资者应在股价跌破均线支撑位时卖出股票，规避风险。

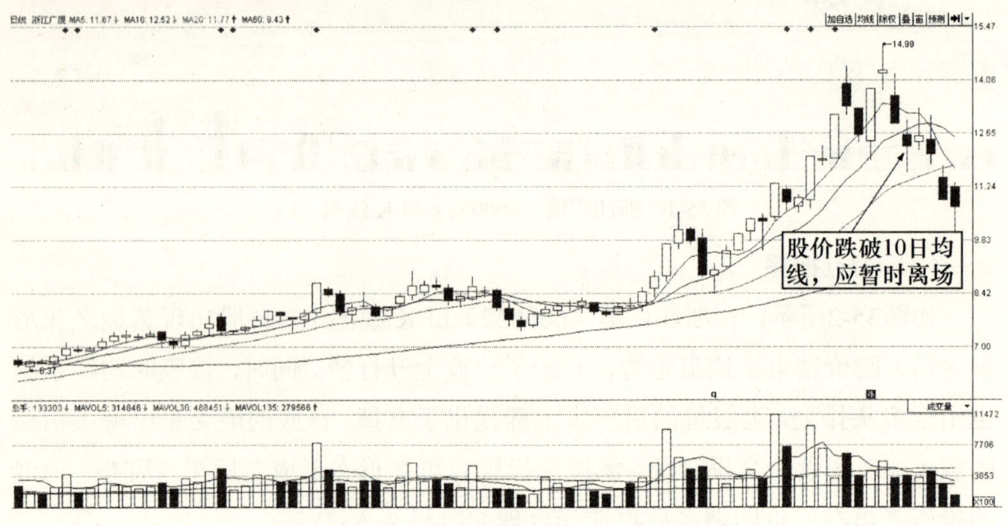

图 35-3 浙江广厦（600052）日K线图（III）

2. 上海梅林（600073）

（1）日K线形态解析

如图35-4所示，在上海梅林（600073）日K线图中，该股前期经过一段缓慢的爬升之后开始企稳，出现横盘震荡的走势。在回调的过程中，该股的5日、10日均线同时上穿20日均线，两个金叉相交于一点，其股价也站上了三条均线的上方，由此形成黄金之花形态。表明后期股价将会结束震荡走势，出现一轮上涨行情。投资者可在形态确认之后买入股票。

（2）买点把握

如图35-5所示，在上海梅林（600073）日K线图中，该股形成黄金之花形态之后，股价继续上涨。同时，其成交量也出现了明显的放大，表明盘中交投开始活跃，该股的人气开始聚集。观察该股的均线指标，可以看出三条均线交叉于一点之后，其出现了多头排列形态，给股价的继续上扬提供了支撑。投资者可在形态形成之后，选择合理时机买入。

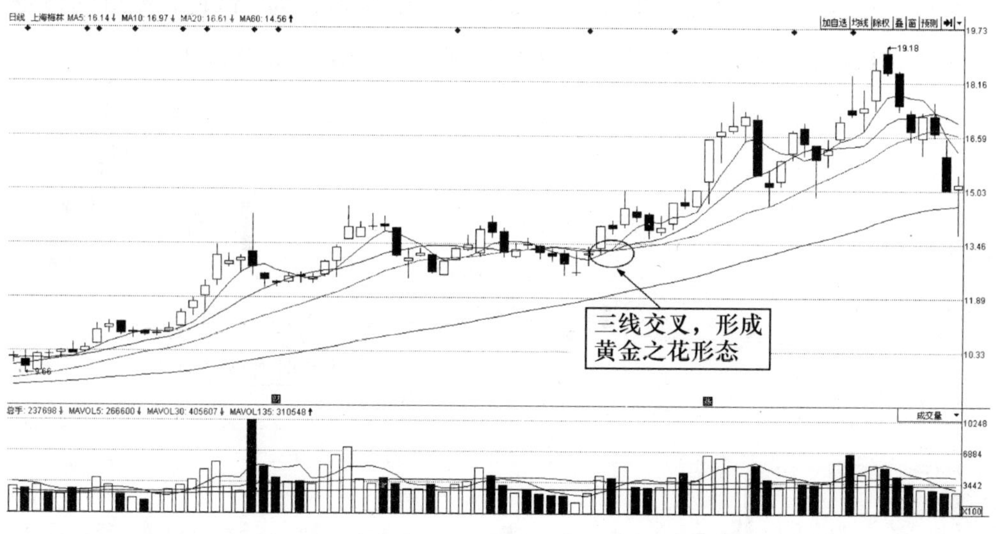

图 35-4　上海梅林（600073）日 K 线图（II）

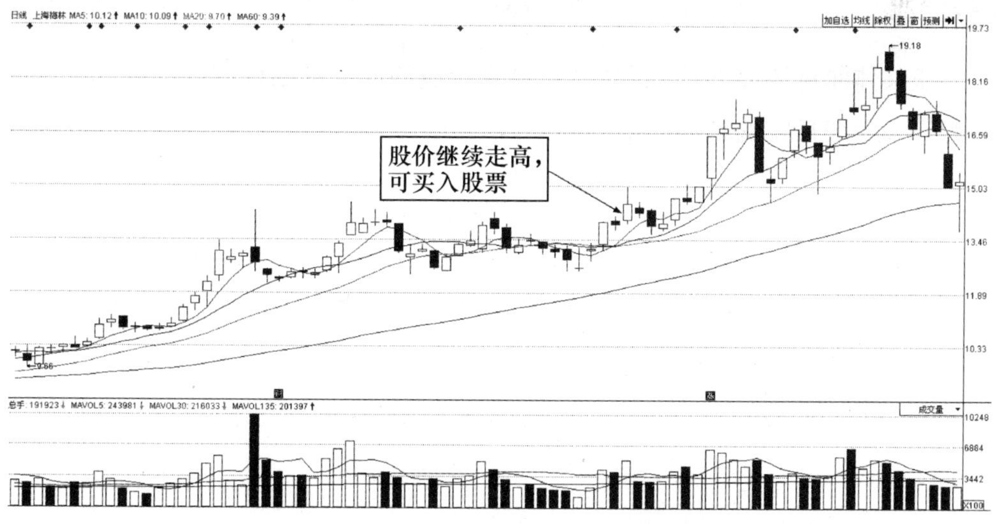

图 35-5　上海梅林（600073）日 K 线图（III）

（3）卖出解析

如图35-6所示，在上海梅林（600073）日K线图中，该股在黄金之花形态形成之后，股价出现了一波上涨行情。但在这一过程中，一根大阴线击穿了5日均线的支撑位，稳健的投资者可在此卖出股票，规避风险。若投资者仔细观察该股的后期走势后，可以发现大阴线为主力的洗盘行为。因此，激进的投资者可继续持股，直到均线的多头排列完全破坏时再卖出股票。

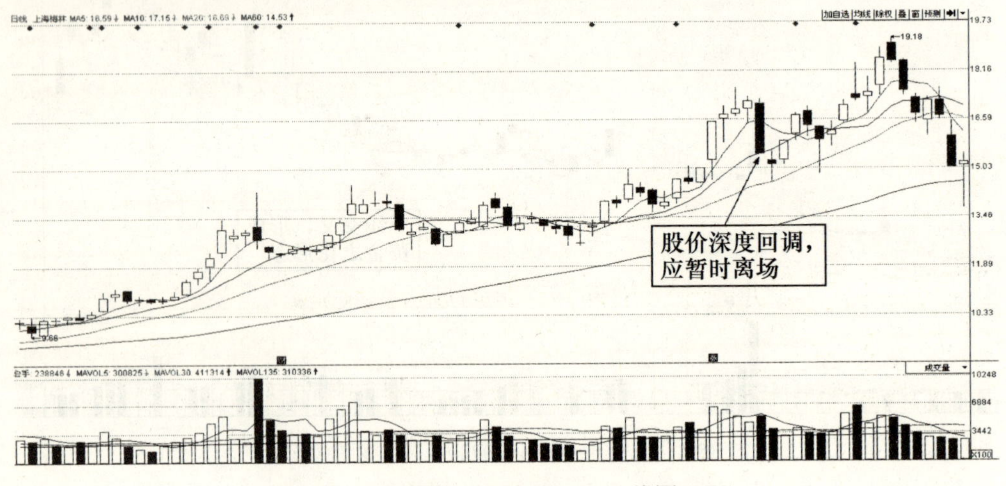

图 35-6　上海梅林（600073）日K线图（Ⅳ）

在具体面对该形态时，投资者可结合个股的成交量进行综合判断，以更准确地研判个股后市的趋势。

第三十六技　出水芙蓉擒杀术

量价“出水芙蓉”描述的是，股价在两根均量线形成突破之后，走势如出水芙蓉，清新自然、婀娜多姿，是黑马的重要爆发点之一。

一、形态描述

对于短期成交量来讲，5日均量线是重要的参考线。同样，30日均量线也反映了中期成交量变化的趋势。当5日均量线回靠与突破30日均量线时，股价都会发生重要的变化。此时，投资者可利用5日均量线与30日均量线所形成的形态买入股票，进行建仓。在5日均量线突破30日均量线时，当日的成交量应出现明显的放大，并突破5日均量线，此时股价一般都会出现较大涨幅，甚至上封涨停板。激进的投资者可在当日进行适当的建仓，稳健的投资者可结合其他指标进行判断，等个股的上涨趋势确认之后再买入股票。

二、形态解析

出水芙蓉形态特征如下：

1. 当个股的成交量出现萎缩状态时，5日均量线会逐渐向30日均量线靠拢。

2. 当5日均量线上穿30日均量线后，成交量突然呈放大态势，并且成交量突破了5日均量线，这意味着股价很快就要上涨，投资者可以迅速跟进买入股票。

3. 5日均量线回靠30日均量线的过程中，跌破了30日均量线并不影响形态的成立。

三、实战要点

1. 在个股的上涨行情中，均量线一般会先于股价的上涨而做出反应。当股价上涨到一定的价位后，均量线会慢慢变得迟滞，甚至呈现出下跌走势。这时，投资者应注意后市股价走势，其上涨的趋势可能终结，开始进入下跌行情。

2. 在个股的下跌行情中，均量线一般会先于股价的下跌而下行。当股价下跌到一定的价位后，均量线会拐头向上或者走势趋于平行。这意味着股价的下跌已经到了谷底，投资者应注意后市股价走势，股价有可能企稳反弹。

3. 均量线的运行方向无论是向上还是向下，都意味着个股行情可能会出现转向。

四、案例分析

1. 马钢股份（600808）

(1) 日K线形态分析

如图36-1所示，在马钢股份（600808）日 K 线图中，该股处在横盘整理的走势之时，其成交量也一直处于地量状态。某日，该股的5日均量线上穿30日均量线形成金叉，同时，其量能突破5日均量线。表明盘中该股的交

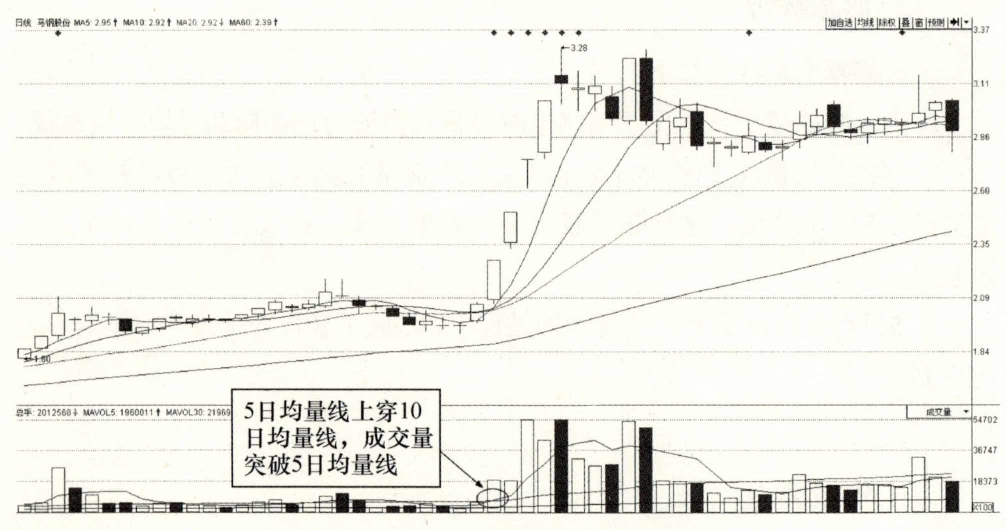

图 36-1 马钢股份（600808）日 K 线图（I）

投由萧条转为活跃，为股价结束横盘整理走势，开始一轮新的上涨行情提供了动力。短线投资者在实战中遇到成交量出现这种走势时，可选择合理的时机买入。

（2）买点把握

如图36-2所示，在马钢股份（600808）日 K 线图中，该股的5日均量线上穿30日均量线形成金叉时，其股价当日高开高走，并在上午盘中上封涨停板。表明盘中多方势力较强，后市个股的涨势可期。同时，该股的均线系统呈现出多头排列，为股价的上涨提供了进一步的支撑。短线投资者在个股出现涨停板的当日可追涨买入，并密切关注个股的后市走势，适时离场，获取短期收益。

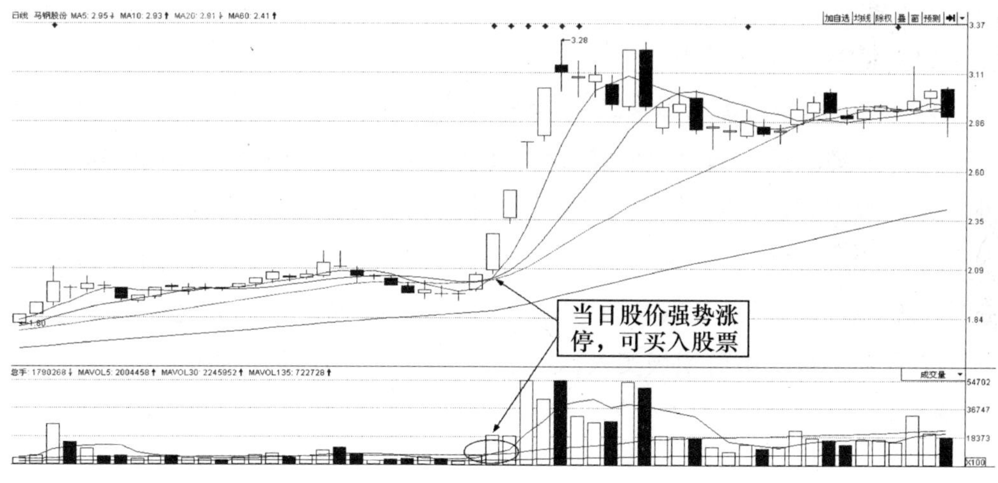

图 36-2　马钢股份（600808）日 K 线图（II）

（3）卖出解析

如图36-3所示，在马钢股份（600808）日 K 线图中，该股在经过一波强势上涨之后，走势开始出现企稳迹象，显示出股价的上涨动力逐步减弱，后市下行的压力增加。同时，该股的成交量也出现逐步递减的趋势，呈现出价平量缩的情况，进一步显示出股价回调的要求。股价跌破均线的支撑位之后，投资者可暂时抛出手中的筹码，回避股价回调的风险，实现短期持股的收益。

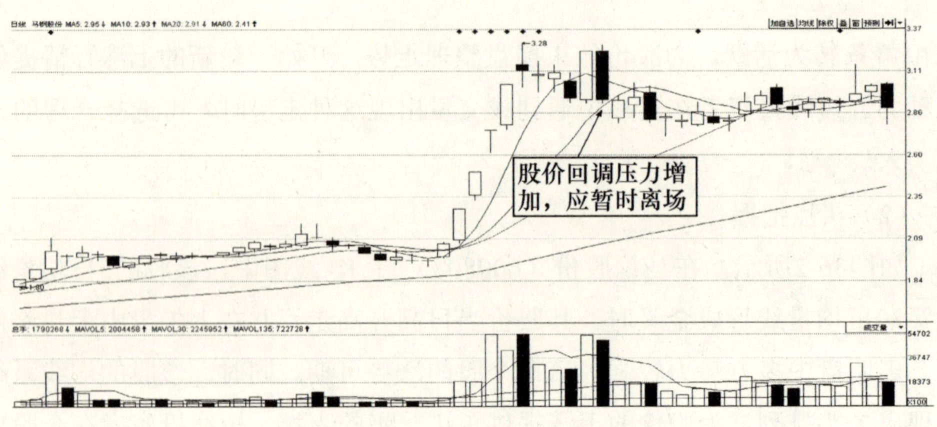

图 36-3　马钢股份（600808）日 K 线图（III）

2. 永艺股份（603600）

（1）日 K 线形态分析

如图36-4所示，在永艺股份（603600）日 K 线图中，该股前期一直处于横盘整理的走势之中。某日，该股的5日均量线上穿30日均量线，当日的成交量也上穿5日均量线，预示着盘中该股的交投趋于活跃状态，为股价后市的上涨提供了支撑。同时，当日股价开盘后一路爬升并上封涨停板，表明了市场多方的实力较强，股价后市上涨的动力比较充足。在个股成交量出现这种走势之后，投资者在实际操作中可积极买入。

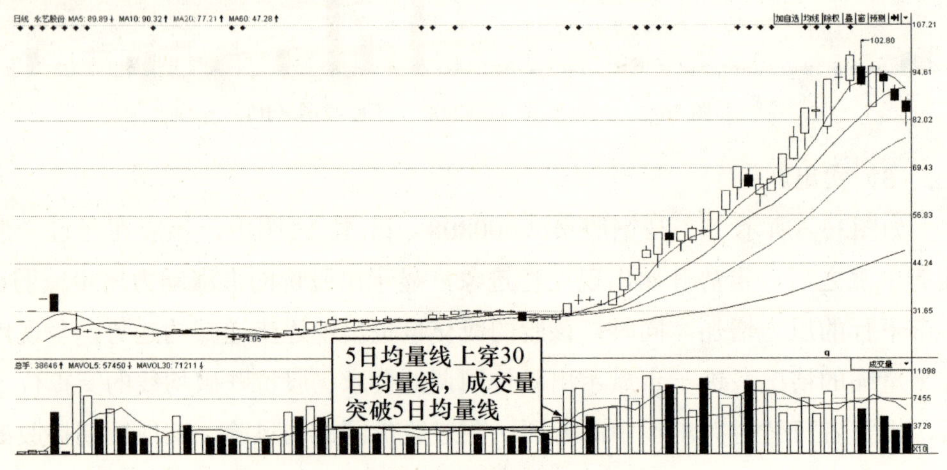

图 36-4　永艺股份（603600）日 K 线图（I）